시간을 잃어버린 마을을 찾아서

시간을 잃어버린 마을을 찾아서

1쇄 찍음 / 2005년 12월 3일
1쇄 펴냄 / 2005년 12월 8일

지은이 / 이기수
펴낸이 / 김태봉
편　집 / 황은진, 김주영, 정종해, 이준혁
영　업 / 박상필, 김미란
등　록 / 제4-414호
펴낸곳 / 도서출판 띠앗
　　　　(143-200)주소 / 서울시 광진구 구의동 243-22
　　　　전화 / (02)454-0492, 팩스 / (02)454-0493
　　　　HomePage http://ddiat.co.kr
　　　　E-mail ddiat@ddiat.co.kr

값 10,000원
ISBN 89-5854-033-8　03810

*잘못 만들어진 책은 구입하신 서점에서 친절하게 바꿔드립니다.

시간을 잃어버린 마을을 찾아서

이기수 지음

도서출판 따앗

이 글을 열면서

　항상 빠른 속도로만 살아오면서 나 자신에 대한 과거와 현재 그리고 미래를 생각해 볼 여유도 없이 그저 지금까지 떠내려 왔을 뿐이다.
　그러나 언제부터인가 내 마음의 황무지를 어떻게 개간해야 할지 방향도 없고 의식도 없이 그저 앞만 보고 단지 시간을 잊고 사는 마을을 찾아 나서게 되었다. 그래서 3년 전부터 내가 살아 온, 살고 있는, 살아갈 세상을 그리기 시작하여 여기까지 이르게 되었다.
　주변 사람과 나의 주변에서 일어나는 현상을 그때그때 느낀 대로 생각되는 대로 글자로 남긴 것뿐이지만 이 작업을 하는 동안 많은 사람과 소재거리에 대하여 속에 있는 마음을 다 내놓고 서로의 의견을 주고받았던 점과 그들로부터 나와 같은 생각 그리고 나와 다른 느낌을 배우며 내 마음의 항아리에 사람의 온갖 감정을 듬뿍 담으려고 했던 것이 행복한 순간들이었다.
　그리고 내가 이러한 작업을 하고 있다는 사실만으로 여러 사람들로부터 격려를 받았다는 점이 너무 너무 즐거웠다.
　물론 나의 마음속에는 이 작업이 끝나면 아주 소박하고 웃음이 넘치는 "작은 출판 기념회"를 수십 번 하면서 그들과 감회를 새롭게 해야겠다는 각오가 이미 되어 있다.
 마치 본 운동이 끝난 후 정리 운동을 하면서 제 위치로 돌아가려는 듯 말이다.
 따지고 보면 우리네 삶이란 황무지에서 출발하여 결국은 황무지로 끝을 맺는 것이 아닐까 싶다.

이 기 수

‖차례‖_시간을 잃어버린 마을을 찾아서

이 글을 열면서 / 4

제1장 희망을 비는 사람들

희망을 비는 사람들 ··15
웃음^^과 건강 ··19
자꾸 멀어져 가네 ··21
꾸준함 ··23
Route 66 ··25
진정한 행복의 조건 ··27
나는 행복하다 ··29
사람의 욕심 ··31
유연성 ··33
짜증이 나는 이유 ··35
습관을 들이는 데 걸리는 시간 ··37
목표 설정과 행복감 ··39
관심과 노력 ··41
아름다운 초심 지키기 ··43
준비와 여유 ··45
안녕하세요? ··47
999 - 9999 ··48
발톱만 깎아도 행복한 마음 ··49
작심삼일의 계절 ··51
마음 그릇 ··53
애정 ··54
긍정의 힘 ··55
죽음에 대한 생각 ··57
양보 ··59
지킨다는 것 ··61

언제나 행복한 모습으로 …………………………………………63
도전과 의지 ………………………………………………………65
암체 ………………………………………………………………67
도우며 산다는 것 …………………………………………………69
자율과 의무 ………………………………………………………71
나이 값 ……………………………………………………………73
묵묵부답(默默不答) ……………………………………………74
유종의 미 …………………………………………………………76
인생 18홀 …………………………………………………………78
무조건 집으로 ……………………………………………………80
누구나 자기를 알아주기를 바라는데… ………………………82

제2장 흑과 백

수원 지방법원 ……………………………………………………87
승강기(elevator) …………………………………………………88
짧은 직장 긴 노후 ………………………………………………89
6시간만 더 ………………………………………………………91
사장님 계세요? …………………………………………………93
언행일치의 전제조건 ……………………………………………94
국어사전 …………………………………………………………96
준비된 기업 ………………………………………………………97
반칙하면 더 손해 보는 사회 ……………………………………99
K - Forum ………………………………………………………101
떨어지는 환율 ……………………………………………………103
Y2K ………………………………………………………………105
어느 식당의 여종업원 …………………………………………106
타이밍(timing)과 운(運) ………………………………………108
우량기업의 조건 …………………………………………………110
정성을 다해서 ……………………………………………………112
신용은 재산이요 생명이다 ……………………………………114
소속과 전통 ………………………………………………………116

흑과 백 …………………………………………………………118
반복적 확인 …………………………………………………120
창업과 수성(創業과 守城) ………………………………121
임시총무 ………………………………………………………123
한 기업의 장수 비결 ………………………………………124
훈수 ……………………………………………………………126
남의 편 ………………………………………………………128
대기번호 0번 …………………………………………………130
유비무환(有備無患) …………………………………………132
원로 없는 세상 ………………………………………………134
TOP에서 멈추는 게 얼마나 어려운데 …………………136
내용 연수 ……………………………………………………138
명랑한 회사 …………………………………………………139
창고 대 방출 …………………………………………………141
단순함과 표준화 ……………………………………………143
어느 CEO의 편지 ……………………………………………145

제3장 어둠 속의 외출

동상이몽 ………………………………………………………149
호♡감 …………………………………………………………150
토스트 향기 …………………………………………………151
지하철 주변 이야기 …………………………………………153
Me too 문화 …………………………………………………155
오리 ……………………………………………………………157
폐백 문화 ……………………………………………………158
자연스럽게 ……………………………………………………160
단골 ……………………………………………………………162
빨주노초파남보 ………………………………………………164
흑색 화장지 …………………………………………………166
살맛나는 세상 ………………………………………………167
겨울비 …………………………………………………………169

Mentoring ·· 171
사과(謝過) ··· 173
말로만 사랑을 가르치면, 말로만 사랑을 하거든요 ·········· 174
기다림 ··· 176
환한 인상과 맛진 점심 ··································· 178
청죽헌(靑竹軒)의 감나무 ································ 180
흑과 백의 만남 ·· 182
성탄절의 변화 ··· 184
동지 팥죽 ··· 186
올바르게 베푸는 문화 ··································· 188
방석 ··· 190
어둠 속의 외출 ·· 191
토스트 향기(2) ·· 193
구정 전날의 세상풍경 보기 ····························· 194
노예는 싫다 그러나 사랑하고 싶다 ·················· 196
오해와 이해 ·· 198
눈 ··· 200
시내버스 ··· 202
오십견지송(五十肩之松) ································ 204
윤활유 ··· 206
황혼 이혼 ··· 208
사회적 지수 ·· 210

제4장 희생 벤트

군대가는 아들에게… ···································· 215
매형과 누이 ·· 217
"있을 때 잘해" ··· 219
J에게 ··· 222
어느 벤처 기업의 K사장 ································ 225
보고 싶은 얼굴 ·· 227
근하신년 ··· 228

시실리(時失里) ································230
짝꿍의 배웅 ··································232
만남의 기쁨 ··································234
이국만리의 후배 ····························236
이른 아침의 전화 한 통 ················238
진솔한 피로연 ································240
중이 제 머리 못 깎을 때 ··············242
"건강을 못 지켜 죄송합니다" ······ 244
늦둥이 ··246
안정환(安定還) ······························247
여덟 명의 걸인(乞人) ····················248
닮은 얼굴 ··250
설날과 나의 위치 ··························252
거주 공간 ··254
나이 ··256
인연 ··258
희생 번트 ··260
날벼락 ··262
내기 게임 ··263
33년의 세월 ····································265
부녀지간의 대화 ····························267
막둥이 ··269
참모 ··271
할머니, 할머니, 할머니 ················273
우리들의 우정 ································276
변신 ··278
이웃사촌 ··280
첫사위 맞이 ····································282

제5장 손바닥 이론

- 웰빙 등산 후기 ···287
- 레이업(Lay up)샷 ···291
- 등산 규칙 ··293
- 꼭대기가 없는 산? ··294
- 세 마리의 붉은 사자 ···296
- 사진 찍기 ··298
- 백일 운동 ··300
- 토사구팽(兎死拘烹) ··302
- 역사와 문화 ···304
- 골프화와 안경 ··306
- 산상(山上)의 Live Cafe ······································307
- 신년 덕담의 메아리 ··309
- 4李 ···311
- 곱게 늙는 법 ··313
- 망년회 ··315
- 가두리 인생 ···317
- 작은 실천 큰 기쁨 ··319
- 생(生)지팡이 ··320
- 동물 가족 ··322
- 바쁜 세상 ··324
- 쓴 소리-싫은 소리 ··326
- 휴가의 조건 ···328
- 봄의 교향악 ···330
- 지나온 길을 내려다보며… ·································332
- 열쇠 ··334
- 브리지 ··335
- 약속 이행 ··337
- 분수를 지킨다는 것 ··340
- 욕심과 수명은 반비례 ·······································342
- 저녁 약속 ··344

손바닥 이론 ···346
벌초(伐草) ··348

이 글을 마무리하며 / 351

제1장 희망을 비는 사람들

희망보다 훌륭한 약은 없다.
내일은 뭔가 더 좋아질 것이라는 기대감만큼 강력하고
효과가 뛰어난 약은 존재하지 않는다.
-오리슨 마든

시간을 잃어버린 마을을 찾아서

희망을 비는 사람들

잠실 종합운동장에서 밤 10시 반이 지나 출발한 관광버스는 제야의 종소리를 TV중계로 듣기 위해 12시가 조금 못되어 어느 휴게소에 정차했다.

우리 일행을 인솔한 여행가이드 아가씨는 차에서 내리기 전에 마이크를 잡고 "제야의 종소리를 들으면서 새해 소원 한 가지씩 빌고 오세요"라고 안내 방송을 하였다.

휴게소로 들어가니 많은 사람들이 출출한 배를 달래려고 야참을 시켜먹거나 혹은 잠을 깨우려고 커피나 음료 등을 먹고 있었고 찬이네와 우리부부는 어묵 둘에 우동 두 그릇 그리고 캔 맥주 세 개와 음료수 하나를 놓고 TV를 통해 2004년도의 마지막 시간을 카운트다운 하는 장면을 보며 2005년도 출발점과 겹치는 순간에,

"위하여!", "구구팔팔!"(구십구 세까지 팔팔하게 살자는 뜻)이라고 소리치며 한잔씩 들이켰다.

우리는 무박이일 여정으로 강원도 고성군에 있는 화진포로 해돋이를 감상하러 이 버스에 40여명과 함께 하게 되었는데 20대의 젊은 남녀 팀이 주류를 이루고 있었고 우리 연배는 4팀 8명 정도로 보였다. 밤이 깊어지자 관광객들은 하나 둘 잠에 떨어졌는지 버스 안의 얘기소리는 점점 들리지 않았고 나도 자다 깨다를 반복하다보니 어느새 새벽 4시 반이 넘어 속초의 어느 변두리 식당에서 여행사에서 주는 아침식

사를 하게 되었다.

　어설픈 식사를 마치고 나니 화장실 가는 게 큰일이 되어 긴 줄을 이루며 기다리는 사람 중에 어느 젊은 여자 분이 '극기 훈련' 쯤으로 생각하라며 자기 일행에게 탄식어린 말을 건넸다.

　그리고 일출장소인 화진포로 이동하는데 12월 마지막 날 오후에 내린 눈이 도로를 덮고 있어 하얀 새벽길로 변해 버렸다.

　조심조심 버스를 모는 운전기사 바로 뒷좌석에 앉은 우리는 전방을 예의 주시하며 이정표를 쳐다보면서 목적지인 화진포 해수욕장에 도착했는데 이곳은 오던 도로보다 더 많은 눈이 왔었는지 주차장이 미끌미끌해 조심스럽게 백사장으로 걸어갔다. 백사장 여기저기에는 장작불이 마치 캠프파이어를 하듯 불꽃을 소리 내어 튀기며 훨훨 타오르고 있어 우리를 흥분하게 만들었다.

　약간 들뜬 기분으로 우리 넷은 제일 불이 잘 펴오르는 쪽으로 자리잡고 파도 소리를 들으며 이런저런 얘기를 나누다 마이크 소리에 귀기울여 지자체에서 나눠주는 풍선과 촛불을 무료로 받아 소원성취라고 쓴 노란 메모지에 각자의 희망을 적어 풍선 끈에 묶었다.

　10미터 옆에는 난타 공연 준비가 되어 있어 분위기를 한층 고조시켰으며 사람들은 계속 백사장으로 내려와 장작불 앞으로 모여 들었다. 늙으신 할머니를 비롯하여 가족전체가 온 팀도 있었고 우리처럼 부부끼리만 참가한 팀, 연인끼리 팔짱 끼고 있는 팀, 단란한 식구만으로 구성된 팀 등 각양각색이었다.

　일출 예정시간은 7시 43분경이었는데 약 1시간 전에 이곳에 온 우리 일행은 장작불 근처에서 계속 몸을 덥히다가 일출 10여분 전에 파도가 부서지는 바닷가 가장자리로 다른 인파에 섞여 나아갔다.

　저마다 추억의 언덕을 마련하고자 기념 촬영에 여념이 없었지만 10여명의 할머니들은 모래사장에 모여 촛불을 많이 켜놓고 연신 소원성

제1장 희망을 비는 사람들

취를 위하여 선 자세로 양손을 모으고 빌고 있었는데 유독 한 할머니만 모래밭에 앉아 징을 두드리며 옛날 무속신앙인처럼 중얼중얼 무언가를 계속 빌고 있었다.

  그런 와중에도 태양은 조금씩 조금씩 꿈틀거리며 처음엔 실 같은 붉은 줄로 나타나더니 점점 더 좌우로 길게 상하로 두껍게 커져 마치 화산 폭발의 초기 모습을 그대로 재현하는 듯 했고 사람들은 열광하기 시작하면서 순간적으로 각자의 처지와 나이를 잊고 계속 감탄하는 목소리가 사방팔방에서 터져 나왔다. 그리고 병아리가 달걀껍데기를 깨고 나오듯 순식간에 아주 동그랗고 붉디붉은 태양은 본연의 자태로 불쑥 떠올랐다.

  우리는 소원성취를 매달은 풍선을 환호 속에 하늘로 날려 보내며 신비스러운 일출 광경을 감동적으로 지켜보면서 소리쳤다.

  한참 높게 떠오른 태양은 똑바로 쳐다볼 수 없어 눈이 많이 쌓여있는 모래사장을 뒤로 뒤로 하면서 주차장 쪽으로 나가는데 군청에서 마련한 떡국과 커피를 해돋이 기념과 감사한 마음으로 받아먹고 난타공연, 캠프파이어, 떡국, 커피, 촛불, 풍선, 소원성취 쪽지 등을 무료로 제공하며 지역홍보에 많은 노력을 기울이는 지자체 활동에 새삼 놀라웠다.

  해와 달, 별, 파도, 눈 그리고 희망을 비는 사람들을 한곳에서 같이 할 수 있어 너무 감격스럽고 행복했다.

  귀경 길에 낙산사에 들르는 여행 일정이 잡혀있어 그 동안 지나치기만 했던 해안가 절벽 위의 절을 직접 볼 수 있는 기회를 잡았다.

  이곳에서의 머무름을 마지막으로 우리의 무박이일 관광은 끝이어서 우리 넷은 열심히 이곳저곳 구석구석 돌아보았다.

  바위로 돌진하여 부서지며 백설 같은 모습을 반복적으로 만들어 내는 파도들 감상하며 모진 풍파에 이겨낸 낙산사 절벽 아래 있는 천태만상의 바위를 신비롭게 보고 있었다.

시간을 잃어버린 마을을 찾아서

낙산사 경내를 모두 살핀 뒤 옆으로 내려와 어촌계 횟집 촌에 들러 아쉬움을 달래려 동해바다의 싱싱한 회 한 접시와 소주를 마시며 우리 두 가족은 서로가 서로에게 이번 여행을 같이 하게 되어 너무너무 고맙다는 마음을 눈과 입으로 전하고 있었다.

우리는 이렇게 아름다운 추억을 만들었다. 그리고 올 여름휴가도 이곳 낙산사에서 함께 하기로 약속하였다.

웃음^^과 건강

사람들은 각박한 세상을 살면서 웃음과 농담을 즐기는 사람 쪽으로 몰리게 되어 있다. 그리고 아픈 사람보다는 건강한 사람에게로 모인다.

왜냐하면 이왕이면 기분 좋은 쪽을 택하게 되고 웃음이 살아있는 사람과 신체 건강한 사람은 모든 이에게 시각적 청각적으로 기분 좋은 서비스를 제공하기 때문이다.

퇴계 이황은 활인심방(活人心方)이란 책에서 건강하려면 '음식조절, 적당한 운동, 즐거운 마음가짐'을 강조했다.

그때부터 웰빙 철학을 개념적으로 정립했다는 얘기이다. 그리고 병을 치료하는 방법은 먼저 세상의 출세와 영욕, 그리고 이해득실에 마음을 두지 말아야 한다고 했다.

어느 조사 결과에 의하면 대부분의 장수 노인들은 자주 웃으면서 스트레스가 없는 낙천적인 성격을 유지한다고 한다. 웃으면 엔돌핀이나 행복 호르몬이 많이 나와서 장수한다는 말이다.

본인도 작년 초부터 금년 말까지 나 자신의 마음을 다스리려고 그동안 못해온 장거리 해외여행도 가보고 눈높이도 조절해 보고 행복의 지수개념도 재정립해보고 정기적인 운동에도 관심을 높이고 직장관, 가정관, 친구관, 사회관, 경제관, 무슨 관 등등등 모든 생각을 되돌아보았다.

시간을 잃어버린 마을을 찾아서

그리고 언제부턴가 아침에 일어나서 화장실에 들어서면 거울보고 웃음 짓는 습관을 계속했다.
앞만 보고 달려오다가 본의 아니게 주변정리를 하고 난후 나 자신의 뒤를 돌아볼 기회를 갖게 되었던 것이다. 결론은 한가지였다.
모든 욕심을 최대한 줄이고(식탐, 물욕, 출세욕…) 매사에 감사하며 유머감각과 웃음을 잃지 않고 누가 절대로 거저 주지 않는 운동습관을 실천하는 것이라고.

자꾸 멀어져 가네

십여 년간 근무했던 옛날 직장의 동료들, 10년 이상 운영했던 사업체의 관계 지인들, 제대한지 사반세기가 넘어버린 군대 동기생들, 그리고 각급 학교 동창들과 친인척 등등 자꾸만 볼 수 있는 기회가 줄어들고 없어져 버리기도 한다.

애경사라도 있어야만 몇몇이라도 볼 수 있는 일가친척들 그리고 제사나 명절 때나 되어야 만나는 조카들, 몸이 아파 바깥 활동이 어려워 소식을 알 수 없는 지인들, 더군다나 먹고 살기 바쁘다고 정례모임에도 간헐적으로 나오는 친구 등 이웃사촌에서 멀어져가는 사람이 날이 갈수록 늘어나는 것 같아 안타깝기만 하다. 그래서 인연을 관리하는 것도 쉽지 않다는 얘기가 있는 모양이다.

제일 쉬운 예로 고등학교 동창 중 가까운 친구들의 만남도 언제나 전원 참석은 희망사항일 뿐이다. 각자가 처해 있는 환경이 다르기에 뭐라고 나무랄 수도 없다. 단지 자주 반복적으로 연락을 취하고 참석을 독려하는 방법뿐이다. 사실 가장 중요한 것은 서로 보려고 하는 구성원들의 강한 의지이다. 직장동료들도 OB모임을 만들어서 정례화 시켜야 유지관리가 되는 것이고 누군가의 끈질긴 노력이 뒤따라야 활성화 될 수 있다. 군대 동기생들도 잃어버린 가족 찾기 행사처럼 서로가 노력한다면 분명히 재회할 수 있다고 자신한다. 다만 누가 앞장서서 땀을 흘리느냐가 문제일 뿐이다.

시간을 잃어버린 마을을 찾아서

나는 형제지간 모임도 각자의 생일을 기준으로 해서 사는 환경이 어떠하든 의견만 합칠 수 있다면 좋은 행사로 의미 있게 실천할 수 있다고 본다.

너무들 좁은 의미로만 가족관계를 유지하려 하다보니 같은 어머니 뱃속에서 세상에 나온 형제자매들도 본인 세대는 물론 자식세대까지도 한 핏줄의 후손이라는 가족의식이 자꾸만 희미해질 수밖에 없는 것이다. 사회에서 알게 된 지인들도 너무 비즈니스 위주로 생각하다 보니 상대방이 소용 있을 때에만 뭉치고 필요 없다고 판단되면 흩어져 버리는 것이다.

인연이라는 끈을 서로가 놓지 않으려고 생각할 때에만 사람과 사람 사이의 관계가 유지되는 것이다.

이제부터라도 나부터 희미해진 끈을 찾아 자꾸 멀어져 가는 상대방을 끌어당기는 노력을 배가함이 어떨까? 너무 현실과 동떨어진 이상적인 얘기인가?

꾸 준 함

끈기 있게 어려운 고비를 능히 견디어 나가는 것을 '꾸준함'이라고 한다.

얼마 전 내가 평소에 좋아하는 야구인 김응룡 감독이 삼성 라이온스 구단의 CEO가 되었다. 그는 야구 감독을 22년 동안 변함없이 꾸준하게 해왔던 '한 우물 맨'이다. 꾸준함의 결과인 것이다.

아이들이 자랄 때 성장통이라는 증세를 느낀다. 꾸준하게 키가 성장하려면 어느 정도의 고통을 견뎌야 한다는 뜻이다.

서구 사람들은 여름휴가 계획을 1년 전부터 꾸준하게 준비한다고 한다. 휴가를 다녀오자마자 1년 후 계획을 수립해서 차근차근, 섬세하게, 현명하게, 경제적으로, 준비과정의 기쁨을 반복해서 만끽하면서 목표를 향하여 나아가는 것이다.

직장생활을 하면서 언젠가는 나가서 사업을 해야 한다고 생각하며 퇴직 후 사업계획에 대하여 기초 시장조사부터 매주 시간을 내서 발품을 팔아 현장 확인을 꾸준하게 준비해온 직장인은 사업의 성공확률이 훨씬 더 높다고 한다.

무한경쟁의 시대에 살아남는 기업을 보면 연구개발에 꾸준하게 투자해 왔다고 한다. 중간 중간 시장상황이 나빠져 투자재원이 없더라도 어렵지만 그래도 연구개발비를 지속적으로 투입한 조직만 살아남았다

시간을 잃어버린 마을을 찾아서

는 것이다.

일과성이 아닌 지속적 관심과 꾸준한 지원을 바탕으로 좋은 결과를 만들어 내는 것이다.

헬스클럽을 다니면서 느끼는 게 있다. 남녀노소 각양각색의 직업을 가진 많은 회원들이 각자의 성향대로 여러 기구를 선택하여 운동하지만 꾸준하게 지속적으로 볼 수 있는 얼굴은 아주 적다. 대부분 옆 사람이나 매스컴을 보고 자극을 받아 용기 내어 헬스장의 문을 두드리고 처음 며칠은 열심히 나오다가 슬슬 출근율이 낮아지면서 3개월쯤 지나다 보면 그 얼굴이 사라진다.

그나마 본인은 초기의 부진을 몇 번식 극복하면서 꾸준하게 볼 수 있는 얼굴이 되어 이젠 건강에 대한 자신감도 찾고 일상생활의 일부로 시간을 배정하며 자리 잡게 되었다.

여태까지 살아오면서 "나의 꾸준함은 무엇이 있을까?", "내 주변 사람들이 나에 대해 무어라 답할까?" 아마도 4반세기 넘게 '직장인으로서의 출근시간'이라고 자타가 공히 답할 것 같다.

전날 밤샘을 했든, 술자리가 늦었든, 잠을 못 잤든 이유 불문하고 제일 먼저 사무실에 도착하기 위해서 노력했었다. 이렇게 일찍 출근하는 습관은 선친의 영향을 많이 받았다.

내가 어린시절에 아버님께서 늘 새벽같이 일어나셔서 앞마당 대로변까지 청소하시는 장면을 자주 보았던 것이다.

특히 눈이 온 날에는 옆집 앞마당까지 쓸어 주시던 기억이 생생하다. 동네에서 우리 아버지는 부지런하고 변함없이 묵묵하게 법이 없이도 사는 그런 분으로 통했다. 어머님도 일년 열두 달 늘 바지런하게 생활하시는 한국의 모범 여인상 그 자체였다. 꾸준함은 상대방에게는 신뢰를 주고 본인에게는 좋은 습관을 남긴다. 궁극적으로 꾸준함은 자기의 브랜드 파워를 키워 주는 것이다. 우리 모두 무엇이든지 꾸준하게 해보자.

24　제1장 희망을 비는 사람들

Route 66

지금부터 "나는 무엇을 이루어낼 수 있을까?"
 첫째로 나는 현재 어떤 상황에 있고 어떻게 되길 희망하며 내 주변에 있는 관련자들이 나에게 무얼 기대하고 있을까를 생각하면서 내가 소속된 조직, 가정, 모임 등에서의 역할을 찾아낼 수 있다.
 여기서 '내가 무얼 해야 되는 사람이구나' 하고 느낄 것이다.
 두 번째는 내가 어떤 행동을 함에 있어 적당한 정도가 어느 수준인 지를 잘 생각해보고 불안을 줄이는 것이다.
 '너 자신을 알라!'라는 말과 같이 운동을 할 때에는 나의 체력 수준을 감안해서 강도와 분량을 정하면 무리가 없는 것이고, 어떤 프로젝트를 책임 맡았을 때는 내가 아는 범위와 모르는 범위를 냉정하게 구분하여 주변에 있는 동료들로부터 진정한 도움을 요청하는 것이 현명한 방법이요, 그 일을 잘 해낼 수 있다고 본다.
 새로운 사업을 시작하려 할 때에는 나의 능력을 주의 깊게 평가하여 어느 수준까지 투자할 것인지를 판단한다.
 이렇게 하게 되면 무리수를 두지 않아 알면서도 계속 늪으로 빠져 들어가는 걸 사전에 예방할 수 있다.
 세 번째는 한번도 안 해본 것에 도전할 계획을 짜는 것이다.
 예를 들면 1년 후 내년 여름휴가 때에는 '미국 최초의 대륙횡단도로 Route 66'을 친구들과 함께 여행하기로 하고 지금부터 세부계획을 만

시간을 잃어버린 마을을 찾아서

들기 위해 자료를 수집하고 각자의 소속 조직에서 휴가 일정을 조정하고 비용을 모으고 항공편과 현지 교통편, 숙박 등을 알아보는 것이다.

이렇게 도전하는 가운데 내가 이루어 낼 수 있다는 신념을 한 단계 높여 나가면 새로운 세계, 새로운 일, 새로운 취미생활, 새로운 습관 등을 내 스스로 가능하게 만들 수 있게 된다.

'나는 할 수 있다'는 생각으로 매사에 정진할 때 나의 능력을 새롭게 발견할 수 있는 것이다.

진정한 행복의 조건

당신의 행복은 우선적으로 당신의 생활이 당신의 마음에 들게 할 수 있는 당신이 갖추고 있는 능력에 달려 있다.

당신의 삶이 당신의 마음에 들어야만 당신은 행복할 수 있다는 얘기다. 내 삶이 고달픈데 무슨 행복을 운운하겠는가.

누구도 당신에게 행복을 가져다주지는 않는다. 오로지 당신 자신만이 무엇이 당신을 행복하게 만드는지 아주 잘 알고 있기 때문이다.

다른 사람들을 행복하게 만들기 위해서는 우선 자기 자신이 건강과 여유로움, 보람 있는 일로 정말 행복해야 하며, 자신의 행복을 다른 사람과 나눌 줄 알아야 한다.

우리가 다른 사람에게 봉사하느라 우리 자신을 잃게 된다면 우리는 행복할 수가 없다. 내가 건강하지 못하면 남을 간병할 수 없듯이 말이다.

자식들이 직업을 선택하는 데 있어서 많은 사람들이 부모님 결정에 따른다.

그 결과 비참한 느낌을 갖게 된다.

자식은 부모님 마음에 들고 싶었던 것이고, 부모님은 부모님 경험으로 판단해서 그것이 자식을 행복하게 만들기 바라는 것이기 때문이다.

하지만 자식은 자신이 하는 일에서 아무런 재미도 느끼지 못한다.

결국은 자기 자신과 자기가 하는 일이 좋아서 스스로 사랑하고 존중할수록 좋은 것을 발견할 수 있고 행복할 자격이 있다.

시간을 잃어버린 마을을 찾아서

옛날 어른들의 얘기가 떠오른다.

논 팔아 소 팔아 자식 공부 시키느라 서울로 월사금 보내 애지중지 키워 장가 들여 놓으면 시골부모님 촌스럽다고 옆집 보기에 창피하다고 서울 집에 올라오지도 못하게 하는 아들과 며느리가 원망스러워 눈물지어도, 그 부모님 월사금 보내는 동안은 당신들만의 행복을 만끽하셨을 것이다.

예부터 내리사랑은 있어도 치사랑은 없다고 했지 않았던가.

나는 행복하다

1. 건강하려고 열심히 운동하고 있고 실제로 건강해졌다.
   작년 11월 12일 마지막 담배를 피우고 오늘에 이른 것이 대단하다. 앞으로도 건강의 소중함을 잊지 않고 매일매일 실천하리라.
2. 우리 집 가족들이 제 나름대로 자기 위치에서 성실하게 살고 있다.
   얼마나 많은 가정들이 깨지고 불행해 하고 있는가.
   정상적으로 자라준 그리고 자라나갈 아이들에게도 감사한다.
3. 마인드컨트롤, 작년부터 내 마음을 컨트롤하려고 노력해 왔고 또한 많이 변화되었고, 행복=현실÷목표, 이 도표에서 목표(욕심)를 줄이면 현실은 똑같아도 행복은 커진다. 예를 들어 종전에는 목표(욕심)가 100이었다면 현실이 70이라고 가정했을 때 행복지수는 70점 아닌가. 그러나 마인드컨트롤 이후 목표(욕심)를 줄이니까 70정도 수준으로 되어 현실이 70일 때 나의 행복지수는 100점이 된다. 이 모든 것이 사람의 욕심에서 출발하여 행복의 크기를 결정하는 것이다.
4. 주변에서 항상 나를 찾아주는 것. 친인척으로부터, 친구로부터, 모임으로부터, 직장으로부터, 가족으로부터 항상 나를 필요로 한다는 것 자체가 나 자신이 사회적 동물로서 살아있다는 증표이다.
5. 이제부터라도 내 주변을 에워싸고 있는 사람들에게 그리고 한걸음 더 나아가서 어려운 처지에 있는 분들에게 항상 그들을 기분 좋게 그들에게 보탬이 되게 행동하는 양식 있는 사람으로 살고 싶다.

시간을 잃어버린 마을을 찾아서

6. 이제 진정한 행복이라는 게 어떻다는 것을 조금이나마 실제로 느껴 보았으니까 식욕에 탐하지 말고 건강을 유지하여(특히, 밤 시간에 먹고 싶은 것을 절제하는 것이 얼마나 좋은 건지 알게 되었다), '소탐대실 소탐대실!' 구호로만 그칠 게 아니라 실제로 조금 더 양보하는 마음이 몸에 배어 있도록 실천하고 진정으로 항상 얼굴에 웃음이 깔려있고 여유 있어 보이는 모습으로 살아가리라.
7. 사람은 누구나 조그마한 경쟁에서도 이기고 싶어 한다.
골프에서도, 바둑에서도, 고스톱에서도, 재물에서도, 자식농사에서도, 직장에서도, 모임에서도, 형제간 사이에서도…, 좌우지간 이런 경우에 남이 잘되면 진정으로 축하해 줄 수 있는 마음가짐이 되어야 상대방은 나를 좋아하게 되고 그렇게 되면 나는 행복해지고 얼마나 멋진 선순환인가.

어느 여름날 토요일 오후, 나 혼자 생각해 왔던 테이프를 돌려보고 또 앞으로 새롭게 돌려볼 테이프를 상상해 보며 두서없이 써본다.

제1장 희망을 비는 사람들

사람의 욕심

1. 사람의 욕심은 한이 없다고 한다.
   그러나 자기 자신의 그릇(능력)은 냉정하게 판단하여 상한선을 긋는 게 중요하다.

2. 왜냐하면 자기의 한계(상한선)를 무시하고 무모하게 도전했다가 하루아침에 망가지는 인물들을 우리는 많이 보아왔다.

3. 자기의 능력이란 자기 자신이 너무 잘 알고 있다.
   그러나 일이 계속 잘되어 나가고 규모가 확대되고 나면 자기 자신을 망각하게 된다.
   그리하여 최소한 수년이상 고생하여 전력투구하며 쌓아온 공적을 한번의 과욕으로 무너뜨리는 것이다.

4. 자기 능력을 냉철하게 평가하는 방법에는 먼저 자기의 올챙이 적 시절에 목표했던 것을 반드시 다시 돌아보아야한다. 초창기 구상했던 목표가 달성되었다고 하면 이제부터는 그 이상의 한 차원 높은 목표를 세워서 도달할 수 있는 능력을 종합적으로 가지고 있는가(재력, 인력, 경험, 시장상황 등등)를 아주 냉정하게 평가하여 결정해야 실수를 없앨 수 있다.

시간을 잃어버린 마을을 찾아서

그리고 자기 주변의 진실한 조언자에게 자문을 구한다. 이때 중요한 자세는 자문을 구하기 전에 자기 결정을 이미 내렸다면 전혀 의미가 없게 된다.

5. 실속 있는 사람은 절대로 남에게 보여주기 위한 행동을 하지 않는다고 한다. 나를 과시하기 위해서 불필요한 행동을 한다면 그것은 비효율적인 결과를 만든다. 진짜 있는 사람은 있다고 얘기하지 않으며, 만약 자기 자랑을 많이 하는 사람에게 주변의 어려운 사람이 도움을 요청했을 때 도와주지 않게 되면 그 사람은 결국 욕만 먹고 멀어지게 되기 때문이다.

6. 그래서 아예 입 다물고 내실을 기하고 있다가 진정으로 어려운 사람을 도와줄 때가 생기면 조건 없이 도와주는 게 현명한 처신이고 두고두고 고맙다는 말을 듣게 되는 것이다.

유 연 성

눈에 힘을 빼면 멀리 볼 수 있다. 몸에 힘을 빼면 골프에서도 스윙이 부드러워져 볼이 더 정확하게 그리고 더 멀리 간다.

운동을 계속하는 이유 중에 하나가 신체의 유연성을 기르기 위함이다. 특히 나이 들어 자주 결리는 부분이 많아지는데 이는 유연성이 감소되고 장기간 동안 운동을 하지 않아서 그런 거다.

평소에 꾸준한 운동으로 유연성을 기르듯, 회사도 조직구성원들의 유연한 사고방식, 유연한 인사관리제도, 유연한 자금운영 등 경영의 많은 부문에서 평소에 유연성 관리 의식이 배어 있으면 회사가 어려움에 직면해도 부러지지 않고 잠시 휘었다가 회복될 수 있는 능력을 갖추게 된다.

쉬운 얘기로 어느 회사 사무실 바닥에 휴지 조각이 떨어져 있을 때 많은 직원이 그것을 못 본 척 지나쳐 버린다면 그 조직은 이미 딱딱하게 굳어 있는 것이다. 유연한 조직이라면 먼저 본 사람이 당연히 먼저 줍는 시스템, 아니 기업 문화가 정착되어 있었을 것이다.

딱딱하게 굳어 있는 조직은 상하 좌우로 의사소통이 잘되지 않고 대부분의 구성원이 아주 좁게 자기 업무만 챙기다 보니 업무와 업무사이에 틈이 생겨 품질저하, 신뢰상실, 죽어도 일류가 될 수 없게 되어있다.

유연한 조직은 규정이나 감독 강화라는 또 다른 시스템이나 인력, 시간, 비용이 들지 않는다.

시간을 잃어버린 마을을 찾아서

왜냐하면 이미 유연성을 갖추고 있기 때문이다. 개인이나 조직이나 유연성을 갖추려면 습관이 되어야 한다. 습관이 될 때까지는 누군가가 이끌어 가야한다.

나는 항상 "잘못된 것이 보이면 그 즉시 고쳐라"라고 강조한다.

모든 구성원이 이런 의식으로 행동하면 습관이 되고 기업 문화가 되어 유연한 조직이 되는 것이다.

짜증이 나는 이유

1. 내가 생각한 대로 안 될 때.
   계획대로 안 되고 실패한다든지, 상대방이 내가 기대했던 대로 안 따라 줄 때.

2. 내가 희망하는 시간 내로 일 처리가 안 될 때.

3. 몸이 말을 안 들어 다른 행동을 할 수 없을 때.

4. 약속시간이 한참 넘어도 상대방이 안 올 때.

5. 당초 약속을 지키지 않고 일구이언 할 때.

6. 상대방 입장에서 생각해 보지 않고 자기 위주로 행동할 때.

7. 한 번 두 번 개선하라고 충고 했는데도 고쳐지지 않고 반복될 때.

8. 자기 본연의 의견, 철학은 없으면서 상대방의 말꼬리를 잡아 비방 할 때.

9. 일상적으로 도움을 많이 받는 친구(사람)한테 한번 도와주지 않았다고 삐지는 사람을 볼 때.
   평상시 도움을 주지 않았던 사람에게는 삐지지 않으면서 열 번 도와주다가 한번 도와주지 않는다고 삐지는 인간.

10. 상대방의 말을 끝까지 듣지 않고 중단시켜 자기 얘기로 결론 지을 때.

→ 위의 모든 것보다 더 중요한 것은 나의 주변 사람들이 나 때문에 짜증나지 않게 행동하는 것이다.

습관을 들이는 데 걸리는 시간

일요날 밤 어느 TV에서 평소에 운동을 하지 않으면 근육량이 줄어들어 몸이 자주 결리는 현상이 많이 나타난다고 소개하는 장면을 보면서 작년부터 헬스클럽에 나가게 된 것을 무척 잘했구나 하는 생각을 하게 됐다.

그러나 아직까지도 하루 밥 세끼를 누가 얘기 안 해도 잊지 않고 찾아먹는 습관적 행동단계까지 가려면 무척이나 멀어 보인다.

사람이 어떤 행동에 대하여 습관을 들이는 데까지는 얼마나 많은 각오와 시간이 걸릴까 생각해보니 내가 헬스클럽을 다니면서 경험한 바로는 최소한 만 3년은 넘어야 하지 않을까 생각된다.

날마다 헬스클럽에 갈 때 보면 거기 가기 전까지가 문제이지 일단 거기에 도착하여 운동복을 입고 나면 여기까지 오려고 투자한 시간이 아까워서라도 하루분의 운동을 다 채우게 된다.

등에서 땀이 흐르고 머리에서 안경 아래로 땀방울이 뚝뚝 떨어지면 내가 여기 와서 하고 있는 운동에 대한 보람과 향후 건강에 대한 자신감은 경험해 본 사람들만 알 수 있는 기분이지만, 아직도 나의 잠재의식은 운동보다 저녁약속이 먼저요, 오랜만에 걸려온 친구의 전화에도 무의식적으로 "그럼 오늘 저녁 술 한잔 할까?"가 돼버리고, 이러다가 이틀 정도 빠지고 나면 삼 일째 되는 날이 제일 고비가 되는 걸 보면 습관까지 되려면 진정으로 아직도 멀었구나 하는 게 솔직한 내 심정이

시간을 잃어버린 마을을 찾아서

다. 몸이 근지러워 나도 모르게 발걸음이 헬스클럽으로 향하고 있을 때까지 반복적으로 행동하다 보면 죽을 때까지 내 인생에 좋은 습관 하나 더 만들어 늘 건강하고 행복한 사람으로 살고 싶다.
파이팅!

목표 설정과 행복감

웰빙이라는 유행의 물결이 분무기처럼 우리 생활 속에 사방팔방으로 파고들고 있는 이때에 방학기간이라서 그런지 1월의 추위에도 아랑곳 하지 않고 대학생부터 심지어는 초등학생까지 하루에 몇 명씩 헬스클럽에 새로 들어오는데, 어떤 학생은 운동할 필요도 없어 보이는 몸매인데도 웰빙 유행에서 처질까봐 그런지 친구들과 떼를 지어 들어온다.

이렇게 들어온 회원들은 두 가지로 분류되어 며칠동안 잘 나오다 조금 지나면 영영 안 나타나는 하루살이족과 언제나 볼 수 있는 매일살이 그룹으로 구분된다.

이 중에 매일살이 그룹에 속하는 사람들을 살펴보면 70세 가까워 보이는 노인 양반부터 20대 대학생까지 넓은 연령층으로 분포되어 있는데 그야말로 헬스중독증에 걸린 것처럼 보이는 소그룹이 있어 흥미롭다.

이들은 20대 후반의 덩치가 아주 큰 총각과 30대 초반의 애기아빠들, 50세 전후의 교사 및 사업가들로 엄청난 양의 운동을 정신없이 해대는데 무거운 아령이나 역기를 들 때는 이를 악물고 인상은 말도 못하게 찌그러지고 숨소리는 거칠게 몰아쉬는 모습을 보게 되어 나는 "저 사람들 왜 저렇게 인상 나빠지게 운동하나?"하며 딱하고 가엾게 느낀다.

그러나 한편으론 그들은 그 정도의 목표로 운동해야 행복을 느끼게 될 거라고 이해가 되기도 한다.

사람마다 각기 다른 수준으로 목표를 설정하고 그것을 달성하려고 노력하면서 성취감을 느끼고 실력도 배양되기 때문이다.

또 한편으로는 일곱 살짜리 딸내미를 데리고 오는 30대 중반의 젊은 엄마는 아이에게 신경도 쓰지 않고 자기 운동만 하는데 이 아이는 적응이 잘되어 자전거 위에 서서 TV로 만화만 한두 시간 계속 보는 것으로 만족하는 모양이다.

헬스 중독자가 나 같은 사람이 운동하는 모습을 보면 저것도 운동이라고 하나 할지 몰라도 나는 그 수준에 행복을 느끼는 것이고 내가 헬스중독에 걸린 사람이라고 보는 것을 그 사람들이 들으면 천부당만부당한 말이라고 할 것이므로 자기수준으로 남의 행복을 재는 것은 애당초 잘못된 것이리라.

나이가 들어갈수록 목표를 낮추면 인상도 좋아지고 행복도 커진다고 나는 다시 한번 깨닫는다.

관심과 노력

요즘엔 식물도 조명이나 음악으로 관심을 가져주면 성장 속도나 과실양이 달라진다고 들었다.

나는 매일 하나의 고민이 생긴다.

퇴근 후 헬스클럽에 가기 전에 저녁밥 해결을 어떻게 할까 하는 고민 중이었는데 그 해결책을 오늘에서야 찾았다.

그동안에는 퇴근하면서 여기 저기 기웃거리며 이 생각 저 생각 하다가 편의점에 가서 간단한 빵 하나에 우유로 끝내든지 분식점에 가서 김밥이나 우동도 찾고, 길가다가 이동식 분식차량이 서 있으면 오뎅도 두 개 먹고, 빵집에 들어가서 곰보빵도 사보고, 저녁 생략하고 운동 끝나고 집에 가서 해결하기로 결심하는 등 늘 혼돈스러웠다.

그런데 등하불명이라고 했던가.

항상 주차장에서 차타고 나와서 밖에서 해결해야만 되는 걸로 생각했던 것이 불찰이었다.

지하 주차장으로 가기 직전에 엘리베이터에서 우측으로 10미터쯤 가면 구내매점이 있었고 거기에서 한 줄에 1,200원 하는 가정식 즉석 김밥을 파는 걸 새까맣게 잊고 있었던 것이다.

가까운 곳에 대한 관심 부족으로 그동안 시간낭비와 차선책으로 행동해 왔던 것이다. 절대적으로 가까운 곳에서 찾아보는 노력이 없었기 때문이었다.

시간을 잃어버린 마을을 찾아서

자식에 대한 교육도 부모의 관심정도에 따라 크게 차이가 난다. 부모의 가득한 사랑으로 성장한 아이들은 원만한 성격으로 사회생활에 잘 적응해 살지만 태어날 때부터 불균형으로 시작되어 올바른 보호 없이 자라난 소외된 아이들은 여러 가지로 사회문제가 되는 것을 흔히 봐왔던 것이다.

기업 경영에서도 마찬가지이다.

사장이 직원을 자식 대하듯 항상 애정을 가지고 진심으로 염려해 줄 때 그 직원도 회사에 대하여 주인정신을 갖고 매사에 임하게 되어 본인 발전은 물론이요 회사의 성장도 가속화되어 모두가 윈-윈 할 수 있게 된다.

즉 회사의 관심이 씨가 되어 직원의 노력으로 열매 맺는 선순환 문화를 만들어 가는 것이다.

아름다운 초심 지키기

세상을 살다보면 자기도 모르게 자기가 굳게 약속한 것을 스스로 어기는 경우가 있다. 주위환경이 변하면서 내 마음도 변하기 쉽기 때문이다.

이럴 때 초심을 글로 작성하여 보관해 둔 '초심서(初心書)'를 꺼내보면 흔들리는 자기 마음을 바로 잡기에 효과적이다.

이 초심서에는 "나는 이런 자세로 직장 생활을 할 것이다. 나는 이런 마음으로 기업을 경영하겠다"는 식으로 새로운 직장이나 사업을 시작할 때 자기와의 약속내용 그리고 주위 사람들에게 맹세한 말을 정확하게 기록해 놓아야 한다.

그리고 어느 정도 시간이 흐르거나 주변상황이 변하게 되면 자기 주머니속의 지갑 보듯이 똑바로 현실과 초심을 헤아려 보는 것이다.

기업이 망하는 가장 큰 이유는 창업주의 초심 변절로 주위 사람들이 크게 실망하여 하나 둘 떠나면서 조직이 흔들려 지진현상이 나타나는 것이란다. 즉 지반이 흔들려 버리는 것이다.

이런 때에 창업주가 '초심서'를 갖고 있었다면 아름다운 초심을 지킬 수 있었으리라.

'초심서' 대로 지금의 자기 행동이 지켜지고 있는지 반복적으로 확인하고 실천한다면 주위 사람들로부터 신뢰와 존경을 받고 본인은 행복한 물심양면의 진정한 부자가 될 것이다. 조그마한 개인 욕심이 훌륭한

시간을 잃어버린 마을을 찾아서

참모들도 잃게 되고 급기야는 기업의 수명을 단축시켜 본인과 주위사람 모두에게 득이 되지 못하는 결과를 초래한다.

　사람 인(人)자의 모습에서 알 수 있듯이 사람은 나 홀로 살 수 없는 사회적 동물이다. 초심을 못 지켜 사람이 떠난다면 나는 이미 사람들로부터 격리되어 버린 것이다.

　초심은 아름다운 것이며 이를 지키는 마음은 더욱 행복하고 멋있는 것 그 자체인 것이다.

 제1장 희망을 비는 사람들

준비와 여유

약속 시간보다 일이십 분 전에 목적지에 도착하면 마음의 여유가 생겨 옆에 있는 화장실로 들어가서 머리도 손질하고 얼굴도 다시 한번 쳐다보고 입을 활짝 벌려 치아 상태도 확인하고 넥타이 맵시도 살펴보며 혼자서 소리 없이 미소 지으며 표정관리 연습도 해보고 만나서 할 얘기도 머릿속에서 그려볼 수 있어 외양적 예의와 마음의 준비를 다 갖출 수 있다.

내가 모셨던 직장 상사 한분은 골프약속이 있으면 1시간 전에 도착해서 몸 풀기부터 퍼팅 및 드라이버 스윙 연습까지 준비운동을 다 마치고 여유 있게 커피 한잔까지 하면서 같이 라운딩 할 사람들을 맞이하는 모습은 육십이 훌쩍 넘은 나이에도 여유작작(餘裕綽綽)해 보인다.

반면에 티업시간 다 돼서 허겁지겁 도착한 사람은 같이 라운딩 할 사람들까지 초조하게 만들고 본인은 몸 한번 풀지도 못하고 바로 티샷을 하게 되니 애당초 좋은 결과를 기대하는 것이 무리일 수밖에 없다. 풍부한 경험을 가진 사람은 어떠한 난관에 봉착해도 조급하지 않고 침착하여 주위사람들의 불안해하는 마음을 진정시켜 주며 시간을 갖고 대처함으로써 '급할수록 서두르지 말라'는 옛 속담을 실천이라도 하듯 여유롭게 행동한다.

우리가 일상생활 속에서 많이 느껴보지만 급할수록 서둘러 봐야 실수만 연발하고 더디게 되어 결국은 모든 일이 엉망이 되어버리기 십상

시간을 잃어버린 마을을 찾아서

이다.

  외국에 나가보면 여유를 가지고 그 긴 줄 속에서 담소하며 자기네 순서를 기다리는 모습이 아주 자연스럽지만 우리의 경우 긴장된 눈빛으로 누가 자기 줄 앞에 새치기 하지 않나 경계하는 분위기를 보면 여유가 없어 보인다.

  젊은 시절에 조금 더 아껴서 저축하며 부부 모두가 재무적 사고방식에 관심을 갖고 효율적으로 부(富)를 관리하여 준비된 노년을 맞으면 여유 있는 노후생활과 삶의 여유로 멋있는 가족여행도 함께 할 수 있어 마음이 풍요로워질 수 있다.

  사람은 누구나 어려움에 처하면 마음의 여유를 잃어버리고 짜증을 내면서 부정적으로 되기 쉽다. 요즘같이 어려울 때 물질적으로 여유가 없다고 마음의 넉넉함마저 잃어버려서야 되겠는가. 여유를 갖고 기다리며 지금부터라도 새롭게 준비하자. 준비된 자만이 여유로울 수 있기 때문이다.

안녕하세요?

산에 다니다 보면 가끔 "안녕하세요?"라는 인사를 하는 등산객을 만나게 되는데 처음에는 아주 어색하게 인사를 받고 건넸으나 요즈음엔 조금은 자연스럽게 인사를 건네곤 한다.

마음속으로 '그 양반 참 용기 있네' 하면서 '나는 왜 먼저 인사를 못할까?' 하는 질문을 나에게 던져보면서 신년도부터는 해봐야지 하는 마음을 갖게 된다.

우리 집 승강기에서는 내가 먼저 인사하는 편이지만 학생아이들은 아직 어른들께 인사를 먼저 드리는 것이 쑥스러운지 부자연스럽다.

사무실에서도 젊은 직원들에게 아침 출근하면서 씩씩하게 먼저 본 사람이 인사하는 문화를 만들어 나가자고 제안한 적이 있지만, 서구사람들처럼 쉽게 "Good Morning"하는 것이 어려서부터 부모님이 하는걸 보면서 자라야 습관이 되는 모양이다.

옛날에 가수 장미화의 노래 중에 "안녕하세요, 또 만났군요…"하는 가사가 그렇게 명랑하게 들렸건만 아직도 부자연스러우니 언제나 몸에 밸까 하는 생각이 든다. 우리도 어려서부터 유아원, 유치원, 초등학교, 중·고등학교, 대학교, 군대, 직장에서 인사하기 훈련을 반복하여 자연스럽게 "안녕하세요?"가 되는 사회를 기대해본다.

시간을 잃어버린 마을을 찾아서

999-9999

새해 첫 출근하는 날 신호를 기다리다 내 앞에 서있는 택시를 바라보니 '구구 콜 예약'이라고 뒷창에 흰 글자로 썬팅 되어 있고 바로 밑줄에 있는 전화번호를 읽어보다 평화의 상징 비둘기가 생각났다.

나는 평상시에 구(9)라는 숫자를 즐겨 쓰는 편인데 아마도 화투에서 '아홉 끗'이면 끗수 노름에서 "나 가보 잡았다"하며 환호하고 승리를 맛보듯 많은 사람들도 구(9)를 좋아한다고 생각한다. 서양에서 아마도 칠(7)을 좋아하는 것 같은데 내가 어렸을 때 777을 '쓰리세븐'이라고 하여 어느 회사에서 브랜드로 사용했던 기억이 있다. 999(구구구)는 비둘기 울음소리로 내 머리 속에 각인되어 있어 '평화, 평화, 평화'하며 기원하는 의미가 있었던 것이다. 국가와 국가간에 종교적 갈등이나 경제적 마찰, 토지 소유권 분쟁 등 각종 전쟁이 이 지구상에 없다면 인류에게는 평화 속에서 좀 더 인간답게 사는데 노력을 집중할 수 있고, 한 가정에서도 유학전쟁, 취직전쟁, 결혼전쟁, 상속전쟁, 병마와의 전쟁, 노후생활 대비 전쟁, 부부갈등 등이 없다면 얼마든지 평화로운 삶을 영위할 수 있을 것이다.

새해에는 나를 비롯하여 주변에 있는 모든 사람에게 아프지 말고 건강하게, 돈 때문에 가정 파탄 일어나는 일 없기, 취직하려고 재수 삼수 안 해도 되기, 노후 생활 어려워 삶을 포기하는 일 없기 등 평화만이 같이 하기를 빌어 마지않는다.

우리 모두 쎄븐-피이스(Seven-peace), 999-9999 하면서 살자.

제1장 희망을 비는 사람들

발톱만 깎아도 행복한 마음

조그만 상처에도 치료가 오래 걸리고 쉽게 낫지 않으며, 한군데가 나으니 또 다른 곳에 이상이 생기기 시작하고, 이러다보니 매일 약을 먹지 않으면 약 바르는 게 일상의 일이 되다시피 했다.

최근에만 해도 입가가 갈라져 보름 넘게 입에 연고를 바르고서야 낫는 징조가 보였는데 이것이 끝났다 생각했더니 왼쪽 눈에 병이 생겨 자꾸 눈곱이 끼다 며칠 후 없어지는가 싶더니 오른쪽 눈까지 말썽을 피워 하는 수 없이 안과에 들러 치료받고 약을 이틀째 복용하고 있고, 이것이 끝나면 벌써 치과 갈 일이 일주일 전부터 생겼지만 술 약속 때문에 차일피일 미루어 왔던 것이다.

그러니 집 사람은 아예 약을 끼고 산다고 투덜대지만 나는 그럴 적마다 "무병단명 일병장수!"라고 하며 슬쩍 동문서답해 버린다.

지천명(知天命)이 넘으면서 이런 상황에 자주 처하다 보니 TV나 신문을 봐도 건강과 의학 칼럼 쪽에 관심이 쏠리게 됨은 당연지사가 되었다.

40대에 들어서면서부터 비만 증세가 나타나기 시작해서 이제는 운동을 매일 하다시피해도 배는 잘 줄지 않아 발톱 깎는 일도 예사롭지 않게 되어 한달에 한번 정도로 줄였다.

그러니 배를 한참동안 누르는 자세로 발톱을 깎고 나면 큰 행사를 치렀다는 생각에 크게 숨 한번 쉬고 나면 행복한 마음까지 느껴질 정

시간을 잃어버린 마을을 찾아서

도가 되었다.

  4촌 형제 중에 맏이인 신길동 형님이 얼마 전부터 머리에 부스럼 같은 게 생겨서 예식장에도 모자를 쓰고 오셨는데 결국은 피부암으로 판정되어 수술을 받게 되었다는 소식을 전해 듣고 걱정부터 앞서는 것은 남의 일이 아니라는 생각이 먼저 엄습해 왔기 때문일까?

  집사람도 걱정하는 모습이 역력했다. 신길동 형님의 쾌유를 빌며 나도 신체 연령 관리에 좀더 신경 써야겠다.

  아울러 큰 매형과 내 하나밖에 없는 동생도 이제부터라도 담배를 끊었으면 좋겠고 신길동 형님도 이번 기회에 아주 금연해 버리라고 병문안 가서 강력하게 말씀 올려야겠다.

작심삼일의 계절

헬스클럽 탈의실에 사람들이 북적거려 옷을 갈아입는데 장소가 협소해져서 불편해 하고 있는데 어느 회원이 오늘 왜 이렇게 사람이 많으냐고 관리직원에게 물으니 "연초에 다 그래요. 작심삼일이죠. 작년 초에도 그랬어요."라고 답하는 걸 듣고 보니 옛날 직장생활 시절이 떠올랐다.

이맘때쯤 되면 사무실에서는 1월 1일부터 시작했던 금연 실천운동이 동료들과 복도에서 커피 한잔 나누다 보면 슬슬 깨지기 시작하는 소리가 여기저기서 들려온다. 낮 동안에 인내를 발휘했던 무리들도 퇴근길에 다시 한번 악마의 유혹에 빠져들어 술 한잔 하면서부터 72시간의 고행길도 접게 된다.

운동 계획도 마찬가지여서 이런 일 저런 핑계로 하는 수 없이 하루 이틀만 결석하게 되면 작심삼일(作心三日)의 분위기로 기울 확률은 높아지게 된다.

작심 초기에 세웠던 계획을 지키기 위하여 남들에게 공표도 하고 식구들과 약속도 하고 벌금제도도 만들어 강제로 해보지만 문제는 전부 본인의 의지에 달려 있는 것이다.

연초가 되면 행정기관이나 회사 사무실에서나 신년도 계획 달성을 위한 회의 또는 교육이 빈번해지지만 대부분이 일과성 계획이나 전시행정으로 변질되어 용두사미로 끝나고 마는 경우가 허다하다.

시간을 잃어버린 마을을 찾아서

사람은 현명한 것 같지만 우매한 경우도 많아서 뭐가 잘못되어야 비로소 끊고, 고치고, 버리고 하면서 야단법석을 떤다.
　사전에 이렇게 했으면 몸도 안 망가지고 돈도 안 들고 시간도 잃지 않고 여러 사람 피곤하게 하지도 않고 다 좋으련만 미련 때문에 차일피일 미루게 되어 결국은 큰 고생을 자초하게 되는 것이다. 내가 사업을 할 때에 참모들이 비품을 구매하겠다고 품의하면 나는 꼭 이렇게 물어보았다.
　"이거 사서 한달 이상은 계속 쓸거니? 사는 게 아까워서 그러는 게 아니고 사다 놓고 장소만 차지할까봐 그래."
　사람들은 일시적으로 든 느낌을 계획으로 세워 놓고 오래가지도 못하고 실패의 경험만 남긴다. 어제 저녁 생로병사라는 TV프로그램에서 운동을 하여 근육을 기르면 이 근육이 치매증에도 큰 예방 역할을 한다는 사실을 접하면서 나는 작심삼일의 계절에서 벗어나야지 하고 작심했다.

마음 그릇

　　대부분의 사람들은 무언가에 욕심을 내며 하찮은 것이라도 갖고 싶어 하고 높은 자리에 앉기를 원하고 돈도 빨리 더 많이 벌어야하고 나를 남보다 더 알아주기를 바라는 것 같다.
　나이가 들어도 마찬가지여서 삶이 얼마 남지 않은 노인들까지도 욕심을 많이 내어 다 쓰지도 못하고 돌아가실 것 같은데 남 주는 거 아까워서 안달을 하는 경우를 종종 보게 된다.
　집착이나 욕심을 버리면 마음 그릇이 커져 건강해지지만 반대로 정해진 마음그릇에 욕심만 가득 차면 나머지 공간이 줄어들어 여유가 없어지고 조그마한 일에도 고민거리가 생겨 항상 스트레스를 많이 받게 되는 것이다. 따라서 이러한 공식이 성립하게 된다.
① 마음 - 욕심 = 편안함(또는 여유, 행복)의 크기인데
② 마음 - 욕심(이 많으면) =편안함(이 줄어들고)
　　마음 - 욕심(이 적으면) =편안함(이 늘어난다)
③ 편안함이 줄어들면(=불편함이 늘면) =스트레스를 많이 받고
④ 편안함이 늘어나면(=불편함이 줄면) =스트레스를 받지 않는다.
⑤ 스트레스를 많이 받으면 = 건강이 나빠지고
⑥ 스트레스를 받지 않으면 = 건강이 좋아진다.
　그런데 욕심을 버린다는 게 얼마나 어려운지 시도해 본 사람만 알겠지만 그래도 계속 욕심 버리기 훈련을 해야 몸과 마음이 건강해질 수 있다.

시간을 잃어버린 마을을 찾아서

애정

애정에는 자식을 사랑하고 귀여워하는 마음도 있고 어려운 사람을 식구처럼 도와주려는 뜨거운 가슴도 있으며 젊었을 때 누구나 가지고 있는 추억처럼 이성을 그리워하며 끌리는 마음도 있다.

그러나 사회생활을 하면서 배운 것은 자기가 하는 일에 대해서 애정을 갖고 임해야 본인에게도 소속 조직에게도 모두 훨씬 좋은 결과를 만들어 낼 수 있다는 것이다.

아인슈타인의 상대성이론을 적용하면 뜨거운 난로에 손을 대면 1분이 1시간 같지만 미인과 함께 있으면 1시간이 1분 같다고 하여 애정의 중요성을 쉽게 이해할 수 있게 된다.

여태까지 살아오면서 경험한 바에 의하면 자식을 키울 때도 애정을 쏟으면 그만큼 밝아지고 회사를 경영할 적에도 직원들에게 큰 관심과 정성을 다하면 사랑의 메아리로 회사발전에 기여하게 되고 어려운 이웃을 도울 때도 애정 어린 손길로 베풀면, 주는 사람 받는 사람 모두가 기쁘고 사무실에 있는 동양란조차도 애정을 갖고 관리하면 난꽃 향기를 풍긴다.

사람이 살아가면서 의무적으로 해야 할 일이 수없이 많지만 어떤 일이든 애정을 갖고 한다면 항상 신나는 세상이 나를 기다리고 있을 것이다.

긍정의 힘

남을 이해한다는 것은 긍정적으로 본다는 얘기다. 부정적인 사고를 갖고 있는 사람의 마음을 긍정적으로 변화시키는 일을 가장 많이 하는 성직자들은 아마도 이 세상 모든 것을 긍정적으로 성찰할 수 있는 능력을 소유하고 있다고 생각된다.

부정적 시각의 소유자는 스스로 스트레스를 많이 받아 정신적 신체적으로 건강하지 못하여 인상이 나빠지고 그렇기 때문에 옆에 있는 사람들도 접근을 꺼리게 된다.

매사에 부정적인 사람에게는 긍정적인 조언을 해주어도 받아들이지 않기 때문에 나중엔 꼭 해줘야 될 얘기도 못하게 되어 점점 긍정의 세계에서 멀어져 간다.

아이들을 키우면서 애비로서 의식적으로 행동한 것이 있다면 나는 항상 "너는 할 수 있어. 아빠가 보기엔 너한테 잘 맞아. 맨 처음엔 잘 안되지만 반복적으로 해보면 잘 되는 거야!"하며 격려하고 용기를 북돋워 주는 일이었다.

즉 자식들이 긍정적인 사고를 갖도록 소위 말하는 최면을 걸었다는 얘기이다.

내가 기회가 있을 때마다 만나는 사람들에게 "아침에 일어나자마자 거울을 보고 웃는 연습을 하여 습관이 되도록 하라"고 말하는 이유도 좋은 인상을 갖도록 훈련하다 보면 내 스스로 긍정적이 되며 인상이

시간을 잃어버린 마을을 찾아서

좋다고 생각할 것이고 이는 곧 긍정적으로 평가되어 좋은 관계로 이어지는 첫 걸음이 되며 다른 사람보다 접촉기회가 많아져 서로 좋은 정보도 자연스럽게 주고받을 수 있게 된다.

사업하는 사람들도 요즘 어떠냐고 물어보면 "나 죽을 지경이야"하는 사람보다는 "나름대로 안정되고 있어, 괜찮아!"하는 사람 쪽으로 거래를 늘리려고 하는 것이다.

요즘 들어 부쩍 신경질적이고 부정적이 되어버린 내 친구에게 어떤 방법으로 나의 이런 생각을 건네줄 수 있을까 고민 중에 있다.

죽음에 대한 생각

누구나 살아가면서 죽음을 생각해 보지 않은 사람은 없을 거라고 본다.

비행기나 배를 탈 때도 죽음에 대한 두려움을 느꼈고 서울역의 노숙자를 봐도 죽음에 대한 생각을 떠올리게 된다. 나는 사람이 죽는 모습을 부모님과 형님 그리고 동서 곁에서 직접 보았다.

노환으로 또는 격무에 시달리다가 또는 현실의 힘든 상황을 이기지 못해서 각각 다른 이유로 생을 마감하는 모습이었다.

매일매일 뉴스에서는 빌딩 화재로, 홍수로, 지진해일로, 공사장 붕괴로, 가스 폭발로, 교통사고로, 폭탄차량 돌진으로, 전쟁으로, 기아에 허덕이다가, 살인사건으로, 암으로, 야생동물에 물려서, 화산 폭발로, 유괴범에게 납치되어, 그리고 자기 자신을 파괴하는 자살로 많은 사람들이 죽어가고 있다고 보도된다. 사형제도 폐지 문제로 얼마 전에 공방을 벌이는 라디오 방송도 들었지만 결국은 생명의 존엄성을 지키고자 하는 목적은 같았다. 이렇게 극단적인 죄를 지은 사람에 대한 목숨도 안타까워하는데 하물며 살아있는 사람의 생명은 얼마나 소중한 것인가! 그런데 뭐 때문에 자기 스스로 목숨을 끊으려고 하는가? 이에 대한 답은 죽음의 원인만큼이나 다양한 사연이 있게 마련이다.

생계비관형 자살, 명예나 자존심 실추에 따른 자살, 학업실패로 부모님의 실망을 고민하며 택하는 자살, 질병의 고통을 못 이겨 하는 자살,

시간을 잃어버린 마을을 찾아서

가족으로부터의 신뢰감을 상실해서 내가 오래 살아야 하는지 깊은 회의감에 빠져들어 행하는 자살, 자식들로부터 외면당해 엄습하는 고독감을 이겨내지 못하는 노인들의 자살, 매사를 부정적으로 생각하며 현재의 능력을 비관적으로 판단하고 미래에도 어려운 상황으로 가득 찰 거라고 생각하며 우울증에 빠져버린 사람들이 우리 주변에는 꽤나 많이 있다.

우리나라에서 2003년 하루 평균 30명이 자살했다니 입을 다물 수가 없다. 그러나 더욱 놀랜 것은 나의 가까운 사람들조차 자살이라는 극단적인 생각을 갖고 있다는 사실을 느끼게 된 것이다.

그것도 그저 지나가는 말로 흘려버렸다면 알 수 없었던 것을 어느 날 한 친구가 그에 대한 느낌을 전해주었을 때 내가 그를 보아왔던 생각과 연장선상에 있다는 걸 깨닫게 되어 나에게 얘기를 전해 주었던 친구와 함께 그를 구해내자고 약속하면서 관련 자료에도 관심을 갖게 되고 그를 자연스럽게 만나 볼 계획을 머릿속에 그리며 주변 사람에게도 협조를 요청하게 되었다.

옛말에 '죽은 정승이 산 개만 못하다'고 아무리 어려워도 죽는 것보다는 사는 게 낫다고 생각되며 인명은 재천(在天)이라고 부모님으로부터 받은 나의 소중한 목숨을 내 맘대로 해서는 절대 안 된다는 것이니 최선을 다해서 열심히 살다가 하늘의 뜻에 따라 자연스레 가야 된다.

두엄 밭에 굴러도 이승이 좋다는데 삶을 포기하는 일은 결코 해결책이 될 수 없다.

나 하나 죽으면 그만이지 하는 생각은 정말 이기주의자가 갖는 의식으로써 너무나 큰 충격을 받을 가족들을 생각한다면 무책임한 행동만큼은 절대 있어서는 안 된다.

양 보

출근길 모두가 가장 바쁜 시간에 어디에선가 불이 났는지 여러 대의 소방차가 윙윙 사이렌(Siren)을 울리며 달려갈 때 나를 비롯하여 주변의 모든 차량이 한 대 한 대 길을 열어주기 위해 옆으로 비켜주는 모습을 보면 내 가슴은 뭉클해진다.

사실은 당연한 행동들을 한 것뿐인데 평상시에는 다른 사람에게 잘 베풀지 않던 일을 화재진압을 위하여 긴급 출동한다는 점을 모두가 똑같이 인식했기 때문에 공감대가 형성되었던 것이다. 지하철을 타면서 나도 모르게 노약자 전용석을 보는 습관이 생겼는데 머리가 허연 노인네들과 젖먹이 애기엄마가 앉아 있는 모습을 볼 때 그리고 통로에는 서서 가는 사람들이 있는데도 노약자 전용석에는 자리가 남아있을 때 우리 사회의 성숙된 모습을 느낄 수 있다.

사무실에서 젊은 직원들에게 "After you"하는 자세를 견지하면 모두들 좋아하듯 길이나 자리나 어떤 물건을 내가 사양하고 남에게 내주면 상대방이 좋아하는 것은 물론이고 나 자신도 기분이 좋아진다.

또한 자기 생각이나 주장을 조금 굽혀 남의 의견을 수용할 때, 부부 싸움에서도 지는 게 이기는 거라고, 양보하는 자가 사실은 더 넓은 사람이다.

어제 저녁 늦게 헬스클럽에서 벤치프레스 운동을 하는데 한 젊은이가 내 뒤 가까이에서 쳐다보길래 다섯 번을 반복해야 할 것을 한차례

시간을 잃어버린 마을을 찾아서

만 하고 물러나 옆에 있는 운동 기구로 이동하니 그 젊은이는 물고기가 미끼를 덥석 물듯 내가 있던 자리로 와서 한참을 운동하는 모습을 보고 흐뭇해졌다.

'내가 조금 양보하면 남이 그렇게 좋아하는데, 그리고 나는 천천히 다시 돌아와 나머지를 하면 되는데' 라고 생각하면 양보를 통해서 여유를 찾게 되고 좋은 기분을 얻게 되는 것이다. 등산을 하다보면 좁은 외길에서 오가는 사람이 마주치게 되는데 내가 먼저 옆으로 한발 비켜주면 "고맙습니다"하며 지나가는 사람들에게 인사를 받을 때 양보하기 잘 했구나 하며 보람을 느낀다.

"형님 먼저, 아우 먼저"하는 전통이 옛날 부모님 세대로부터 우리의 자식들 세대까지 계속 이어졌다면 우리사회는 지금보다 훨씬 부드럽고 따뜻한 분위기가 조성되었을 것이다.

양보하는 마음은 여유와 행복을 아는 사람에게서 나오는 아름다운 미덕이다.

지킨다는 것

사람은 무언가를 잃고 나면 그것의 소중함을 더욱 절실하게 느끼는 모양이다. 건강할 때 건강을 지키라고 귀에 못이 배기게 들었건만 건강을 잃고 나서야 건강을 지킨다는 것이 얼마나 중요한 것임을 깨닫게 되듯이 말이다.

우리는 살아가면서 지켜야 될 대상이 무척이나 많은데 요즘 유행하는 시대의 조류는 환경 지키기와 가정 지키기가 있는가 하면 전통적인 덕목으로는 부모에 대한 효도가 있는 바, 이는 다름 아닌 부모 돌아가신 후에 효도하고 싶어도 불가능한 일이니 살아생전에 자식으로서 부모의 몸과 마음을 편안하게 지켜드린다는 것이 그리 쉽지 않아 불효하고 후회하는 것이며, 어렵게 자수성가한 사업가가 자기 분수를 못 지키고 정치판에 끼어들어 사업체를 몇 개씩 날린 후에야 제 정신이 들어 다시 사업에 전념하려 마음을 고쳐먹었으나 이미 돈 될만한 사업체는 남의 손에 넘어가 있고 그나마 남아있는 사업체는 거래처로부터 외면 당하고 핵심 기술자는 이미 딴 곳으로 옮겨버렸으니 "아! 옛날이여"라는 탄식만 절로 나온다.

과유불급(過猶不及)이라 했던가? 지나침은 모자람보다 못하다고 밥을 먹을 때도 배터지게 먹고 싶은 욕망이 잠재하지만 조금 모자란 채 수저를 놓는 것이 건강을 지키는 지혜이리라.

우정을 지킨다는 것도 자기보다 친구 먼저라는 배려하는 마음만 늘 잃

시간을 잃어버린 마을을 찾아서

지 않고 행동한다면 우정이 깨져 괴롭고 외로운 일은 없을 것이다. 골프경기에서도 흔히들 버디가 보기 된다고 하지 않던가. 처음부터 파를 지키려는 마음으로 파세이브 플레이를 했다면 아마 보기까지는 범하지 않을 것이고 행운이 따라 준다면 가끔씩 버디도 잡을 수 있으리라. 바둑에서도 초반 전투에서 유리한 고지를 점했을 때 끝까지 수성한다는 것이 얼마나 어려운가 생각해 보면 세상만사 쉽게 지켜지는 것은 없는 것 같다.

재산이 조금 모이게 되면 좀 더 큰 돈 만져보고 싶은 욕심이 생기게 되는데 "High-profit, High-lisk"라고 위험이 높은 게임에 유혹되어 오랫동안 아끼고 고생하여 만든 재산을 한번의 무리수로 날려버린 후 "송충이는 솔잎을 먹고 살아야 되는데"를 반복해 외쳐본들 무슨 소용 있겠는가.

일요일 이른 아침 집사람과 공원을 돌며 늙어서도 지금 이 시간처럼 이런 모습으로 산책한다면 얼마나 좋겠냐고 말했다.

나이가 들어가면서 지킨다는 것이 어렵다는 옛 어른들의 말씀이 내 귀에 쩌렁쩌렁 울린다. 오십 넘은 나이에 앞으로 살아가면서 지켜야 될 덕목을 냉정하게 생각해보니 건강과 구김 없는 가정, 나의 분수, 우정, 죽을 때까지 자식들에게 손 안 벌리고 쓸 남은 재산, 항상 웃는 얼굴, 사회성, 모든 약속이행, 언행일치, 양보와 희생 그리고 젊은 사고방식을 가지고 살아야겠다.

제1장 희망을 비는 사람들

언제나 행복한 모습으로

　제철을 만난 주꾸미를 같이 먹자고 오후 5시까지 분당 친구가 자기네 집으로 오라는데 가겠냐고 묻는 집사람의 말에 인천 친구와 청계산 등산을 마치고 4시경에 조기 귀가했다. 등산복을 벗어 던지고 평상복 차림으로 과천에서 양재동을 거쳐 분당 중앙 공원의 상춘인파를 보며 집사람 친구네 집에 도착했다.
　8년이나 9년쯤 된 것 같은데 친구네 11층 아파트에 올라와 앞산을 바라보니 옛날의 허허벌판이었던 곳에 상가가 빼곡하게 들어선 것 빼고는 부부가 산책을 즐기던 코스가 그대로 자리하고 있었다. 요즘도 약수터에서 물먹는 사람들이 많으냐고 찬이 아빠에게 물었더니 이젠 못 먹게 되었다고 한다.
　눈이 오던 새벽에도 집사람은 밥을 짓고 나는 집에서 나와 발자국을 만들며 약수물을 뜨러 다녔던 기억이 생생한데 못 먹는 약수물이 되었다니, 아마도 많은 사람이 추가로 입주해서 그렇게 되었겠구나 하는 아쉬운 생각이 들었다. 그러면서 내 머리 속에는 다시 한번 여기 놀러 와서 내가 다니던 약수터와 앞 산 산책코스 등 옛날처럼 재연해 보고 싶다는 생각이 들었다. 그러니까 옛 추억을 답사할 일이 "삼각지 태어난 곳에서 만리동 양정학교 자리까지 뉴욕에 사는 현웅이 오면 6년 동안 다녔던 그 코스 그대로 등하고 해보기"와 함께 한 가지 더 늘어났다. 그 뿐 아니라 우리 아이들이 인복 유치원과 방배초등학교 다닐 때

시간을 잃어버린 마을을 찾아서

거주했던 방배동 인근지역을 네 식구가 함께 시간 내서 추억 밟기 등 세 가지가 되었다. 그렇게 앞산을 보다가 베란다 쪽 구석 TV 우측에 아름답게 놓여있는 "언제나 행복한 모습"의 사진 액자가 눈에 들어왔다. 그것은 두 집 부부가 13년 만에 처음 청계산 망경대 봉우리에서 찍은 산행기념 사진이었다.

우리 집 피아노 위에도 있는 쌍둥이 사진 액자인데 여기서 다시 보니 인생의 가장 아름답고 행복해 하는 장면이라고 느껴졌다.

옛 추억과 사진의 감동을 뒤로 하고 우리 넷은 명일동에 있다는 맛있는 주꾸미 식당으로 향하면서 지방에서 전·월세로 시작한 결혼 초기의 에피소드를 가식 없이 나누었다.

정말 맛있게 요리한 주꾸미는 두 남자가 소주 3병을 거뜬하게 해치우게 했고 이어 나온 양푼이 비빔밥은 2인분으로도 넷이 다 못 먹을 정도로 푸짐했다. 밤이 깊어가면서 아쉬움을 남기며 각자의 보금자리로 가기위해 '세이 굿바이' 할 수밖에 없었다.

다음 날 아침 딸과 함께 아침 겸 점심을 식구 셋이 먹는데 "엄마! 어제 찬이네랑 맛있는 거 먹었어? 뭐 먹었는데?" 라고 묻는다.

"주꾸미, 아주 맛있더라"하고 집사람이 답한다.

"앞으로 살아가면서 냉이국이나 쑥국이라든지 영덕 게나 밴댕이 회라든지 사과, 포도, 딸기, 토마토처럼 계절의 진미를 맛보러 찾아다닐 수만 있어도 정말 행복한 거다"라고 한마디 내가 거들었다.

아침식사 후 안방에 들어가 나들이옷을 입으면서 언제 보아도 네 명 모두의 얼굴이 행복에 가득 찬 모습으로 웃는 사진액자를 다시 한번 쳐다보며 내 얼굴에는 어느새 잔잔한 미소가 흐르고 있었다.

도전과 의지

　이 세상에 각 부문별로 도전하는 사람이 없었다면 오늘날과 같은 문명이 발달한 사회는 기대하지 못했을 것이다.
　불굴의 의지로 수많은 시행착오를 반복하며 불철주야 연구에 몰두한 과학자들이 있었기에 칠흑같이 어두운 밤에도 먹이를 찾으러 산속을 거니는 야생동물을 관찰할 수 있는 것이다.
　일반인들이 볼 때는 무모할 정도로 역경을 무릅쓰고 오직 성공만을 위해 도전하는 과학자와 탐험가 그리고 운동선수 등 이들은 모두가 그냥 해보는 것이 아니라 신념과 철학을 갖고 행동한다.
　인류 역사상 최초로 히말라야 14좌와 7대륙 최고봉 그리고 지구의 3극점까지 완전 정복하여 산악 그랜드슬램을 달성한 산악인 박영석! 그는 가장 무서웠던 것이 자기 자신과의 싸움이었다고 한다. 우리 사회에서는 대입 수능 고사라는 1차 관문을 통과하기 위해 수많은 학생들이 도전하는데 이 과정에서 자기 기대에 못 미치는 성적이 나왔다고 스스로 목숨을 끊는 안타까운 일들이 벌어지고 있다.
　이들에게 1년에 한번이라도 박영석씨 같은 분들의 자기 자신과의 싸움 과정을 들을 수 있는 수업시간이 배정되었다면 이러한 불행한 일은 없어지고 불굴의 의지로 재도전하는 아름다운 인내력을 배웠을 것이다.
　일주일에 한번 가는 청계산도 오를 때마다 힘들어 중간에 포기하고 수월하게 돌아오고 싶은 심정이 항상 교차하지만 정상을 정복하고 내

시간을 잃어버린 마을을 찾아서

려오는 뿌듯함을 머릿속에 그리며 끝까지 도전하는 게 나의 일상이듯이 청소년이 공부하는 과정에서의 갈등과 직장인이 사회생활 하면서 자기 자신과 소박한 싸움을 하는 심정을 십이분 이해하고도 남는다. 그러나 사람이 일상적 도전에도 쉽게 포기한다면 나 자신에게는 물론 가족이나 회사에 무슨 족적을 남기겠는가. 조그마한 인간으로서 조그마한 목표에 도전하는 의지만큼은 절대 포기 되어서는 안 되는 이유는 그런 식으로 모든 걸 쉽게 포기한다면 아무것도 이룰 것이 없는 무능 그 자체만 남게 되기 때문이다.

둘째아이가 군대가기 전에 내가 "누구나 다 하는 거니까 너도 다 할 수 있단다"라고 해주었던 말이 생각난다. 인생은 끝없는 도전의 연속이니까.

제1장 희망을 비는 사람들

얌체

내가 태어나서 뛰놀던 삼각지에서 용산역까지는 지금 같으면 30분쯤 걸어야 될 거리이지만 60년대 초반의 초등학교 시절에는 반 뛰다시피 해서 아마 10분 만에 도달했었던 것 같다. 구정이나 추석 같은 민족의 명절 때에는 고향 가는 열차표를 구하기 위해 용산역 광장을 가득 메운 사람들을 구경하려고 동네 친구들과 자주 가곤했다. 장사진을 이룬 현장 구석구석에서는 몰래 새치기 하려는 사람과 고생하며 줄을 지키고 기다렸던 사람들 간에 시비가 붙어 큰소리도 나고 심할 때에는 치고 박고 주먹이 왔다 갔다 하는 광경까지 목격되었다. 어린 아이에게도 차례를 어기고 남의 자리에 슬며시 끼어드는 것은 나쁜 짓이라고 느껴졌지만 중·고등학교 다닐 때 고교야구 보려고 서울운동장(지금은 '동대문 운동장'이라고 하는 것 같다)에서 입장권 살 때 다리 아프게 장시간 긴 줄 속에 묻혀 기다리는데 슬쩍 새치기하는 암표상 아저씨나 할머니들을 보면 말도 못하고 얄미운 족속이라는 불쾌감만 남았던 기억이 있다.

직장에 취직해서는 일도 제대로 안하면서 동료들 그늘에 묻혀 그저 봉급만 축내는 무임승차족을 없애야 한다고 강조하던 경영진의 경고문서를 보면서 얌체는 어딜 가나 존재한다는 사실을 알게 되었던 것이다. 사실 요즈음에도 무임승차가 많은 조직이 있어 사회적으로 지탄을 받고 있지만 조직이 크든 작든 얌체가 있으면 기강이 해이해지고 너는 노는데 나만 일하면 손해 본다는 의식이 팽배해져 모든 부문의 생산성이 저하되어 시장 경쟁능력이 떨어지면서 도태되기 시작하는 것이다.

내가 아는 회사 중에는 기존 사업 부문의 인력을 홀대하고 부가가치가 높다고 판단하여 신규 추진하는 사업 인력만 우대하는 CEO 가 있다.

이런 사람이야말로 현재의 규모까지 성장시킨 일등공신의 기존 사업 인력을 요긴한 때는 소중히 여겨오다가 부가가치가 떨어져 쓸모없다며 박힌 돌을 천대하고 굴러들어온 돌을 취하는 '토사구팽'의 극단적 얌체가 아니겠는가.

극단적으로 자기 이익만을 생각하며 자기 행동에 대한 부끄러움도 모르고 체면도 차릴 줄 모르는 사람 주변에는 얌체들만 모여들게 되어 정상적인 의식을 가진 사람은 그 곁을 떠나버린다. 얌체 CEO 곁에도 충직한 참모가 오래 머물러 있을까?

도우며 산다는 것

시간이 없어서, 돈이 없어서, 조용히 살고 싶어서, 나도 어려운데… 하면서 어려움에 처한 사람들에게 조그만 도움도 못 주고 마는 경우를 아주 많이 본다. 거창하게 조직적인 봉사단체에서 활동하지 않더라도 평범한 사람으로서 주변에 아는 사람에게 평범한 도움을 주어야 할 때가 생기는데 이를 외면하는 사람을 본다. 그러나 대부분의 사람이 남을 돕지 못하는 이유는 자기에게는 그런 어려운 일이 닥치지 않을 거라고 생각하기 때문에 한 순간 마음은 아프지만 선행을 베풀지 못한다. 이런 사람일수록 여유가 생겨도 평생 남을 돕지 못하기 마련이며 엉뚱한 곳에다 쓴다.

이 세상은 부유한 사람보다 어렵게 살아온 사람들이 어려움에 처한 불우이웃 돕기에 앞장선다.

왜냐하면 자기 자신이 어려움이란 고통을 경험했기에 먼저 나서는 것이다.

"나중에! 나중에!" 하는 사람 치고 진짜 실행하는 사람은 십중팔구 없는 것이고 남을 돕는다는 것을 꼭 재물로만 해야 되는 것으로 오해하고 있다.

괴로운 친구에게 시간을 내어 얘기를 나누는 것은 돈 안 들이고 할 수 있는 소중한 도움인데 말이다. 콩 한 조각이라도 쪼개어 나눠먹는다는 우리 선조들의 상부상조 정신만 따른다면 어려운 처지에 있는 주변

사람들을 돕고 살면서 진정한 행복을 맛볼 수 있다.

 마음만 있으면 시간도 낼 수 있고 조그마한 성의도 표시할 수 있는 것이며 진정한 도움을 어떤 형태로든 만들어 낼 수 있다고 생각한다.

 물질적인 도움이 어려우면 시간을 내어 마음을 열고 대화를 나누며 상대방의 심정을 헤아릴 수 있을 것이요 신체적으로 어려운 이웃에게 몸으로 도우며 살 수도 있다.

 보시(布施)하며 산다는 것은 사랑과 행복을 아는 사람이 되었다는 뜻이다.

자율과 의무

3 일 있으면 반년이상 집을 떠나 생활해야 하는 딸아이가 새벽부터 부산을 떨고 집을 나서길래 "어디 가냐?"고 물어보니 친구와 영화 보러 간단다. 아침 요금이 싸기 때문에 일찍 친구를 만나는 모양이다.

새벽 어학원은 피곤하다며 못 일어나 몇 번을 결강하는 거 같던데 새벽 영화는 친구랑 만나는 즐거운 일이니 엄마가 깨우지 않아도 스스로 일어나 챙기고 가는 것이다.

이 영화 관람도 학교나 직장에서 시킨 의무조항이라면 억지로 일어나서 마지못해 참석했을 것이 뻔하다.

노동과 운동의 큰 차이점은 전자는 하고 싶지 않지만 억지로라도 꼭 해야 되는데 후자는 누가 하라고 하지 않아도 자기 스스로 좋아서 하는 거란다. 직장에서도 스스로 일을 찾아 하는 직원은 얼굴에 즐거움이 가득하지만 지시에 의해서 일을 하는 직원은 의무감을 느껴 스트레스를 받으며 생산성도 떨어진다.

즉 자율과 의무적 행동 사이에는 당사자의 심리상태와 효율성이 상당한 차이를 보인다는 것이다.

교육 심리학에서 배운 "아이들이 스스로 그리고 재미있게 학습하도록 하는 게 무엇보다도 중요하다"는 이론을 새삼 다시 생각게 한다.

어느 성격의 조직이든 구성원 모두가 자발적으로 참여하려 하고 스

시간을 잃어버린 마을을 찾아서

스로 일을 찾아 하려 할 때 생기가 돌고 발전하는 것이다. 나는 기업에서 조직생활을 하면서 임직원 모두가 회사에 출근하는 게 기쁘고, 업무를 처리하는 데서 성취감을 느끼며, 직장 동료들과 어울리는 시간이 모자랄 정도로 자기가 하는 일에 재미를 느껴 우리 회사는 "신나는 직장"이라고 생각될 때 나와 그리고 회사는 Win-Win 하는 것이라고 강조해 왔다. 마치 우리 딸이 친구와 영화 보러 가기 위해 누가 깨우지 않아도 스스로 일어나 새벽에 집을 나서는 마음 같이.

그래서 병역이나 납세의무는 사람들이 싫어하는 것이고 동호회 모임이나 봉사활동에 참여하는 사람들의 표정은 한결같이 밝고 명랑한 것 같다.

대다수 직장인이 바라듯이 취미활동으로 돈도 벌고 일생을 즐길 수 있는 직업이 세상에서 제일 좋다는 까닭도 여기에 있는 것이다.

나이 값

사람의 나이는 정신 연령과 신체 연령으로 나눌 수 있는데 정신 연령은 보는 사람마다의 잣대가 틀리기 때문에 계수화가 어렵지만 신체 연령은 일단 태어난 시기를 기준으로 한 주민등록번호가 있어 모든 행정의 기초 자료로 이용하게 된다.

하기야 요즈음에는 웰빙시대라 운동하기에 따라 호적상 나이와 신체상태 나이가 크게 다르지만 좌우지간 무배당 단체 생명 보험 상품에 가입하는데 내가 차지하는 보험료가 젊은 직원 3명분을 합친 것보다 높다니 나이 값을 톡톡히 치른다는 생각이 든다.

얼마 전에 집사람이 나이 오십 넘으면 보험회사에서 청약도 안 받아준다고 하던 말이 이제서야 실감 난다. 나는 아직까지 젊은 사고를 갖고 항상 젊게 행동하려고 노력하고 있다고 생각하는데 일반적으로 현실은 그렇게 보고 있지 않은가 보다. 지금도 나는 할일이 많고 많은 사람들을 만나야하고 건강에도 많은 시간을 투자하고 있으며 나의 소중한 경험을 매일 매일 수시로 젊은이들에게 전수해 주면서 보람을 느끼는데 왜 사회에서는 내 생각과 다른 등급을 매길까?

우리 사회는 점점 고령화시대가 되어 가고 내 나이는 날이 갈수록 젊은이로 분류되어질 텐데 요즘 시대는 나에게 너무 무겁게 나이 요금을 매기는 것 같다. 아마 머지않아 주민등록 나이가 아니라 실제로 신체지수를 측정하여 그 결과를 가지고 보험료를 산출하는 날이 올 거라는 생각이 든다.

시간을 잃어버린 마을을 찾아서

묵묵부답(默默不答)

상대방이 나로부터 즉각 회신이 올 거라고 예상하고 서신을 보내 왔으나 내가 묵묵부답하게 되면 서신을 보냈던 상대방은 여러 가지로 상상의 나래를 펴면서 다양한 심리상태가 표출 될 것이다.

"왜, 답신이 없을까?" "내가 보낸 내용이나 조건에 불만이 있어 동의하지 않거나 생각 자체가 없는 건가?" "연락을 끊어버린 것인가?" 등등 부정적인 측면으로 만감이 교차할 것 같아 보인다.

옛날 말에 '무소식이 희소식'이라는 것과는 전혀 다른 개념이다.

부부싸움에서 제일 무서운 것은 서로가 말을 안 하고 냉전 하는 것과 한쪽에서는 대화를 원하는데 상대방이 입을 봉해 버려 의견이나 생각을 들을 수 없는 경우일 것이다.

'침묵은 금이다'라는 말은 짧다면 짧고 길다면 긴 우리네 삶 속에서 아주 가끔씩 써먹으면 특효약도 될 수 있다고 생각된다.

그래서 한 친구가 비지니스 관계로 골머리를 앓고 있길래 묵묵부답 전략을 써보라고 조언해 주었는데 그 결과가 어떻게 되었는지 내가 더 궁금하다. 이 전략을 잘 쓰는 계층은 아마도 뇌물을 받아먹고도 묵묵부답하는 정치인들일 것이다.

내가 좋아하는 야구감독 중에 "사인을 내지 않는 작전도 훌륭한 작전이다"라는 지론을 갖고 장수하는 사람도 있지만, 항상 그 자리에서 조기에 결심하던 사람이 복잡하고도 미묘한 사안에 대하여 평소답지

제1장 희망을 비는 사람들

않게 묵묵부답으로 행동하면 상대방은 멈칫하고 고민할 수밖에 없으리라 본다.

  이때에 묵묵부답하면서 얻는 효과는 첫째는 본인 자체가 시간을 갖고 다시 한번 검토해 볼 기회를 얻을 수 있는 것이고 둘째로는 상대방의 예상과 정반대로 대응함으로써 상대방의 허를 찌르고 나는 실을 꾀할 수도 있다는 얘기이다.

  그러나 나의 경우에는 묵묵부답하는 스타일을 좋아하지는 않지만 특별히 필요하다고 판단되면 써먹어도 효력을 기대할 수 있다고 본다. 묵묵부답에도 인내가 따라야 하며 조급하게 해제해서는 더 큰 낭패를 볼 수 있다는 점을 간과해서는 안 될 것이다.

시간을 잃어버린 마을을 찾아서

유종의 미

직장을 떠나면서, 사업을 접으면서, 이민을 가면서, 동업자와 헤어지면서, 임무를 마치면서, 이사를 가면서, 건축공사를 마무리 하면서, 비즈니스를 종결지으면서, 행사를 끝내면서, 빌린 돈을 갚으면서, 군대를 마치면서, 저승을 가기 전에 등등 끝이 깨끗해야 다른 사람에게 피해를 주지 않게 된다.

머무른 자리가 깨끗해야 뒷사람도 좋아한다. 모든 일은 끝맺음이 좋아야 한다. 정상을 정복한 후 긴장을 풀지 말고 사고 없이 안전하게 하산해야 등산이 끝난 것이다.

아파트 공사도 마지막 조그마한 손질이 품질의 등급을 결정한다. 훌륭했던 정치가나 기업가가 주변의 뇌물 유혹에서 벗어나지 못하고 불명예스럽게 끝을 맺는 현상을 종종 보면서 돈이 뭔지 명예와 맞바꿀 수 있는 건지 다시 생각게 된다.

나는 평소에 "관리란 반복적 확인이다"라는 지론을 곁에 있는 지인이나 후배들에게 수없이 강조한다. 나 자신에 대한 관리란 나 자신을 반복적으로 확인하여 내가 이런 행동을 해도 괜찮은 것인가 다시 한번 생각해 보는 것이다.

직장을 떠나면서 후임자에게 담당업무 인계를 철저히 해주어 본인이 떠난 후에도 불편하거나 불평이 없도록 하는 것이 조직 구성원의 도리이며 자기가 하던 사업을 접으면서 거래처에 대한 채권채무 정산

제1장 희망을 비는 사람들

과 근로자에 대한 깨끗한 정리 그리고 세무서와 같은 관청 행정을 완전하게 신고 완료하는 것이 사업가로서 기본자세이다.

　석가모니 왈, "만나면 반드시 헤어져야 하는 것이 인생이 정한 운명이다"라고 했다.

　마지막으로 내 마음속의 빚을 다 갚고 간다면 그 이상의 유종의 미는 없으리라.

인생 18홀

골프라는 게임은 1홀부터 18홀까지 18번의 도전기회로 구성되어 있으며 각 홀마다 세 번 내지 다섯 번으로 평균 네 번씩의 샷을 기준으로 성적을 만들어 간다.

그래서 보통 72타로 골프장을 설계하게 되는데 이는 사람이 살아가는 과정과도 매우 흡사한 것 같다. 첫 번째 1홀이 인간의 탄생으로 4세까지를 의미한다면 마지막 18홀은 72세의 나이로 자연으로 돌아갈 위치가 되는 것이다. 또한 전반 9홀까지 하면 36세가 되는데 인생의 반을 지나면서 열정과 경험을 모두 겸비해서 후반 시작을 새롭게 다짐하게 된다.

매 홀마다 티샷을 할 때마다 이번에는 잘해야지 하는 마음으로 시작하지만 해저드라는 인생의 장애물과 고비를 맞게도 되고 생각에 없던 러프에도 빠지고 깊은 벙커에서 헤매고 심지어 Out of bound 되어 벌칙을 당하면서 방금 전에 욕심냈던 걸 금방 후회하고 목적지인 그린에 투 온 시키고 나서도 마무리 단계인 쉽고 짧은 퍼팅을 놓치면서 기회를 상실했다고 또한 운이 나를 피했다고 탄식하기도 한다.

그러나 정반대로 운칠기삼 아니 운백기무(운이 100%이고 기술은 제로 상태)로 신들린 듯 장거리 곡예 퍼팅이 예술적으로 성공되면 최고의 기쁨을 맛보게 된다.

나는 골프장에 갈 때마다 소풍간다는 심정으로 호탕하게 껄껄거리

제1장 희망을 비는 사람들

면서 18홀을 즐긴다. 욕심을 버리고 그때그때의 환경에 적응하려고 최선을 다하다보면 의외로 난관을 잘 극복하고 좋은 결과가 나온다.

　18홀을 끝내면서 인생의 아쉬움 그리고 더 잘 할 수 있었는데 하면서 자연으로 돌아가게 된다. 요즘 평균 수명으로 본다면 골프장도 이젠 20홀 이상(80세 이상)으로 리모델링해야 되지 않을까?

무조건 집으로

딸 아이가 런던에 외출 나갔다가 지갑을 소매치기 당했다고 안절부절 못하며 제 어미에게 긴급전화를 한 모양이다.

일요일 밤 10시경 바둑모임의 친구들을 만나고 집에 들어오는데 집사람이 안경을 쓰고 무언가를 보면서 연신 전화를 걸다가 "선이가 카드를 잃어버려서 난리 났어"라고 걱정스런 목소리로 사고소식을 전했다.

나는 침착하게 카드회사 분실신고센터에 전화하여 분실사고 접수를 끝낸 후 안내 받은 전화번호로 해외업무 관련센터에 연속 전화를 걸어 자세한 설명과 안내를 받아 집사람이 권장하는 번호인 00700으로 시작하는 국제전화를 걸어 딸에게 현지에서의 대처요령을 반복해서 알려주며 재차 확인까지 하였다. 딸아이는 통화 중에도 울먹이고 있어 걱정할 것 없다며 안심을 시키고 전화를 끝냈다.

몇 개월 전에는 아들 녀석이 군 입대한지 얼마 안 되어 부대 열쇠를 잃어버려 난리를 치며 극도로 불안한 모습으로 귀대한 적이 있다.

이럴 때마다 제 어미는 언제나 걱정이 태산이지만 아빠인 나는 자식들이 살아가는 과정의 일부이며 소중한 학습 경험이라고 생각해 버린다.

밤 12시가 넘었는데 노령화시대의 어르신들이 일자리를 구하려 긴 줄 속에서 장시간 기다리는 모습을 TV에서 보게 되었다. 한 노인양반이 "평생을 키우고 가르치느라 전 재산을 다 투자를 했는데 자식들은 지들 살기만 급급해서 부모한테 신경 쓰려고 하는 의지도 없어 보여

제1장 희망을 비는 사람들

쓸쓸하다. 그래서 생활고 때문에 70세가 가까운 나이에 일자리를 구하려 한다"고 인터뷰하는 모습을 보며 우리 자식들도 마찬가지겠지 하면서 '나도 우리 부모님한테 뭘 잘한 게 있나?' 하는 생각을 해본다.
 딸아이가 빨리 안정을 찾고 일상생활에 복귀해야 할 텐데.

누구나 자기를 알아주기를 바라는데…

고가의 호화주택에 살며 내로라하는 외제차량을 타고 값비싼 옷으로 치장하고 최고급 양주만 마시고 남들이 없는 희소성 명품만을 고집하는 것은 아마도 소유의 욕구는 물론 "나는 있는 사람이다"라고 자기과시 또는 상대적 우월감을 나타내려는 심리에서 생겨난 것이리라.

즉 자기를 알아달라는 얘기이자 각별하게 대우받고 싶다는 말이다.

시쳇말로 나 같은 인간은 20억원이 넘는 고가주택을 공짜로 빌려준다 해도 못살겠다고 사양할 것이며 1억원이 넘는 외제차를 타라고 해도 못타는 것은 유지비용의 부담능력도 문제지만 거기에 걸맞는 행동의식과 체면유지비가 더 감당이 안 되기 때문에 포기하는 것이다. 왜냐하면 고급생활을 하는 사람은 고급행동이 따라야 양복에 갓을 쓴 것처럼 어색하지 않고 균형이 잡히기 때문이다.

어렸을 때 많이 들은 얘기 중에 기억이 남는 것이 있는데 장사해서 돈을 많이 번 사람들이 흔히 하는 행동은 집을 사고 나서 서가에는 읽지도 않은 문학전집이나 장편소설을 잔뜩 진열해 놓아 자기 자신의 열등한 부분을 외양적으로 대신하려 했다는 것이다.

정치가는 자기를 지지하는 세력이 많아야만 정치판에 살아남을 수 있는 것이요, 연예인은 열광하는 팬이 항상 뒤따라야 이름값을 제대로 받을 수 있으며, 소설가는 애독자가 많아야 판매량이 늘고 수입이 커지고, 장사하는 사람이나 기업은 단골이 많아야 살아남는 것인데 이들의 공통점은 항시 많은 사람들로부터 일거수일투족을 평가받고 살아간다

제1장 희망을 비는 사람들

는 점이다.

그러니 이들은 자기 인기도에 걸맞게 매사에 신경 쓰고 사회적으로 책임 있는 행동을 해야 된다는 것이다. 열심히 일해서 돈을 벌었으면 그에 상응한 공부를 통해서 다방면의 지식과 교양을 갖추어야 하며 또한 자기가 번 돈을 어떻게 잘 써야 하는가를 항상 고민해야 진정한 부자로서 평가 받을 수 있는 1차적 자격이 부여된다.

그러나 우리 사회는 어떤가 보자. 돈을 벌면 우선적으로 하드웨어부터 바꾸어 시각적으로 남들에게 자기를 알리려고 애를 쓴다. 그리고는 개구리 올챙이적 시절은 다 잊어버리고 목에 힘주고 건방지고 안하무인격이 되어 무례한 행동으로 주변 사람들로부터 욕만 먹고 지탄 받게 되니 불행하게도 사회적으로 존경받지도 못하고 돈의 힘으로만 살아가게 된다.

사실 더 아쉬운 점은 우리사회가 아직까지도 정상적으로 이루어진 남이 잘되는 것에 대하여도 진정으로 축하해주는 마음이 절대 부족하다는 점이다. 괜히 남이 큰 집으로 옮기면 저사람 어떻게 해서 저런 큰돈 벌었지 의심하며, 사촌이 땅을 사면 배 아파하고, 입사동기가 먼저 승진하면 질투하고, 남의 자식이 잘되면 폄하해 버린다.

그러나 내가 큰 집을 사면 일부러 아는 사람들을 초대해서라도 적극적으로 나를 알아주기를 바라며, 내 아들이 고시라도 합격하면 동네방네 소문이 나서 누가 현수막이라도 달아주기를 바라며, 남편이 진급이라도 하게 되면 여러 곳에서 축하 화환이 들어오길 내심 기대한다. 이렇게 똑같은 현상에도 절대 반대의 반응을 보이는 것이 우리 사회의 현실이다.

옛날처럼 모처럼 구두나 양복 새로 사서 입고 나가면 "야! 한 턱 내라"하면서 껄껄 웃고 축하해 주던 우리네의 소박함은 어디로 가버렸나? 이제부터라도 남이 나를 알아주기를 바라기 전에 내가 먼저 남을

시간을 잃어버린 마을을 찾아서

알아주고 크게 칭찬하고 많이 기쁘게 해주는 습관을 가져보자. 그러면 그렇게 칭찬받고 축하 받은 사람이 자연스럽게 진정으로 나를 알아보게 될 것이다. 어리석지 않으면 인간이 아니라고 하지만 우리는 무척이나 단순하고 무시로 어리석은 것 같다.

제2장 흑과 백

서로의 삶이 조금이라도 덜 힘겹도록 애쓰지 않는다면
우리가 사는 이유가 과연 무엇이겠어요?
-조지 엘리엇

시간을 잃어버린 마을을 찾아서

수원 지방법원

내 친구의 외삼촌은 금융기관에 오랫동안 몸담았던 분이다. 또한, 외숙모는 육십을 훌쩍 넘은 나이에도 언제나 뭘 해서 벌어야 만족하는 타입이란다.

그리고 월급쟁이 남편인 외삼촌에게 조카인 내가 보는 앞에서도 "봉급만 가지고 어떻게 사니, 지금처럼이라도 살 수 있는 게 다 내가 바지런하게 벌려고 했으니까 된 거지"라고 습관처럼 강조한단다.

사실 두 분은 우리 친구가 볼 때는 꽤나 괜찮은 재산이 있어 노후생활 걱정 없는 분들이란다. 그런데 외삼촌은 칠십을 몇 년 안 놔두고 결국 이혼하셨단다. 그야말로 일본에서 유행한다는 황혼이혼이 아닐까 생각된다.

'황혼….' 해가 지고 어둑어둑 할 때, 인생으로 보면 한창인 고비를 지나 쇠퇴하여 종말에 이를 때, 그야말로 아름답게 마감하기 위하여 애를 쓸 때 아닌가.

그런데 40년 동안 잘 참다가 수업종료 몇 분전에 교실을 뛰쳐나왔으니 그야말로 '파열음'이 아닌가.

문득 수원지방법원에 갔던 기억이 떠올랐다. 물론 비온 뒤 땅이 굳어졌고 아직도 집사람에게 미안한 점이 하나 남아 있긴 하다.

이 글이 책으로 나오면 사과해야지.

승강기(elevator)

하루에도 몇 번씩 승강기를 탄다. 혼자 탈 때는 어색함이 없이 승강기 벽 자체의 거울로 넥타이도 확인하고 머리도 보며 자기 층에 도착하면 내리게 된다.

문제는 둘 이상이 있을 때 각자의 시선을 어떻게 해야 될지 모두가 어색해 한다는 것이다. 대부분의 사람이 승강기를 타면 출입문 중앙 상단에 있는 층수 가리키는 쪽에 시선을 집중하게 된다.

그래서 말인데 내 생각으로는 바로 거기에 아주 간단한 글귀라도 붙여 놓으면 방황하는 우리의 눈동자를 잠시라도 안정시킬 수 있다고 생각했다. 지금까지는 공공장소에 있는 승강기 얘기였다. 하지만 집에 있는 것은 더 곤란할 때가 많다.

왜냐하면 분명히 같은 동에 사는 이웃 주민들인데 먼저 인사를 건네는 습관이 훈련되지 않은 우리나라 사람은 어정쩡하게 올라타고 시선을 어디에 둘 줄 모르고 자기가 내릴 때까지 어색해 죽으려 한다.

바로 그곳에 "안녕하세요? 라고 먼저 인사합시다"라고 적혀 있다면 우리네 아파트 문화가 한 단계 개선되지 않을까 자주 생각해본다.

그리고 공공장소나 아파트나 어디서든 승강기 안에서의 휴대폰 통화는 또 우리에게 얼마나 잘못된 습관인지 가정과 학교, 직장에서 '승강기 안에서의 올바른 문화'에 대하여 종합적이고 반복적으로 교육이 필요하다고 느낀다.

제2장 흑과 백

짧은 직장 긴 노후

2003년도 취업자 2,213만 명 중에 자영업자가 773만 명으로 약 35%를 차지하고 있단다.

이는 미국 7.2%, 일본 16.3%, 대만 28.4% 보다 훨씬 높은 것으로 OECD 회원국 가운데 가장 비중이 높았단다.

선진국 자영업주는 대부분 최소 5년 이상 준비 기간을 갖고 창업하며 자신이 오랫동안 종사한 업무와 연관된 커리어(Career)창업이 많지만 우리처럼 회사나 은행 다니다가 나와서 갑자기 음식점, 꽃가게, 모텔, 호프집 등을 창업하는 사례는 없다고 한다.

요즈음 내수 침체로 가게의 권리금은 고사하고 매물만 쌓여 자영업 대란이라고 매스컴은 전하고 있다.

우리 주변에는 직장 잃은 가장이 얼마나 많이 탄생 되었는가. 이들이 바로 묻지 마 창업주가 되어 자영업자는 계속 늘면서 경기는 불황이 지속되니 이런 대란이 일어날 수밖에 없는 것 아닌가.

파리의 샹젤리제 뒷골목에서 카페를 운영하는 46세의 코셰 디디에라는 사람은 24년간 카페 종업원으로 일하다 카페를 냈다고 한다.

우리사회가 고령화는 가속화되고 직장 퇴직연령은 낮아지니 어찌해야 퇴직 근로자와 고령 근로자에 대한 사회적 안정화 시스템을 갖출지 큰 숙제다.

남의 일이 아니다. 나의 얘기이고, 나의 형님, 나의 부모님 모두에게

시간을 잃어버린 마을을 찾아서

해당된다.

즉 나의 주변사람 어디서나 볼 수 있는 사회적 현상이요 풀어야 될 장기 과제이다. 국가에서 시행되고 있는 국민연금에만 의존할 것이 아니라 개인연금이라도 미리 들어 놓았더라면 하는 후회가 내 머리를 강하게 스쳐간다.

어느 날 우리 딸이 아침 밥상 위에서 한 얘기가 생각난다.

"엄마, 우리 교수님이 너희는 참 불행한 세대다. 국민연금으로 아마 40%를 월급에서 떼어야 하니까"라고 말했단다.

이 말에 집사람은 딸아이에게 "너네 교수님은 학생들에게 미래의 좋은 꿈은 못줄망정 실망만 주시면 되겠느냐"라고 답했다.

그러나 그것은 곧 다가올 현실이었다.

6시간만 더

여러 가지를 해야 하기 때문에 늘 바쁘다. 더 정확하게 표현하면 하고 싶은 것이 많아서 시간이 부족한 느낌이다.

나이가 들어가면서 해야 할 일과 젊어서 안한 것을 해야 하니 바쁠 수밖에 없다. 그래도 내 마음속으로는 "심심한 것보다는 훨씬 낫지 뭐" 그렇게 생각하고 있다.

나이가 들면서 운동은 가급적 매일 해야지 하는 생각 때문에 교통시간까지 하면 3시간은 투자해야 되고, 2005년 11월 말에 책이라도 한권 발간하려면 여러 가지 소재거리도 스크랩하며 매일 매일 테마를 선정하고 생각이 떠오르면 바로 글로 남기고 하는데 최소 1시간 이상은 의식해야 3년 만에 겨우 그동안 모아 놓은 글을 가지고 도서출판사를 찾아갈 수 있으리라.

낮에는 자문역이 주 활동이니 거기에 걸맞는 조언과 자료를 만들어야 하고, 기본으로 6시간은 잠을 자야하고 밥 세끼는 자연적으로 시간을 요구하며, 군대 간 아들 때문에 딸이 돌아올 때까지 혼자 쓸쓸히 집에 있을 아내를 생각하며 일찍 들어가서 TV라도 함께 봐야 되고 별안간 미국에서 친구라도 오거나 연락 안 되던 선배나 동료, 부하직원들로부터 인사 전화 받게 되면 섭섭해서라도 저녁 한 끼 외식해야 되고 심심한 친구한테 "너 뭐하냐?"하는 긴급전화라도 받으면, "그래 소주나 한잔하지"라고 응답하고 아침시간에는 신문이라도 제

시간을 잃어버린 마을을 찾아서

대로 보려면 눈뜨고 나서부터 신문지 들고 화장실 가는 거부터 하루 1시간은 투자해야 될 것 아닌가.
 이러다 보니 가족 친지와 보내는 시간 빼고도 하루하루가 항상 바쁘다. 물론 주말에 산에 2번 정도 가야 되는 것 등등 취미생활은 별도이고. 이렇게라도 하지 않으면 아주 늙기 전에 몸 어디선가부터 삐그덕거리기 시작하면 운동은커녕 다른 것도 할 수 없게 될 것 같다.
 젊었을 때부터 이런 생각으로 행동했었다면 이제 와서 하루에 6시간만 더 있었으면 하는 생각 안 했을 텐데.

사장님 계세요?

중소기업 사무실에 걸려오는 외부 전화의 대부분이 "사장님 계세요?"로 시작된다. 무조건 사장님부터 찾는다. 특히 회사 업무와 관련이 없는 부동산 텔레마케터들의 전화는 전부 이렇게 말머리를 연다. 이런 일 때문에 걸려오는 전화를 받는 대부분의 여직원은 이런 종류의 전화를 가려내는데 신경을 곤두세운다. 더군다나 관청이나 대기업 아니 중견기업체로부터 오는 전화는 "여기 어딘데요, 사장님 바꿔주세요"다. 왜 이런 문화가 생겨났는지 그 속을 들여다보자.

먼저 중소기업의 의사결정은 내 회사라고 생각하는 사장 1인에 의하여 거의 대부분 결정되기 때문에 그 문화를 잘 알고 있는 우리나라 사람들은 절차를 생략하고 시간을 줄이기 위해 막바로 최고와 통화하려는 것이다. 사장 또한 작은 조직이라도 업무권한 위양을 하지 않고 자기 혼자 결정해 버리는 경우가 많다보니 조직구성원들은 자기 직위에서 결정하는 것을 꺼려하게 된다.

이러다 보니 회사의 규모가 커져도 사장이나 직원이나 외부 사람이나 모두가 이런 문화 속에서 "사장님 계세요?"만 익숙한 것이다. CEO는 처음부터 CEO가 아니다.

이제부터라도 "담당하시는 분을 바꿔주시겠습니까?"라고 기업내부의 문화부터 바꾸어 부하직원이 얼마 후 또 다른 CEO가 되었을 때에는 사장님보다는 담당자를 찾는 기업문화를 만들자.

시간을 잃어버린 마을을 찾아서

언행일치의 전제조건

어렸을 때부터 가장 많이 들었던 얘기 중에 하나가 언행일치(言行一致)일 것이다. 즉 말과 행동이 어긋남이 없이 한결같이 서로 맞아야 한다는 것이다.

우리 주변에서는 언행상반(言行相反)으로 인한 반목과 갈등, 불신풍조가 만연하고 있다. 그러나 더욱 안타까운 것은 언행상반 하는 사람이 아니라고 평소에 굳게 믿어왔던 사람이 자기가 말한 약속을 지키지 않을 때이다.

이런 일은 두 가지 원인에서 발생된다고 본다.

그 첫째는 자기가 약속한 내용을 지킬 수 없는 형편이 되어 상대방을 안타깝게 하는 경우이고 두 번째로는 기억이 나지 않거나 새까맣게 잊어버려서 본의 아니게 약속 불이행이 되는 경우다.

요즈음 젊은 사람들에게서도 치매증(정확한 표현은 아닐지 몰라도) 현상을 볼 수 있다. 나이가 들어가면서 훨씬 더 많이 나타나는 증상이 망각증세이다.

그래서 하는 말인데 전자의 경우 약속을 지킬 능력이 안 된다고 하니 제쳐 놓고 후자의 경우에는 평소의 훈련과 습관으로 막을 수 있다.

본인은 아무 생각이 없이 또는 즉흥적으로 약속 했을지 몰라도 듣는 사람은 그 약속이 지켜질 때까지 잊지 않고 기다리게 된다.

그런데 약속한 사람이 그 약속을 지키려고 하는 기미가 보이지 않고

제2장 흑과 백

말도 없을 때 얼마나 실망하고 불신하겠는가.

　남자들은 특히 취중약속이 이런 문제를 야기시키곤 한다. 그래서 나는 일본식 메모 문화를 제안한다. 약속하기 전 또는 약속한 직후에 자기 나름대로 메모를 철저히 해 놓는 것이다.

　그래도 미심쩍으면 상대방에게 "내가 약속 안 지키면 약속한 날짜에 나한테 기억을 되살려죠"라고 다시 한번 얘기하는 것이다.

　한번 약속은 영원한 책임이다.

국 어 사 전

　　내 책상 위에는 너덜너덜한 국어사전과 영어사전, 그리고 좀 작고 깨끗한 영한사전(1996년 판)이 꽂혀 있다.
　그 중에 국어사전은 1978년 9월 1일 대대 인사장교 시절에 구입했던 것으로 당시 가격이 2,300원이었고 1978년 4월 15일 인쇄되고 '동아 신 콘사이스 국어사전'이라고 써 있다.
　만 26년이 훌쩍 넘어선 청년 나이다.
　물론 지금도 잘 보고 있다. 단지 눈이 나빠져서 친구가 준 아주 작은 크기의 천 원짜리 검은 돋보기로 보아야 할 때가 많아진 것뿐이다. 세월이 이렇게 빨리 흘러갔구나 하는 생각을 하게 만드는 역사의 산물처럼 소중하게 느껴진다.
　요즈음 아이들의 조금만 변형된 신형 제품이 나오면 헌신짝 버리듯 새것으로 바꿔버리는 풍습과는 아주 대조적이다.
　사실 이 국어사전은 나와 함께 수많은 곳에 활용되고 여러 사무실에서 장소를 이전하며 나와 함께 걸어온 사회생활의 동반자였다.
　지금은 작년부터 쓰기 시작한 내 주변의 이야기를 글로 옮길 때 단어 철자에 자신이 없어 자주 보곤 한다.
　이 역사의 산물을 나의 책장 어느 곳 역사 속으로 잘 보관하고, 이젠 잘 보이는 큰 우리말 사전을 하나 구입해야겠다.
　그리고 이 새 사전이 또 26년 이상 흐르면 나는 어디 있을까?

제2장 흑과 백

준비된 기업

직장생활을 그만두고 회사를 차릴 때 대부분이 나름대로 준비를 해서 창업하게 된다. 그러나 회사를 오픈하고 나면 생각지도 못한 여러 부문에서 문제가 생긴다.

물론 오픈 전에 완벽하게 점검해서 준비했으면 그런 일이 없었을 것 아니냐고 반문할지 몰라도 보통 두세 사람으로 출발하는 영세 소기업에서는 흔한 현상이다.

문제는 오픈 직후부터가 중요하다. 발견된 부족한 점을 우선순위에 따라 그 즉시 즉시 조치하려는 구성원 모두의 의식과 행동이 제일 중요하다. 그야말로 늦었다고 생각될 때 망설이지 말고 시작만 즉각 해도 결코 늦는 게 아니다.

마치 약속시간 늦었다고 포기할까 말까 고민하는 시간에 더 늦어지고 망가지는 것과 같다.

일단 출발하면서 여러 묘안을 생각해 보는 게 현명한 행동이다. 이렇게 해서 오픈 전에 미비했던 사항을 보완하고 나면 당초 사업계획을 재검토하여 세부 스케줄을 짜고 구성원 모두가 업무 목표를 정확하게 인지해서 초기 사업운영의 초점을 좁혀서 모든 분야에서 최고가 되려하기보다는 자기만의 장점을 선택해서 집중 투자함이 필요하다.

준비된 기업이란 출발 당시부터 하나하나를 시스템적으로 운영하기 위하여 조직적인 사고와 행동을 기하며, 초기에 어떤 상황이 벌어질

때마다 Rule을 정하여 향후에는 그것에 의하여 적용되며, 처음부터 초기단계의 성장 후 모습을 머릿속으로 그려보며 그때 가서 필요한 자료가 무엇일까 미리 생각하여 회사 역사의 밑거름 소재를 챙겨 놓으면, 선택과 집중의식으로 자기회사만의 컬러를 만들어 브랜드파워를 키우는 것이다.

다시 말해서 중견기업이 된 후에 그때 가서 역사 찾기를 하고 시스템 운운하고 Rule 정하기에 급급한 것은 집안으로 보면 쌍놈이 신흥부자 되어 양반처럼 보이려고 한번 보지도 않은 새 책들을 책장에 꽂아 놓은 것과 다를 바 하나도 없다.

양반집은 하루아침에 이루어지는 것이 아니다.

이와 같이 정신없고 여유가 없는 초기부터 기초를 다져 놓으려면 필요한 문화와 역사 소재가 무엇인지를 잘 알고 있는 풍부한 경험자를 중심으로 구성원들에 대한 반복적 훈련과 Top에서 Bottom까지 모두가 인식을 같이하는 조직분위기가 바탕이 되어야한다.

이때 가장 중요한 것은 어떤 것을 정할 때 구성원 모두가 이해하고 알도록 충분한 대화와 홍보가 뒤따를 때 비로소 진정한 의미의 '준비된 기업'이 되는 것이다.

하기야 요즈음엔 준비된 사람을 뽑는 게 더 유행인 것 같다. 사회봉사 활동 실적이 입사시험에서 당락을 결정하듯이.

반칙하면 더 손해 보는 사회

운동 경기에서나 사회 전반에서 반칙을 하여 상대방에게 손해를 끼치거나 기분 상하게 하거나 자기만 이득을 보려고 하는 사람에게는 훨씬 더 큰 망신이나 손해를 보도록 하는 사회적 시스템이 구축되어 있으면 얼마나 좋을까.

① 부정한 A학점보다 정직한 F학점이 당당한 학교사회. 새치기하는 사람 적발해서 행길가 가두리에 한 시간 동안 감금하고 벌금부과하기.

② 각종 선거에서 부정한 행위를 하다가 적발되면 죽을 때까지 피선거권 박탈.

③ 탈세하여 부정이득 챙긴 사람 찾아내 탈세한 금액의 몇 배를 세금으로 추징하여 "아휴 나 망했다!"하는 곡(哭)소리 나도록 처벌하기

④ 교통범칙금 지금보다 10배 올리기.

⑤ 학교에서 시험 볼 때 커닝하다가 걸리면 대학생은 그 시간부로

'다음 학기 재수강' 판정하고 중·고등학생은 그 과목에 대하여 영점 처리하여 두고두고 후회해도 소용없는 일이 되도록 강력한 처분하기.

(미국에서는 학생들의 치팅(Cheating-우리의 커닝 개념)을 반사회적 범죄와 동일하게 취급하지만 우리 학생들은 범죄라는 의식이 없다. 미국에서 치팅 하다가 걸리면 퇴학처분까지 감수해야 한다.)

이런 식으로 가정은 물론 사회에서 조그만 반칙도 간과하지 않는 인식교육을 철저하게 장기간 지속한다면 "반칙하면 더 손해 보는 사회"가 강력하게 실현된다고 굳게 믿습니다.

K - Forum

내가 일하고 있는 사무실은 12층짜리 신축건물이다. 이 빌딩 안에는 40여개 회사들이 제각기 바쁘게 움직인다.

　이곳에서 같이 근무하는 사람들 중에 업종과 하는 일은 서로 다르지만 자주 만나고 싶은 이야기 동무들이 있다.

　이 빌딩에 입주한 지 석 달 반 되었지만 우리 세 사람은 술도 좋아하는 편이고 이야깃거리가 맞아 자주 만나다보니 몇 년 된 지인들 같은 생각이 든다.

　서로 주고받는 이야기는 정치, 경제, 사회, 스포츠 등 전 분야에 걸쳐 술잔을 주고받으며 자기의 느낌을 토해낸다.

　A소장과 S원장은 나와 비슷한 시기에 학창시절을 보냈기 때문에 시대적 이질감 따위는 전혀 없다. 점심때에도 서로 시간이 맞으면 함께 식사하러 가는데 K사장도 자주 동행한다.

　주로 일과 후에 만남이 심적으로 부담 없기 때문에 저녁 술자리 약속을 많이 하게 된다. 그래서 언젠가 내가 우리들의 술자리를 '원로회의' 또는 'K-포럼'으로 명명하자고 제안했다. 반대할 이유가 없었다.

　그래도 이 빌딩에서는 연령이나 사회적 경력이나 덕망을 보더라도 원로(元老)급 이라고 자타가 공히 인정할 거라고 생각되었기 때문이다.

　그러나 원로회의보다는 고유 명칭이 붙은 'K-Forum'이 요즈음 추세에 감각적으로 맞는 것 같고 또한 우리가 근무하고 있는 빌딩이름과도

시간을 잃어버린 마을을 찾아서

의미가 반영된 것 같아 좋아보였다.

우리 셋은 두 자녀씩 둔 것도 같았고 서울에서 학교를 다닌 것도 같았다.

가장 중요한 것은 근무하는 장소가 똑같다는 것이다. 이것이 우리를 자주 볼 수 있게 해주는 중요한 환경이기 때문에 셋은 짧은 기간임에도 불구하고 아주 가깝고 편하게 부담 없이 친해질 수 있었던 것이다.

여기에 가끔 K사장이 자리를 같이 해주어 함께 젊어질 수 있었다. 그리고 모두가 베테랑(Veteran)이라 서로에게 필요한 도움말도 해줄 수 있어 좋다.

이제 우리 나이에는 한 사람이라도 잃지 말고 주변을 소중하게 유지해야 하는데 'K-Forum'도 이런 맥락의 한 중간에 우뚝 서 있으면 좋겠다는 바램이다, forever.

떨어지는 환율

약 40년을 가까이 지내온 내 친구는 나와 항상 다른 업종에서 다른 형태의 길을 걸어 왔다.

그래서 서로 주고받는 충고와 자문이 신선할 수밖에 없는 것은 서로가 이해관계가 있을 수 없기 때문이고, 사회생활만 같이 고민하는 게 아니라 집안일까지도 조언을 구하고 충고하는 일이 다반사였다.

십여 년을 넘게 제조업체에 몸담아 온 그는 회사경영 스타일이 탱크 같아서 직원들이 생각 부족으로 시행착오를 하게 되면 그냥 지나쳐 버리지 못하고 확 쓸어버리려 한다.

그도 그럴 것이 생산 제품 전량을 수출하는 기업으로서 완벽한 품질을 확보하지 않고서는 살아남을 수 없을 뿐더러 생산과정에서의 실수는 불량품 발생으로 원가상승의 직접적 요인이기 때문이다.

엔지니어 출신의 CEO가 아니기에 그는 늘 기술과 생산부문에서 애로사항이 많지만 마케팅은 본인이 워낙 사회생활 시작부터 해운과 무역 업무를 집중적으로 해왔기 때문에 큰 고민은 없어 보인다.

그 친구는 해외에서 일하는 시간이 절반 이상이기 때문에 나한테 얼마동안 전화가 없으면 그가 국내에 없는 것으로 간주해 버리는데 귀국 직후에는 시차적응 소재로 주로 내가 술 파트너로 활용된다.

비 오는 어제 오후에 그는 우리 친구들 중 공무원 생활하는 공학박사와 환율 문제로 얘기 좀 나누려고 만나고 돌아가는 길에 자동차의

시간을 잃어버린 마을을 찾아서

전기 계통에 고장이 생겨 정비코너에서 수리를 받는 시간에 무료해서 시간 땜방으로 나를 긴급 호출하여 생맥주 한잔 기울이다가 수리가 끝났다는 연락을 받고 같이 가서 차를 찾은 후 과메기 파는 집에 가서 소주 한잔 더 하면서 요즈음 미국의 달러 약세 정책으로 떨어지는 환율 때문에 골치 아파 죽겠다는 얘기와 더불어 자기가 태어나서 요새처럼 바쁘게 살면서 뒤돌아볼 여유조차 없기는 처음이라고 했다.

그런데 미국에 있는 부인은 자기 속도 모르고 매일같이 "전화 한통 해주면 안돼?"라고 불만이 크다고 하여 내가 그 친구에게 제안하기를 부인이 한국에 올 때 우리 집사람과 함께 자리할 기회를 만들면 네 고민이 자연스럽게 인지되도록 해보겠다고 약속하였다.

그리고 자녀 교육은 '하려고 노력하는 놈에게는 부모로서 밀어줘야 된다'고 강조하며 건강 문제에 대해서는 이견이 없어 금년이 다 가기 전에 등산 한번 꼭 같이 하자고 약속하며 술좌석에서 일어났다.

요즈음 수없이 많아진 대리운전 기사가 도착하여 나를 가까운 지하철역에 내려준 뒤 그의 자동차는 또 바쁘게 달려갔다.

지하철을 타고 집에 오면서 나는 1997년 12월의 IMF 외환위기 때의 기억이 떠올랐다.

그는 그 해 1997년을 마지막으로 사업을 접으려고 작정하고 있었으나 지금과 반대로 환율이 급등하여 살아났었고 그로부터 딱 7년 후 오늘은 환율 급락 때문에 그의 걱정이 태산 같아 안타까울 따름이다.

세상은 양이 음되고 음이 양되는 법이라고 그 누가 말했던가! 도대체 우리나라의 중소기업은 어디까지 준비해 놓아야 내 친구와 같은 고민거리와 멀어질 수 있을까?

Y2K

우리 OB모임의 이름은 2000년이 시작되기 몇 개월 전에 Y사장님과 K선배님 그리고 본인의 성(姓)인 이(李)를 발음이 같은 아라비아 숫자로 '2'라고 적용해서 만들어졌는데, 제일 큰형님인 Y사장님이 맨 앞에, 그리고 작은형님 K선배님이 마지막에 자리 잡고 형님들 사이에 막둥이가 작은 글자로 '2'라고 써서 보호받고 있는 모습과 같이 'Y2K'로 명명되었다.

나는 두 분과 직장생활부터 20여 년간 알고 지낸 터라 이젠 가족같이 서로를 걱정해주며 언제보아도 반갑기만 한 이웃사촌보다도 가까운 형제지간이 되었다.

그런데 오늘 세 사람이 만난 자리에서 신년계획에 대해서 얘기를 나누게 되었는데 내년부터는 월1회 등산 또는 여행을 실천하되 그중에 분기에 한번쯤은 바다 건너 장거리를 함께 하기로 목표를 설정했다.

오랜 기간동안 사회생활을 같이하면서도 항상 바쁘다는 이유로 함께하는 여행을 못해봤으니 이제부터라도 실행하지 않으면 죽기 전까지 틀렸다는 공감대가 형성되어 무조건적으로 분기별 목표관리를 통해 아름다운 형제지간의 깊은 정(情)을 만들어 나가자고 약속하고 나니 새해에는 또 다른 행복이 나를 기다리고 있어 기분이 상쾌해졌다.

시간을 잃어버린 마을을 찾아서 105

어느 식당의 여종업원

　내가 보기에는 식당의 3요소는 음식맛과 음식값 그리고 종업원의 서비스라고 생각되는데 처음 보는 식당은 이 3요소를 평가해 보지도 못하고 밖에서 대강 짐작으로 판단해서 들어가게 된다.

　이렇게 해서 음식점에 들어가 메뉴판의 가격을 보면서 먹을 음식을 고르고 나면 그때부터는 운명적으로 그 식당에서 제공하는 대로 음식과 서비스를 맛보게 되는데 워낙 식당이 많은 시대라서 가격은 동일하고 기본 음식도 비슷한데 종업원의 서비스의 질은 천태만상이다.

　내가 손님과 함께 들어간 식당은 2층 다락방이라서 1층에서 계단을 통해 올라가게 되어있어 손님이 불러야 종업원과 의사소통이 되므로 분위기는 산만한 편이다.

　그래서 이런 식당에서는 처음 주문할 때 아예 먹을 만큼의 음식과 술을 한꺼번에 시켜서 종업원을 불러야 할 횟수를 줄이는 게 우리들의 요령이다.

　우리는 몇 순배(巡杯)한 후에 여종업원이 올라 오길래 해삼 멍게 좀 서비스로 줄 수 있느냐고 물었더니 "여긴 그런 거 없어요"하며 사무적으로 단답하길래 약간 기분은 상했지만 여자 종업원이 계단을 오르내리기 힘들어서 그런가 보다 하고 그냥 지나쳤다. 얼마 안돼서 주인처럼 보이는 여자 분이 올라와서 신발장을 정리하길래 "여기 사장님 되세요?"하고 물었더니 "네, 그런데요"하면서 "뭐 필요하신 거 있으세요."

제2장 흑과 백

하길래 그냥 아니라고 했더니, 또 여사장이 "손님! 기분 상하신 거 있으세요?"하며 재차 묻길래, "아니에요"라고 하며 간단하게 대화를 중단했다.

우리 일행은 이구동성으로 "틀렸구만!"하면서 이것만 다 먹고 다른 데 가서 한잔 더하자고 했다.

살아가면서 내가 제일 싫어하는 말 '토사구팽(兎死狗烹)'이란 말이 떠올랐다.

손님을 유치하여 매상을 올렸으니 이제 신경 쓰지 않아도 된다는 의식구조로 장사를 하는 모습과 또한 내가 주인도 아닌데 내 돈 버는 거냐 하는 식의 종업원 태도를 보고 배우는 점이 많았다.

식당 주인은 외부고객인 손님은 물론 내부 고객인 종업원을 모두 만족시킬 수 있을 때 우리 일행 같은 손님을 단골로 만들어 돈을 벌 수 있는 것이고, 여종업원은 손님들에게 마음에서 우러나오는 서비스를 제공할 때 손님들이 나가면서 주인에게 "잘 먹었습니다, 써빙도 잘 받았구요"하게 되면 특별보너스라도 받게 될 것이다.

이런 의식은 식당에만 국한하여 적용되는 것은 아니며 기업에서도 내부 인력관리에 유념해야만 발전할 수 있다는 경영철학을 간직해야 한다.

규모가 커진 일천한 조직일수록 유방이 항우와 싸워 천하를 차지 할 때의 일등공신이었던 한신을 버릴 때처럼 쓸모가 없어졌다고 생각되면 헌신짝 버리듯 하는 '토사구팽' 문화가 결국은 CEO 와 참모조직을 공멸하게 만드는 시발점이 되기 때문이리라.

시간을 잃어버린 마을을 찾아서

타이밍(timing)과 운(運)

살다 보면 이런 일 저런 일로 고민하다가 큰 결단을 내려야할 때가 많은데 대부분의 평범한 사람들은 위험을 피하며 우회하려 하지만 배짱 있는 사람은 '도 아니면 모' 또는 'all or nothing' 으로 정면승부를 택한 후 그 결과를 기다리게 된다. 친구들끼리 일점에 백 원짜리 고스톱을 칠 때도 각양각색의 기질이 나타나 그때그때의 결과와 다 끝난 후의 종합전적이 판이하게 달라지게 마련인데 그 한두 시간 동안의 많은 게임에서도 기회는 몇 번씩 각자에게 오며 기질에 따라 "이번 기회는 맥스(max)로 만들어야지"하는 사람은 one go, two go, three go 해가며 타이밍을 놓치지 않고 배팅(betting)하여 운이 따르면 최대의 성공을 이루고 운이 나쁘면 그 판을 망친다. 반대로 더 이상 배팅하다가는 지금의 실적도 잃을 수 있으니 스톱하는 게 좋지 않을까 고민하다가 맥스에 도전하는 것을 포기하고 아쉽고 적지만 현실의 열매만 취하는 사람이 더 많을 거라고 생각한다.

야구 경기에서도 대량득점이 가능하거나 역전의 기회가 왔다고 믿을 때 강공으로 밀어붙이기 위한 적시안타 작전을 쓰는 감독이 있는가 하면, 한 점 한 점 착실하게 쌓기 위해서 정석 플레이를 선호하는 팀도 많다.

우리가 자주 쓰는 운칠기삼(運七技三)이란 말은 '운이 일곱에 기술은 셋' 다시 말해서 운이 70%를 차지한다는 뜻인데 나는 골프장에서

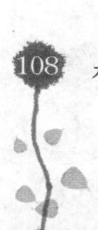

주위사람들이 "굿 샷"하고 축하해 주면 "운백기무(運百技無)"즉 100% 운이었습니다라고 응답하면서도 과연 운으로만 그 샷을 그처럼 잘 쳤을까 하는 의아심이 생긴다.

내 마음 속으로는 그 동안의 훈련과 실전 경험을 바탕으로 운이 추가적으로 보탬이 되어 그런 결과를 얻을 수 있었다고 판단한다.

운(運)이란 숙명적으로 이미 정해져 사람의 힘으로 바꿀 수 없는 길흉화복(吉凶禍福)을 뜻하는데 우리가 살아가면서 운만 기대하고 아무것도 노력하지 않는다면 마치 매일 매일 로또복권 한 장 사놓고 백수처럼 주말만 기다리는 꼴과 똑같지 않을까 생각된다.

어제 저녁에 갑자기 원로회의가 소집되어 소주 한잔하게 되었는데 그 자리에 초청된 어느 벤쳐기업 사장이 "저는 운이 안 따라서 회사를 넘기고 오피스텔로 나오게 되었습니다"라고 말하기에 내가 "타이밍을 못 맞춰서 그런 거 아닙니까?"했더니 그 사장도 수긍했다.

평상시에 최선을 다해서 준비하고 있다가 기회가 왔다고 판단되면 적시에 최대효과를 얻기 위해 전력투구한 후 운이 보태지기를 바라는 것이 타이밍과 운의 절묘한 만남이 아닐까 생각된다.

시간을 잃어버린 마을을 찾아서

우량기업의 조건

인간이 꿈과 희망을 먹고 산다면 기업은 과거보다는 미래를 대비한 투자를 하면서 살아남을 수 있다.

훌륭한 사람이란 자기가 닦은 실력을 바탕으로 모아 놓은 유·무형의 재산을 필요한 이웃에게 사랑으로 나눔을 실천하는 따뜻한 마음의 소유자라면, 훌륭한 기업이란 환경과 윤리경영을 중요시 여기며 여기에다 사회공헌에 노력하는 존경받는 회사라 할 수 있을 것이다.

기업가 정신이란 돈 될 것이 보이면 회사 차려서 최선을 다해 돈을 벌려고 하는 의식 및 태도라고 정의한다면 훌륭한 기업가는 이렇게 돈을 벌어 사회의 구석구석에 환원할 줄 아는 실천의식을 가진 자로서 미국의 빌게이츠처럼 자기 재산의 절반 가까운 230억 달러를 기부했다든지, 조그만 사업을 하면서도 익명으로 15년 동안 6억 달러를 쾌척(快擲)했으면서도 본인 몸에는 값싼 시계 하나 정도로 만족하며 살아오면서 "돈은 매력적이긴 하지만 한꺼번에 두 켤레의 신발을 신을 수는 없는 것 아니냐"고 겸손해 하시는 미국의 어느 사업가처럼, 또는 공수래공수거(空手來空手去)를 역설하며 80평생 모은 돈과 부동산, 주식 등 거의 대부분을 내놓아 국내 최대의 장학재단을 설립한 삼영화학그룹 이종환 회장의 말씀대로 "빈손으로 왔다가 사회의 도움으로 제법 거머쥐어 만수유(滿手有) 했으니 이제 사회에 다 내놓고 공수거 하려고…." 하는 마음을 가진 분들이 존경 받을만하고 훌륭한 기업가이다.

기업이 오래 생존하려면 존경받는 기업이 돼야 하고 존경받는 기업이 되려면 사회공헌에 앞장서는 CEO와 그와 뜻을 같이하는 임직원이 많아야 하며 그리고 그들 모두가 사회 공헌 활동을 하면서 보람과 행복을 진정으로 느낄 때 우량기업이 되는 것이다.

정성을 다해서

우리가 살아가면서 대충대충 형식적으로 훑어 지나버리는 일이 꽤 많은데 그때마다 바쁘다는 핑계로 또는 신경 쓰고 싶지 않아서 때로는 정식으로 다 갖추자면 시간과 비용이 많이 들어서… 등등 자기 나름대로 이유가 다 있게 마련이다.

집에서 살림하는 엄마가 자신의 취미생활 때문에 초등학생 아이의 점심을 식탁 위에 미리 차려놓고 외출한다면 그 아이는 방과 후에 다 식어빠진 밥을 엄마의 사랑의 눈빛도 못 받고 썰렁한 집에서 혼자 먹게 되어 사랑과 영양 모두를 잃게 된다.

그 아이는 대충 먹게 되고 컴퓨터 게임에 유혹되어 시간을 보내다가 옷도 안 벗고 이불도 없이 그냥 쓰러져 낮잠 속으로 빠져들고 말 것이다. 맹모삼천지교(孟母三遷之敎)라고 아들의 교육을 위하여 집을 세 번이나 옮긴 어머니의 지극한 정성으로 맹자가 탄생했듯이 가정에서나 학교에서나 회사에서나 우리가 정성을 다해서 자식을 키우고 학생을 가르치고 고객에게 서비스 한다면 그 노력의 결과는 반드시 훌륭한 모습으로 되돌아 올 것이다.

어느 자동차 보험회사의 광고에서처럼, "차보다 사람이 먼저지요"라고 하면서 정성을 다하여 비가 퍼붓는 산길에서 자기 회사에 가입하지도 않은 차를 고쳐주고 가는 정비기사를 보고 그 고객은 감동하며 다음번 보험 갱신 때는 이 보험회사에 가입해야지라고 굳게 마음먹을 것

이다.

　1,400년이 넘은 세계에서 가장 오래 된 기업인 일본의 한 건축회사는 연간 매출액을 더 늘리지 않고 1천억 원 수준에서 유지하는 이유를 "회사의 능력에 비해 공사를 많이 맡게 되면 부실화될 위험이 높다"라고 했으며 "보이는 것보다 보이지 않는 곳에 더 충실하라"는 기업이념으로 매 공사에서 정성을 다하기 위함이 첫 번째 덕목으로 선택되고 있는 것이다.

　한 회사의 CEO가 선언적으로 말만 하고 그걸 실제 행동으로 옮기지 않는다면 그 조직은 보나마나 머지않아 사라질 것이 분명한데 이는 약속을 깨뜨리면 약속 그 이상의 것이 깨진다는 신념 아래 항상 신중하게 생각해서 발표하고 일단 발표한 약속은 하늘이 두 쪽 나도 정성을 다해서 지키려할 때 그 회사의 구성원 모두는 CEO와 회사를 신뢰하게 되고 모든 일을 참되고 거짓 없는 마음으로 온갖 성의를 다하게 될 것이다. 지성이면 감천(感天)이라고 어떤 일이든 지극한 정성으로 임하면 그 위력은 우리 자신을 놀라게 할 정도로 크게 되어 돌아온다는 걸 우리 모두 명심해 보자.

신용은 재산이요, 생명이다.

청계산을 다녀오기 위해 일요일 아침 7시경에 집을 떠나 인적이 드물게 약 3시간 반의 산행을 끝내고 주공아파트 4단지와 5단지 사이에 있는 과천 굴다리 시장을 걸어오다가 육십 중반의 할머니가 토종닭과 해물을 팔고 있는 조그마한 가게를 지나치는데 '신용은 재산이요 생명이다'라고 써있는 하얀 아크릴 판을 목격하였다.

신용불량자 양산으로 심각한 사회문제가 된 요즈음 신용회복을 위하여 뒤늦게 후회하고 애를 쓰는 많은 사람을 생각하기에 충분하고도 강한 메시지였다.

옛날 우리 어머니께서도 항상 신용이 재산이라고 하시며 살림이 어려운 시절에도 꼭 약속을 지키는 모습을 수없이 목격했던 나로서는 이 글귀를 보면서 돌아가신 어머니와 아버지 얼굴이 떠올랐다.

두 분은 법이 없이도 사시는 분이었고 신용을 전부로 삼각지에서 터를 잡은 후 3남 2녀의 자식 모두를 남한테 책잡히지 않게 기르시느라고 언행일치에 솔선하셨다.

나의 주변에서 신용을 잃고 재기하지 못하는 경우를 많이 목격했지만 오늘처럼 '신용은 재산이요, 생명이다'라는 강하고 엄숙한 말을 보면서 앞으로 어떠한 경우에도 나와 나의 자식들은 살아생전에 신용을 못 지키는 일만은 없도록 해야겠다는 각오를 해본다.

그리고 내 주변의 가까운 사람들에게도 신용을 잃게 되면 재산을 잃

제2장 흑과 백

은 것이요 내 생명을 잃은 것이라고 인각시키면서 살아야겠다.
 집을 떠날 때보다 돌아올 때 신용이라는 무형 재산의 중요성을 다시 한번 인식했으니 나는 부자가 된 기분이다.

소속과 전통

내가 다니는 회사가 "20년 전통에 빛나는 주식회사 ○○○입니다" 라고 말할 수 있다면 자부심을 느낄 수 있을 것이다. 누구나 자기가 소속된 회사나 단체 또는 출신학교나 모임이 유구한 전통이 있다면 그 역사성에 자랑스러움이 배어날 것이다.

자기가 소속된 곳이 창설된 지 얼마 되지 않았다면 아직은 일천하지만 본인과 더불어 건강한 역사를 만들어 나가기를 염원하게 될 것이다.

나는 큰 매형이 우리나라에서 가장 존경받는 애국열사의 조카라는 사실을 나와 함께 하게 되는 일행들에게 늘 자랑스럽게 소개한다.

전통이란 하루아침에 만들어지는 것이 아니기에 각 가정에서는 족보를 통하여 가문의 맥을 이어가게 되며, 각 학교는 동문을 배출하여 사회 각 분야에서 활동하는 영역을 넓히고 졸업 후의 업적을 널리 알려 모두가 자부심을 느낄 수 있게 한다. 회사는 유명 브랜드를 많이 만들어 소비자 인지도를 높이고 기업 수명을 늘려서 전통을 만들어 그 역사를 밑거름으로 고객에게 쉽게 접근할 수 있는 기반을 다진다.

내가 소속한 집단이 잘되기 위해서는 "나부터 잘 해야 우리가 잘 된다"는 인식이 구성원 모두에게 넓게 자리 잡고 있어야 명문으로 나아갈 수 있다.

기업에 있어서도 내가 맡은 업무는 내가 최고라는 자존심을 가지고 깊고 넓게 파고들어야 내 부서가 일류가 되고 내 회사가 일류되어 나

에게 피드백 된다.

  나는 기업에도 양반과 상놈이 있다고 생각한다. 구성원 모두가 회사를 발전시키기 위하여 자기를 희생하고 열심히 뛴다면 그 회사는 양반 기업이 되는 것이고 "회사는 회사고 나는 나다"라는 의식으로 일을 한다면 자기 개인이익이 우선시 되고 회사발전은 나중이기 때문에 결국은 위아래도 없고 앞뒤도 없는 상놈 집안이 되는 것이다.

  처음부터 질서 있고 수준 높게 시작하는 회사는 없지만 양반의식으로 무장되어 있는 회사는 선량한 기업 문화를 염두에 두고 매사에 임하다 보면 짧은 시간 내에 질서와 수준을 갖추게 되어 전통 있는 기업이 되는 것이다.

흑과 백

흑인과 백인, 가난뱅이와 부자, 아프리카와 유럽, 밤과 낮, 바둑의 흑돌과 백돌, 음과 양, 북한과 남한 등… 세상에는 반대개념으로 쓰이는 말이 많다.

요즈음에도 초등학교 국어사전과 시험에서 반대말이라는 게 나오는지는 모르지만 우리 초등학교(그 당시에는 국민학교라 했음) 다닐 때는 국어과목에서 비슷한 말과 반대말 외우느라고 바빴다.

고등학교와 대학시절에는 Black & White라는 인기 팝송이 있었는데 그 노래 가사에는 "종이에 써있는 글자는 Black이요, 빈곳은 White이다"라는 내용이 있었다. 살다보니 흑과 백은 꼭 반대개념만은 아니구나 하는 생각이 든다.

바둑에서 흑돌과 백돌 중 어느 하나가 없으면 게임을 할 수가 없어 서로가 필요한 존재라는 걸 알 수 있으며, 하루도 밤과 낮으로 구성되어 있어 밤에는 잠자고 낮에는 일하면서 생체리듬에 맞추어 살며, 여당과 야당도 반대만의 개념이 아니라 국가적으로 필요할 때는 힘을 합쳐 국력을 모으며, 미국이나 유럽에서도 흑인과 백인이 공존하며, 북한과 남한도 적대적 관계에서 이제는 경제적 협력관계로 승화되고 있으며, 일본과 한국도 한류 열풍으로 가까워지고 있는 듯 보이며, 노사 관계도 적대적 모양이 아니라 서로 협력하고 이해하여 윈-윈 하는 시대이며, 옛날 아버님 말씀에도 "사람은 음이 양되고 양이 음되는 법이니 있다

제2장 흑과 백

고 까불지 말고 없다고 기죽지 말라"고 하셨다.

　최근에는 삼성과 소니도 경쟁 속에서 협력하는 시대가 되었으니 여태까지 갈등 관계에 있던 거래처나 상대방이 있었다면 다시 한번 관계를 정립해 봄이 어떨까 생각한다.

반복적 확인

하루에도 몇 번씩 가게 되는 어느 화장실 소변기의 센서가 고장이 났는지 한 달 이상 되었는데 오작동하는 것을 보고 관리의 필요성과 중요성을 다시 한번 느꼈다.

누군가 내게 관리가 무어냐고 묻는다면 "관리란 반복적 확인"이라고 소신 있게 답한다. 만약 그 건물에 관리가 잘되고 있었다면 청소하시는 아줌마, 시설물 일상점검 담당자, 책임자 등 누구에게라도 발견되어 그 즉시 수리했을 것이지만 관리가 안 되는 건물에는 관리 시스템 부재로 늘 관심을 가지고 확인하는 사람, 아니 의식이 결여되어 있는 것이다.

가정에서도 기업에서도 공공건물에서도 정부기관에서도 살림살이를 맡은 사람이나 조직이 관심 없이 일을 한다면 이곳저곳에서 하자 투성이로 불편함과 비용 증가만 발생시킬 것이다.

나는 기업에서의 관리의식을 매우 중요하다고 역설하는데 "남편이 봉급을 아무리 많이 타와도 아내가 살림살이를 엉망진창으로 한다면 그 집 꼴이 뭐가 되겠나!"라고 가정에서의 아내 역할과 동일시하기 때문이다

창업과 수성(創業과 守城)

지금으로부터 약 1,400년 전 당나라의 태종은 나라를 다스리는 도로써 첫 번째로 중요시 한 것이 널리 의견을 들어 신하의 충성된 말에 귀를 기울이는 것이었다고 한다.

어느 날인가 당 태종은 창업과 수성 중에 어느 것이 더 어렵냐고 참모들에게 물어본다. 이에 대해 한 참모는 "창업초기에는 천하가 난마처럼 혼란하여 각지에 군웅이 할거합니다. 천하 통일의 대업을 성취하면 이런 군웅들과의 쟁패전에서 이겨내야 합니다.

이런 일들을 생각하면 창업이 어렵다고 생각합니다"라고 의견을 올렸고 다른 참모는 "일단 천하를 수중에 넣고 나면 기분이 해이해져 자기의 욕망을 억제하지 못하는 법입니다. 이런 이유로 해서 수성이야말로 더 어려운 일이라고 생각합니다"라고 소신을 피력했다. 이에 대해 당 태종은 "돌이켜보건대 창업의 곤란성은 이미 과거지사가 되었소이다. 앞으로는 경들과 더불어 명심하고 수성의 곤란성을 뚫고 나가고 싶소이다"라고 답했다.

"창업보다는 수성이 어렵다?"

세계적인 부호들 가운데 20년 넘게 재산을 유지한 사람은 다섯 명 가운데 한명 정도에 불과한 것으로 나타났다. 미국의 투자은행 JP모건이 경제전문지 포브스가 매년 발표하는 '세계최고의 부자들'중 상위 4백 명을 20년 넘게 추적 조사한 결과 계속 부자로 남은 사람은 20%에

불과했다.

　화학업체 듀폰 일가 등 세계 부호 80%가 수성에 실패했다는 얘기다.
　최근 급성장하고 있는 중소기업들이 자기 기업의 성장정신을 나타내는 특이한 상징물을 벽에 걸어두는 사례가 많아졌다. 사업초기의 좋은 결심과 다짐을 되새기며 어려움을 넘기 위한 '초심경영'인 셈이다.
　회사에 어려운 일이 닥쳤을 때 이 상징물을 보고 있으면 다시 자신감을 얻게 된다는 것이다. 내가 자문역을 맡고 있는 어느 벤처기업에서 나는 CEO를 비롯해서 연구원들 모두에게 하나의 프로젝트가 성공리에 끝난 것을 나만의 힘으로 이루었다고 자만하지 말고 그 간의 추진 과정에서 부족하고 어려웠던 점을 잘 기록해 놓아 다음번 프로젝트에 활용하는 것이 기술과 경험을 축적하는 길이요, 나 자신과 내가 소속된 회사의 수명을 능동적으로 신장시키는 거라고 늘 강조한다.

임시 총무

8명의 망년회 모임을 위하여 2주전부터 식당에 예약한 후 회원들에게 문자 메시지를 보내고 오늘이 모임 당일이라 앙코르 메시지를 다시 보냈는데 몇 초 만에 메시지 여러 번 보낸 것을 잘 보았다는 전화를 받았다.

그 양반 말씀인즉 "꼼짝 못하게 하네! 오늘 안 나오면 인간성 나쁜 거야"라고 하면서 파안대소 하였다.

나는 10월 모임부터 임시 총무를 맡아 이번이 마지막 행사라 잘 마무리 해서 회원 모두가 올 한 해 동안 온갖 고생했던 일들을 잊어버리고 행복했던 기억만 가지고 신년을 맞이하기를 바랐다.

대부분의 회원이 나보다 연장자라서 예의도 갖추고 아무리 기한부 임시직책이라도 맡은 바 임무를 성실히 수행하여 다음 총무 될 사람에게도 훌륭한 모임 문화를 계승시키고자 의식했던 것이고 유종의 미를 거두고 싶었다. 이번에 임시 총무를 잠깐 해보면서 느낀 점은 회원 모두가 총무 입장에서 행동한다면 그 모임은 탄탄대로를 갈 수 있겠구나 하는 생각이 들었으며, 이왕이면 총무한테 연락받게 되면 잘 받았다고 감사의 표시로 응신해 주는 문화가 꼭 필요함을 절실하게 느꼈다.

신년부터는 연령고하를 막론하고 회원모두가 돌아가면서 총무를 맡는 제도를 강력하게 제안해야겠다. 나부터라도 메시지 받으면 아까 그 양반처럼 가장 빠른 시간에 답신해야지, 봉사하는 총무 기분 좋게 말이야.

한 기업의 장수 비결

장수 마을에 사는 사람의 공통점은 모두가 낙천적이라고 한다. 미운소리, 헐뜯는 소리, 군소리는 떨쳐 버리고 남을 칭찬하면서 사는 것이 낙천적인 마음을 갖는 지름길인 셈이다.

한 기업이 장수했다면 그 자체가 이미 능력이 있는 것이므로 변화에 잘 적응해서 살아남았다는 얘기이며, 기업을 살아있게 움직이는 조타수, 즉 필요인력이 적재적소에서 맡은 바 임무를 효율적으로 수행하면서 조직이 골다공증의 위험을 극복할 수 있도록 평상시에 지속적 운동, 즉 반복적 교육 훈련으로 업그레이드를 지향하고 조직구성원 중에 무임승차하는 사람이 없도록 부문별 운영 책임자가 지대한 관심을 갖고 인재양성에 힘을 쏟아야 한다.

또한 지휘관은 참모의 역할과 기능을 똑바로 인식하여 어떻게 하면 CEO 독단적 판단의 오류를 최소화할 수 있을지에 대하여 고민해야한다.

한 국가의 대통령도 자기가 아는 분야는 10분지 1도 안 되지만 각 분야의 전문 인력을 참모로 활용하여 거대한 조직을 경영할 수 있는 것이다.

내가 경험한 바로는 기업이 장수하려면 모든 업무의 처리 기준이 상식적이고 분명하여 임직원이나 거래처에서 볼 때 별도의 유권해석이 필요치 않아야 하며 CEO를 비롯하여 경영진 및 간부사원이 공직의 개념으로 매사에 임하여 공과 사를 엄격하게 구분할 줄 아는 기업 문화

제2장 흑과 백

가 기반이 되어야 한다고 본다. 내가 직·간접적으로 아는 대부분의 중소기업은 앞에서 지적한 사항이 애매모호하여 직원들이 회사를 신뢰하는 수준이 사람마다 크게 차이를 보여 혼돈스러운 분위기가 조성된다는 것이 근본적인 문제점이다.

이러한 조직 문화가 계속 유지된다면 늘 지진의 위험 속에 서있는 고층빌딩 같아 언젠가는 무너질 수밖에 없다. 이렇게 된다면 CEO부터 말단사원까지 누구에게도 도움이 되지 않으며 엄격한 개념에서 기업이라고도 할 수 없는 영세자영업자 수준이 되어 버린다. 장수 기업의 임직원 모두는 공정한 게임을 원하며 심판의 특별한 배려를 좋아하지 않는다.

왜냐하면 그런 경우가 나오기 시작하면 그 순간부터 이미 지진이 시작되는 신호가 되므로 그 빌딩은 언제든 무너져버릴 수 있기 때문이다. 한 기업이 장수하려면 장수마을 사람들을 본받아 남을 헐뜯고 미워하며 불만만 토해내는 조직이 아니라 상하 간에 존경과 칭찬으로 가득 찬 조직문화가 모든 공간을 꽉 채우고 있어야 한다.

장수 그 자체가 개인이든 기업이든 관리의 결과요 능력이니까 우리 모두 행복하게 장수 합시다!

시간을 잃어버린 마을을 찾아서

훈 수

오랜만에 A소장과 소주 한잔 하려고 평소에 몇 번 갔었던 횟집에 들어가 어디가 따뜻하냐고 물어본 후 2층 다락방으로 올라가 앉아보니 바닥이 따뜻했다.

우리가 첫 손님으로 소주와 안주를 주문하고 나니 다른 손님들이 들어오기 시작하여 주인아주머니 얼굴도 밝아졌지만 내 마음도 좋아져, 옛날 고등학교 시절에 명동에 있는 큰 매형 가구점에 용돈 타러 갔을 때처럼 손님을 몰고 다니는 주인공이 된 기분이었다.

본 안주 전에 먼저 올라온 곁가지 안주로 첫잔을 들며 얘기보따리를 풀기 시작하면서 A소장과 절친한 우리 친구 P와 내일 모레 만나기로 한 약속부터 집안 사정과 회사 사정까지 여러 주제가 술상에 올랐다.

우리 친구 P에 대해서는 나와 A소장 모두 법이 없어도 살 사람이라고 똑같은 평가를 내렸다.

사실 나는 A소장을 우리 친구 P덕분에 알게 되어 지금은 P보다 몇십 배 자주 보는 환경이 되었고 그러다보니 우리 주변의 어떤 얘기도 스스럼없이 나누었다.

술을 몇 순배 하면서 이런저런 얘기를 하다가 집사람에 관한 문제가 이슈가 되어 A소장의 하소연을 듣게 되었는데 그 사연을 들여다보니 어머님이 집에 오셨을 때 집사람이 어머님을 대하는 태도가 열의도 없고 관심부족으로 보여 A소장이 화가 나서 부부싸움을 했다는 얘기였다.

이에 대해 나는 내 양복 안주머니에서 수첩을 꺼내 보여주며 여기 뭐라고 쓰여 있나 읽어보라고 하면서 우리가 곱게 늙는 방법 가운데 한 가지가 "집사람 얘기하면 무조건 OK 하기"라면서 상대방의 입장을 이해하려고 노력하면 갈등이 해소되고 옛날 우리 아버님이 "지는 게 이기는 거"라고 항상 강조하셨던 말씀을 알아야 한다고 훈수했다.

그리고는 몇 년 동안 의식적으로 집사람이 제안하면 모두 받아들이고 하니까 나보다 집사람이 더 명랑해져서 아침밥 준비하면서도 홍얼홍얼 노래 부르는 소리까지 들려 내기분도 아침 일찍부터 좋아진다고 첨언하였다.

이 훈수가 오늘 밤부터 당장 A소장에게 발효되기를 진심으로 기대해 본다.

남의 편

술을 먹고 들어온 다음날 아침에 일어나자마자 언제나 듣는 잔소리는 방안의 냄새 좀 맡아보라는 집사람의 불만어린 일성이다.

요즘이야 집사람의 어떠한 잔소리도 라디오에서 흘러나오는 진행자의 멘트쯤으로 생각하여 씨익 웃으면서 지나쳐 버리지만 한참 젊었을 때는 예민하여 별 볼일 없는 잔소리가 듣기 싫어 곧잘 부부싸움의 화근이 되곤 했던 적이 많았다.

오늘 아침에도 어김없이 잔소리를 하길래 "이 사람 죽고 나면 잔소리 못해서 어떡하려고 그래"하고 조크했더니 집사람 왈 "제발 농담이라도 그런 소린 하지 마세요"하며 정색한다.

언젠가 집사람이 남편이 무슨 뜻인지 아느냐고 묻길래 내가 선뜻 대답을 못하고 머뭇머뭇하니까 집사람 왈 "남편이란 밖에 나가면 남의 편이고 집에 오면 내편이다"라고 한다.

가만히 듣고 보니 바깥양반의 뜻을 해학적으로 표현하여 아침에 눈뜨면 나가서 바깥일만 열중하다가 집에 들어오기 전에 술 한잔 걸치게 되면 이건 완전하게 집을 망각한 남의 편이 된다는 불만이 가득한 심정을 드러낸 것이라고 판단되었다.

술과 담배도 체력이 뒷받침되어야지 젊었을 때처럼 마구잡이로 연일 마시고 계속 피울 수 있다는 걸 몇 년 전부터 감히 몸소 느껴온 터라 그나마 일부 자체통제가 되는 편이지만 그래도 술이 술을 먹는 잠재의

식은 아직도 없어지지 않았으니 아직도 젊은 건지 아니면 술좌석 분위기 좋아하는 버릇이 여전한 건지 나도 모르겠다.
  이제부터라도 아주 늙어서 냉대 받지 않으려면 안방마님도 못 느끼게 남의 편에서 내편으로 슬슬 자리를 옮겨 타야겠다.

대기번호 0번

은행에서 돈을 찾으려 해도 번호표를 뽑고 자기순서를 기다려야 되고 아파트를 청약하려 해도 0순위, 1순위, 2순위 등 분류기준에 따라 단계별로 자격이 주어지고 지하철을 탈 때도 노란선 뒤에서 줄을 서서 기다려야 하듯 우리가 살아가는 주변에는 대기해야 할 경우가 수없이 많다.

어느 음식점이 들어 있는 빌딩 내부 벽에 "대기번호 0번", "화재는 항상 대기하고 있습니다"라고 쓰여진 홍보용 스티커가 눈에 띄었다.

가만히 지나다가 생각해보니 대기번호 0번이 우리 주변에는 꽤 많겠다는 사실을 알게 되었다.

어느 날 갑자기 소변에서 피가 섞여 나온다고 모처럼 어렵게 시간내어 종합병원을 찾았으나 암으로 판명되어 수술을 받게 되었고 수술 결과 전이가 심한 상태라서 그길로 다시는 돌아오지 못하고 가버린 나의 형도 주변에서는 철인이라고 불릴 정도로 건강한 줄로 알았는데 대기번호 0번의 무서운 암조직세포가 몸속에서 숨어있었던 것이다.

약 30만 명으로 추정되는 인명을 희생시킨 2004년 마지막 달의 지진해일 쓰나미도 대기번호 0번으로 누구도 생각 못했던 천재지변이었다.

하지만 화재나 질병, 지진이나 홍수도 어찌보면 사전 예방활동을 하거나 유사시 대피시스템이 잘 구축되어 있었다면 그 피해를 얼마든지 줄일 수 있을 것이다.

제2장 흑과 백

인간이기 때문에 대기번호 0번의 불의의 사태를 능동적으로 피할 수 있지 않을까 하는 생각이 든다.

내 주변에는 행복대기 번호 0번만 늘 같이 했으면 하는 바람이다.

시간을 잃어버린 마을을 찾아서

유비무환(有備無患)

미래는 준비된 자에게 더 많은 가능성을 열어준다는 믿음으로 많은 사람들이 사이버 학교에서 새로운 것을 학습하며, 퇴근 후에 학원으로 향하는 삼사십 대의 월급쟁이들, 낮에는 인쇄사에서 영업하고 밤에는 대리운전을 하고 있다는 몇 달 전에 감자탕 집에서 만났던 투잡스의 후배, 이들 모두에게서는 유비무환의 정신으로 살아간다는 생각이 든다.

나에게 전화를 가장 많이 하는 내 친구 두 명은 공교롭게도 나와 성씨가 같은데 언제나 반진반농으로 대화를 시작할 경우가 많다.

이 친구들한테 전화가 걸려올 때 내가 "여보세요?"하면 이 친구들은 대뜸 "뭐하냐?" 또는 "너 뭐하고 있냐?"라고 교양 없이 말문을 연다.

그러면 내가 농담으로 "유비무환 중이다"하고 교양 있게 답하면 그들은 "너 그런 거 왜 하니?" 또는 "뭐 할라고 그런 거 하냐?" 하는 식이다.

물론 나는 헬스클럽에서 운동을 할 때는 전화를 받지 못하여 부재중이라는 안내 글자를 보고 이 친구들에게 전화를 거는 경우가 많아 늘 이런 식으로 뭐 하러 운동하느냐는 비난어린 질문을 받는 것이다.

그러고 보니 헬스클럽에 다니기 시작한 이래 겨울을 두 번째 지나고 있는데 감기 없이 지나기는 내 기억이 40대 이후에 처음인 것 같아 유비무환의 덕을 톡톡히 보고 있다는 생각이 든다.

준비가 있으면 근심할 것이 없다고 늘 강조하셨던 돌아가신 나의 아

제2장 흑과 백

버지께서는 아침에 일찍 일어나는 새는 먹을 것도 많다고 자식들에게 근면과 성실을 솔선수범하며 가르치셨다.

  겨울을 보내기 위하여 동물들이 나름대로의 방식으로 부지런히 준비하듯 노후를 위해 나는 어떻게 준비해야 될지 항상 걱정만 하다가 노인이 되는 것은 아닌가 싶다.

원로 없는 세상

요즘 정치하는 것을 보면 옛날 같이 소위 보스라는 인물도 없고 다들 그만그만하여 도토리 키재기 식으로 서로 잘났다고 하며 무슨 파 무슨 그룹 등으로 나뉘어 조직의 질서나 단합된 모습을 보기 힘든 것 같다.

어떨 땐 내가 나이 들어가니까 장관들이 어려 보여서 그런가 하는 생각도 해보지만 어제같이 K-포럼 멤버들과 소주 한잔 나누면서 얘기 해보면 우리 또래들은 같은 시각을 갖고 있다는 걸 알게 된다.

옛날처럼 원로가 있어 조직 내 의견이 분분할 때는 방향을 잡아주고 위아래 질서가 유지되고 힘을 모아야 할 때는 확실하게 응집하여 국민 들이 나라를 믿고 따르는 분위기였으나 지금은 어린아이들처럼 잘 놀 다가도 삐쳐서 돌아서는 모습이 일을 제대로 하는 건지 마는 건지 오 락가락하여 불안하기 그지없다.

기업 쪽을 보면 대기업은 그래도 원로급 인사를 갖추고 있으나 중소 기업 특히 벤처기업을 보면 대부분 또래 또래의 젊은 사람들로만 구성 되어 있어 경험도 부족하고 질서도 없어 어떤 갈등이 생기면 쉽게 조 직이 깨질 수 있는 취약점이 노출되어 있다.

80년대 초에 직장생활을 할 때 건물을 관리하는 부서의 영선원으로 일하시던 장씨 아저씨가 생각이 난다.

이 분은 이 건물이 생길 때부터 한 자리에서 계속 같은 일을 해왔기

제2장 흑과 백

때문에 어떤 자격을 가진 기술자보다도 훨씬 솜씨가 좋아서 무슨 부탁을 하면 안 되는 일이 없어 임직원들까지 자기 집에 누수가 생겼다든지 수리해야 될 일이 생기면 주말에 사적으로 부탁을 드려 어렵게 모시고 갔던 기억이 있다.

  원로는 조직 내 위계질서를 세우는 데도 큰 도움이 되지만 실전 경험이 풍부하므로 어떤 결정을 내려야 하기 전에 자문을 구하여 시행착오를 제거할 수 있기에 꼭 필요한 존재라는 걸 집 안팎에서 느끼게 된다.

TOP에서 멈추는 게 얼마나 어려운데

5 0대로 보이는 남자 둘이서 산에 오르며 나누는 얘기가 하산 중인 나의 귀에 들려와 무슨 내용인가 보니 TOP에서 멈추는 게 얼마나 어려운지 아느냐고 동행자에게 골프 스윙에 관한 이론을 정열적으로 역설(力說)하고 있었다.

나는 등산을 하는 이유 중에 하나가 정상을 정복했을 때의 성취감을 맛보는 거라고 생각해 왔다.

그래도 산은 정직하게 그 봉우리를 우리에게 노출하고 있어 도전의 욕을 명확하게 갖게 해 주지만 우리의 삶 속에 있는 보이지 않는 TOP은 세월이 흐르고 지나봐야 "아! 그때가 제일 좋은 시절이었구나"하고 알게 되어 아는 순간 이미 TOP은 지나쳐 버린 것이다.

골프에서나 우리의 인생에서나 TOP에서 오래 머무르는 것을 희망하지만 뜻대로 안되기 때문에 무진장 애를 쓰고 있는 것이다.

세계적인 산악인 허영호, 엄홍길도 그 높은 산봉우리에 우뚝 서있는 시간은 아주 짧지만 그곳을 정복하려고 준비하는 과정과 악천후와 싸우며 한 걸음 한 걸음 정상을 향하는 정신은 목숨을 걸고 자기 자신을 다 던지는 무아지경(無我之境)의 상태라고 아니 할 수 없는 것이다.

그리고 정상에 오른 후 산을 내려올 때는 긴장이 풀리고 몸은 극도로 피로한 상태여서 그 위험은 그대로 남아있게 되어 출발점에 돌아올 때까지 더욱더 조심을 요하게 된다.

정말 "TOP에서 멈추는 게 얼마나 어려운데"라는 말이 실감나지만 한편으로 TOP에서 머문 후 내려오는 과정, 즉 골프에 있어서의 다운 스윙, 그리고 인생에 있어서의 노후생활이 모두가 중요하고 절실하게 느껴진다.

우리 가족과 또는 아는 부부와 등산할 때마다 느끼는 점은 나는 내려올 때가 더 힘들다는 것이다.

사람들은 자기 자신이 끝없이 오를 수 있다고 생각하며 오로지 앞만 보고 가지만 언젠가는 나도 모르는 사이에 이미 TOP을 지나버리고 내려오기 마련이라는 사실을 염두에 두고 살아가야 한다.

내용연수

아침 등교시간에 여자중학생 둘이서 횡단보도에서 파란신호를 기다리며 참새들처럼 조잘조잘 얘기하며 깔깔거리고 웃기도 하고 손으로는 친구어깨를 치며 난리법석이다.

바로 그 옆에는 칠순쯤 돼 보이시는 할머니가 교통봉사 깃발을 들고 약 15도 각도로 휜 몸으로 무표정하게 서 계신다. 나는 유턴하려고 신호를 기다리고 있었기에 여학생과 할머니의 모습을 가까운 현장에서 비교 관찰할 수 있었다.

그 순간 내용년수라는 회계학적 단어가 머리에 떠올랐다. 자산으로서의 가치를 비교 평가해 보았다는 얘기인데 학생들은 아마 60년 이상 내용년수가 남았을 것이지만 할머니는 폐기처분 직전인지도 모를 일이었다.

그러나 이것은 하드웨어 측면에서 평가한 결과이고 소프트웨어 측면에서 보면 살아온 누적가치는 정반대가 될 것이다.

학생들이나 미혼의 젊은이들을 보면 얼굴과 눈에서 윤기가 흐르고 있어 그야말로 상품성이 높아 보이지만 같은 나이의 내 친구들을 보면 젊었을 때의 광택은 어디로 가버리고 시들시들한 야채나 과일 같다는 느낌을 받으며 나의 얼굴을 비추어 본다.

젊은이의 싱싱함과 늙은이의 연륜이 조화를 이룬다면, 여학생의 웃음과 할머니의 인생경험이 결합한다면 정말 실하고 멋진 작품이 탄생할거라고 생각하지만 조물주는 인간을 그렇게 만들지 않았다.

제2장 흑과 백

명랑한 회사

옛날에는 외국 영화에서나 볼 수 있었던 광경이었지만 지금은 우리사회 구석구석에서도 주부사원들이 직장에서 일하는 모습을 흔히 볼 수 있는데 그 중에 거의 100% 여자로만 구성된 곳이 아마도 고속도로 매표소가 아닌가 싶다.

이곳에 근무하는 여직원들은 단순 반복적으로 통과 고객에게 요금을 받는 업무를 보고 있는데 인사하는 훈련을 상당히 잘 받은 것 같아 보인다.

그러나 인사에도 두 부류가 있는데 입으로만 하는 인사가 있는가 하면 표정과 마음 모두로 진짜 명랑하게 고객들에게 기분 좋게 인사하는 직원들도 있다.

후자처럼 인사를 받게 되면 나도 모르게 웃는 얼굴이 되어 수고한다는 뜻으로 화답하게 되는데 이런 식으로 메아리치면 우리 사회가 점점 더 기분 좋은 사회, 명랑한 사회가 될 것이다.

내가 잘 아는 회사는 회사 간판도 회사 공문도 전화응대도 모두가 '명랑한 회사'로 시작된다.

심지어 어떤 고객은 "명랑한 회사는 뭐하는 회사입니까?"라고 묻는 사람도 있단다.

이 세상에 맑고 밝고 쾌활한 인사와 웃음을 싫어할 사람이 어디 있겠는가. 내가 먼저 다른 사람에게 명랑한 모습을 보여주자. 그러면 나의 가정, 내가 소속된 회사, 내가 참가하는 모임, 내가 살고 있는 사회가 모두 명랑해질 것이다.

결국은 내가 만든 명랑한 공기가 다른 사람을 통해 다시 나에게 불어온다.

"콩 심은 데 콩 나고, 팥 심은 데 팥 난다?"

창고 대 방출

아침 신문에 매일 귀찮게 끼워져 배달되는 판촉전단지 중에 사람들의 시선을 잡아끌기 위해 시뻘건 글씨로 '창고 대 방출'이라고 쓰여 있는 것을 자주 보게 된다.

대형백화점이 재고를 처분하기 위해 벌이는 판촉행사인데 이에 반해 돈이 없는 중소기업에서는 길거리에 차를 세워놓고 '공장부도, 똥값 처분'이란 현수막으로 대신한다. 물론 나 자신은 한번도 이런 행사현장에 가 본 적은 없지만 구매를 자극하고 사람들을 유혹하는 데는 효과가 있으리라 생각된다.

어제 저녁 한 달 만에 친구들과 모이는 자리가 있어 오랜만에 기분 좋게 2차까지 하고 귀가했었는데 집에 와서 횡설수설하다가 잠들은 모양이다. 아침식사를 하려고 식탁에 앉으니 집사람이 당신 이제 술도 그만 좀 먹으라면서 50대는 '창고 대 방출' 나이란다.

이 소리에 그게 무슨 말이냐고 되묻자 10대는 신상품이고, 20대는 명품, 그리고 40대는 10% 세일, 50대는 창고 대 방출, 70대는 폐기처분이라며 연령대별로 타이틀을 붙인다. 그 얘길 듣고 보니 내가 벌써 악성재고로 분류되어 창고(=집)에서 방출될 대상이 되었나 하는 생각이 들어 웃음이 절로 나왔다.

요즘 '유머가 인생을 바꾼다'라는 책을 보고 있지만 누군지 몰라도 예리한 분석이요 흥미로운 유머인 것 같다. 사실은 자기 하기 나름이지

만 50대라도 명품이 될 수도 있고 폐기처분 대상일 수도 있다.

　어제 저녁에 자리를 같이 했던 친구들의 표정을 그려보면서 오십이 지천명(五十而知天命)이라고 천명을 아는 나이인데 이제부터라도 방출대상이 아닌 어디에서나 인기 있는 상품이 되기 위해 몸과 마음을 정성스레 다스려야겠다.

제2장 흑과 백

단순함과 표준화

오십년이 넘게 살아오면서 자동차보험이든 생명보험이든 깨알 같은 글자의 약관을 다 읽어 본 적이 없다.

우리나라의 법은 몇 번씩이나 읽어봐도 그 내용을 잘 알지 못하여 결국은 전화를 걸어 물어보게 된다.

왜 그럴까? 이 모두가 복잡하고 해석하기도 어렵고 소비자인 민원인 입장에서 만들어지지 않았기 때문일 것이다.

세상이 복잡해질수록 사람들은 복잡함을 피하고 단순한 것을 선호하게 된다.

누구나 알기 쉽게 만들어 놓은 규정은 오해와 갈등 그리고 이권개입 여지를 불식시킬 수 있다.

"파란불=건너가라, 일이 잘 진행 중", "빨간불=스톱, 경고"라고 누구나 똑같이 이해한다는 것은 단순함이 복잡한 것보다 높은 가치를 형성한다는 좋은 예이다.

복잡한 규정과 법규는 이현령비현령이 될 수 있고 집행자의 자의에 따라 해석을 달리할 수도 있고 담당자가 바뀌면 또 다른 해석이 나올 수 있다. 나는 단순한 것이 고급이라고 생각한다. 왜냐하면 소비자들에게 단순함을 제공한다는 것은 소비자 입장에서 모든 것을 설계하고 모든 소비자가 사용함에 있어 어려움이 없고 기능이 간단해 누구나 쓰기 편하고 간단하기 때문에 고장도 덜 나고 쉽게 고칠 수 있기에 다방면

시간을 잃어버린 마을을 찾아서

으로 효율성이 높으므로 고급인 것이다. 대학시절에 당구장에 갔다가 같이 간 친구 모두가 돈이 없어 아버지한테 물려받은 스위스제 시계를 맡기고 나온 적이 있다.

결국은 그 시계는 다시 볼 수 없었지만 그때나 지금이나 그 시계에 대한 이미지는 간단하다는 것 그리고 고장이 나지 않는다는 것 그래서 고급이라는 느낌을 30년이 지난 지금도 그대로 간직하고 있다는 것이다. 요즘 중국이나 동남아시아 국가에서 마구잡이로 수입되는 상품을 보면 하나같이 조잡하고 복잡해 보인다.

간단하게 만든다는 것은 고급기술이 있어야 가능하다는 것을 요즘 같은 컴퓨터시대에는 익히 알 수 있다. 단순함과 함께 표준화는 누구나 어떤 일에 대하여 인식을 같이 할 수 있다는 큰 장점이 있어 혼선문제를 불식시킬 수 있고 비용낭비도 방지할 수 있다. 국가 표준이나 국제 표준 제정 등이 그 일환이라고 생각된다. 사람도 기업도 복잡하면 뭐하나 잘하기 힘들다.

머릿속이 복잡한 사람은 자기 본연의 일에 집중할 수 없어 업무의 생산성이 떨어질 수밖에 없으며 주변이 복잡한 사람치고 신뢰도가 높은 사람은 없을 것이다. 기업내부의 규정이 복잡하고 절차가 표준화되어 있지 않으면 소속 임직원은 업무의 효율성이 낮고 같은 일이라도 할 때마다 매번 다를 수 있게 되어 외부 거래업체에서도 좋은 점수를 주지 않게 되어 결국은 시간이 흐를수록 거래 규모도 작아질 수밖에 없다. 그래서 기업이 일류로 가려면 내·외부 사람 누구나가 알기 쉽게 투명하게 일을 처리할 수 있도록 규정과 절차가 구비되어 있어야 한다.

단순함이 지향하는 높은 가치와 표준화가 목표로 하는 생산성 제고는 21세기에서 생존하려 하는 모든 조직사회의 기본 과제이다.

어느 CEO의 편지

직원 가족 여러분!
여름이 훌쩍 자리를 비키고 능부들이 한 해 동안 땀 흘려 고생한 노력의 결과를 기쁜 마음으로 결실을 거둔다는 가을이 성큼 우리의 마음과 몸에 다가왔음을 느낍니다.

우리 남자들이 사회활동을 명랑하고 자신 있게 하기 위해서는 언제나 그 뒷배경이 좋아야 합니다. 그 배경에는 뭐니 뭐니 해도 본인의 건강과 배우자 및 자녀들에게 우환이 없어야 하고, 두 번째로는 가족들이 아빠를 진정으로 고맙게 생각하고 아빠의 사회활동(직장생활 및 모임 활동 등 모든 움직임을 뜻함)에 대하여 왜 그렇게 바쁘게 사는지를 진정으로 이해하고 수용해주는 것이며, 마지막으로는 남자는 바깥생활을 주로 하면서도 가족이란 의미와 돌아갈 집이 있다는 것에 대하여 무한한 감사와 행복을 느낄 때 나의 가정은 그야말로 행복이 머무르는 곳이 되어 언제나 보고 싶은 얼굴과 언제나 달려가고 싶은 곳으로 자리하고 있어야 합니다.

이렇게 될 때 애들 아빠인 나의 남편은 명랑하게 일하여 업무의 생산성이 높아지고 그에 비례하여 거둘 것이 많아지는 거죠. 돌이켜보면 우리 회사가 여기까지 온 것도 가족 여러분의 헌신적인 이해와 인내가 같이했기에 가능했던 것이며 앞으로의 발전은 이를 토대로 명랑한 아빠의 불철주야 연구하는 업무노력과 이에 대한 상응하는 회사의 적극

시간을 잃어버린 마을을 찾아서

적인 자세가 윈-윈 될 때 더 높은 행복을 나눌 수 있을 것입니다. 항상 늦게 퇴근하는 애들 아빠, 연중무휴 일 중독자처럼 느껴지는 남편, 가정이란 의미를 아는지 모르는지 도대체 알 수 없는 우리 가장에 대하여 너그럽게 대해 주시고 매일아침 출근할 때마다 "당신은 우리의 기둥입니다! 아빠, 파이팅!"하고 소리 내어 격려해 주시고 한쪽 볼에 사랑의 뽀뽀를 가득 넣어 명랑한 회사로 보내주세요. 당신의 남편은 우리 회사의 주춧돌이기 때문입니다.

 회사는 가족여러분의 노력과 희생을 절대 잊지 않겠습니다. 이 글을 오래오래 간직하시면서 자주자주 읽어보시기 바랍니다. 가족의 건강은 아빠의 발걸음을 가볍게 합니다. 건강과 행운이 항상 같이 하시길 기원합니다.

 감사합니다.

0000년 0월 0일
주식회사 명랑한 대표이사 건강한 드림

*직장과 가정 사이를 다시 한번 돌아보게 되었던 글이다.

제3장 어둠 속의 외출

사랑과 웃음이 없으면 즐거움이 없다.
사랑과 웃음 속에서 살자.
-호라티우스

시간을 잃어버린 마을을 찾아서

동 상 이 몽

살다보면 서로간의 조그마한 생각의 차이로 평행선을 긋는 경우가 많다

 같은 침대에서 다른 꿈을 꾼다는 뜻으로, 겉으로는 같은 행동을 하면서도 속으로는 각자의 딴 생각함을 이르는 말 '동상이몽(同床異夢)'이 우리들 삶에 많은 교훈을 준다.

 단란한 가정에서도 부부지간 잠자리에서의 고민하는 내용이 다르고, 조그마한 조직에서도 패가 갈리고, 같은 정당 속에서 당권파니, 비당권파니 주류니 비주류니 하여 사분오열되고, 한 나라의 과거 역사에 대해서도 보수와 개혁진영의 보는 눈이 다르고 이 모두가 서로의 생각을 나누어 합의를 만들어 내는 지혜가 부족해서 나타나는 현상이라고 할 수 있다.

 충분한 토론이란 의견이 다른 상대방의 생각을 인내심을 갖고 경청하고 나의 생각을 진솔하게 밝혀 동료를 설득하려고 노력하며 그런 과정 속에서 서로간의 차이점을 좁혀나가면서 궁극적으로는 양보와 이해로 합의점을 찾는 것이리라.

 하나의 고민도 여러 사람과 생각을 나누다 보면 창의력이 생성되어 올바른 해결방안을 모색할 수 있다. 그리하여 '동상이몽'을 '동상동몽(同床同夢)'으로 바꿀 때 화목한 가정, 효율적인 조직, 생산성 높은 회사, 창의적이고 강력한 국가를 만들 수 있다.

시간을 잃어버린 마을을 찾아서

호♡감

외형적으로 미남 미녀가 아니고 친절하고 부드러워 보이는 대내 외적으로 다른 사람에게 좋은 인상을 주는 것을 호감이라고 한다.

남의 말을 진지하게 경청하며 무슨 말을 언제 해야 좋을지 재치가 있고 유머와 매력이 몸에 배어 다른 사람들이 그 주위에 모여드는 사람을 우리는 호감이 넘치는 사람이라고 부른다.

첫 만남에서 환한 미소와 깨끗한 용모를 바탕으로 세련된 대화를 예의바른 어투로 나눈다면 누구나 호감을 갖는 인물이 될 것이다.

자기의 지식이나 자랑으로 대화의 대부분을 장식하며 상대방의 얘기를 중간 중간 끊어버리는 그리고 남의 의견을 경청하는데 인내력이 부족하여 9대1의 법칙(상대방 얘기를 90% 듣고 내 얘기는 10% 이내로 줄임)을 거꾸로 행하는 매너에 누가 호감을 가질 수 있겠는가.

매일 얼굴을 마주 보며 동고동락하는 동료와 부하 직원에게 생각 없이 불쑥 말을 뱉어 좌절감을 안겨주는 상사에게 누가 호감을 느끼겠는가. 내 주변 사람들에게 언제나 따뜻함이 담긴 말을 건네는 것으로도 얼마든지 상대방의 호감을 살 수 있다.

남자들 세계에서는 실력 있고 매사에 긍정적이며 인간관계가 원만한 사람이 소위 말해서 여러모로 잘났지만 절대 잘난 척 하지 않는 매너에 대해서 호감을 갖는다.

우리 모두 호감 받는 사람이 되도록 노력하자.

제3장 어둠 속의 외출

토스트 향기

10여 년 전에 일본에 갔을 때 점심시간에 목격한 광경이 생각났다. 아직까지 잊지 않고 있는 까닭은 선진국이고 부자나라라고 내 머리 속에 각인되어 있는 일본에서 셀러리맨들이 행길가에 있는 조그만 차량 위에서 파는 도시락을 사려고 쭈욱 늘어진 줄을 서서 기다리는 것을 보고서,

"어, 부자나라도 저래?"하면서 깜작 놀랬기 때문이다.

물론 곧 오해가 풀렸지만 그 기억 속에서 많은 것이 나의 생각을 바뀌게 만들었다.

점심 값을 아끼려고 당당하게 길가에 서있는 일본의 직장인들.

그리고 세계에서 손꼽히는 선진국이지만 물가가 보통 높은 게 아니구나 하고 평소에 몰랐던 사실을 현지에서 눈으로 보면서 깨달은 것이었다.

아침에 집에서 나올 때마다 보이는 것이 있다.

토스트 파는 곳이다.

우리 집 앞에는 기업체 사무실이 많아 아침을 못 먹고 출근하는 직장인들을 상대로 두 곳에서 토스트를 판다. 아니 세 곳인 것 같다.

좌우지간 오늘 아침에도 내가 자주 보는 두 곳의 토스트 파는 곳은 공통점이 있다. 그 하나는 여자 분이 장사를 하는 것이고, 또 하나는 경트럭에서 파는 것이다.

시간을 잃어버린 마을을 찾아서

다른 점은 우리 집 바로 앞에 있는 차량에는 자매처럼 보이는 젊은 여자 두 분이 빵떡모자를 쓰고 있고 지하철 입구에 있는 차량에는 애기 엄마처럼 보이는 여자 분이 혼자서 팔고 있다.

오늘 아침에는 평소보다 꽤 늦게 집에서 나왔는데 지하철 입구에 있는 토스트 파는 차가 보였다.

할아버지와 손주가 토스트를 사먹고 있었다. 아마도 직장여성인 딸이나 며느리의 아이를 할아버지 댁에서 돌봐주는데 할머니가 집안 청소하시니까 할아버지가 짐이 될까봐 손주를 데리고 나와서 "너 토스트 먹을래?" 해서 "응"그러니까 할아버지가 여기에 와서 토스트를 같이 먹게 된 게 아닌가 하는 추측이다.

아마도 나의 상상이 십중팔구는 맞을 것이다. 내가 항상 집사람에게 이런 상황을 사전에 대비해서 애들 시집 장가 보내자마자 남쪽으로 남쪽으로 집 꽉 줄여서 손주 돌봐달라고 부탁 못할 지역에서 살면서 지방 구석구석 여행 다니며 힘들면 거기서 하룻밤 자고 또 일어나서 가고 하다가 집 생각나면 집으로 오고 그렇게 살자고 얘기했기 때문이다.

사실 내 기억에는 70년대까지는 토스트(toast)를 먹어 본 적이 없는 것 같다. 80년대에 들어서 일요일 아침 집 사람이 해준 토스트가 가장 기억에 많다. 70년대까지는 부모님 밑에서 살았으니 그런 식생활 문화가 없었던 것 같고 80년대 초부터는 장가를 갔으니 이런 문화를 접했으리라 생각한다. 나이 오십이 훌쩍 넘고 사회생활을 4반세기 이상 했으니 세상이 달라져도 많이 달라졌다고 느낀다.

남편과 아내가 모두 직장 생활을 하는 세상, 거기에 수반되어 손주 돌봐달라고 부탁하는 문화, 가족 역할이 여러 가지로 변화하고 있는 것이다.

아까 그 토스트 차에는 '토스트 향기'라는 신세대 문화를 상징하는 간판이 붙어 있었다.

지하철 주변 이야기

서울에서 점심약속이 있어 지하철을 타게 되었다. 매표소로 가려고 계단을 내려가다 힘들게 계단을 오르는 두 모습을 보았다.

몇 번이나 쉬다 올라오시는 것 같은 어느 할머니를 보면서 나도 저러지 않으려면 꾸준하게 운동 해야겠구나 하고 생각했고, 몇 미터 뒤에서 올라오는 애기 엄마는 한 아이는 오른손으로 안고 걸을 줄 아는 아이는 왼손으로 잡고 "아이구 힘들다. 좀 쉬었다 가자"하며 큰 숨을 몰아쉬고 있었다.

자기 자식에게 무조건적 사랑과 희생을 마다하는 우리네 부모님 옛 마음 그대로인 것 같았다.

목적지에 도달해 지하계단을 오르면서 나는 숨차지 않은가 하고 나 자신을 돌아보았다. 어제 저녁 늦게까지 술 먹은 걸 약간 후회했다.

점심을 잘 먹고 돌아오면서 태국 승려 '아짠 차 선사'의 글을 보았다.

"조금 놓아 버리면 조금의 평화가, 크게 놓아 버리면 큰 평화를, 완전한 평화와 자유를 얻으려면 완전히 놓아버려라."

또 다른 곳에서 또 하나의 좋은 글귀도 눈에 들어왔다.

"마음을 비우면 삶의 지혜와 행복을 얻습니다. 마음을 비워 그릇을 키우면 마음이 편안해지고 몸이 건강해집니다."

모두가 내가 작년 2월말부터 실천하려고 무척이나 애쓰는 기준이었다.

지하철이 도착해 승차하면서 '노약자, 장애인, 임산부 보호석'이라고 써 있는 자리에 서있게 되었다.

나를 비롯하여 젊은 사람들은 그 자리가 비어 있어도 그리로 가지 않았다. 다음 역에서 노인 양반들이 승차하시면서 바로 그 좌석으로 가셨다. 아주 보기가 좋았다.

선진국 대열에 올라와 있구나 하는 생각이 들었다. 그리고 몇 분후 할머니 두 분이 손잡고 승차하셨다.

두 분은 이쪽 노약석을 둘러보신 후 일반석을 쭉 지나 반대편 쪽에 있는 노약석으로 가셨다.

일반석을 지나가시는 동안 50대 아주머니 한분만 일어나시다가 할머니들이 지나치시니까 다시 앉았고 그러고는 아무도 젊은이 중에서 자리를 양보하려고 하는 모습을 보지 못했다.

아직 선진국 대열에 올라서려면 더 많은 시간이 필요함을 느꼈다. 젊은이들이여! 돈들이고 시간 별도로 내어 헬스클럽 가려하지 말고 나처럼 지하철 이용하면서 운동하는 습관 들이면 누이 좋고 매부 좋을 텐데….

지하철에서 내린 후 한 시간쯤 지나 창밖을 보면서 반가운 전화 한 통화를 받았다.

약 2년 가까이 못 보았던 옛 부하직원의 목소리였다. 자기도 직장을 6개월 전에 옮긴 후 이곳저곳 수소문해 보았지만 알 수가 없었는데 우연히 나를 아는 분에게 연락처를 얻게 되어 이렇게 전화하게 되었단다.

그 마음이 너무 고맙게 느껴졌다. 겨울로 가면서 가슴이 따뜻한 소식을 접하게 되어 기분 좋은 하루가 되었다.

Me too 문화

어느 신문에서 1위 브랜드 모방 상품을 '미투(me too)' 제품이라고 소개하면서 이들 때문에 1위 브랜드 업체들이 "1위 수성을 위해서 피곤하다"라고 설명되어 있었다.

언젠가 내가 아는 사람들한테서 들은 얘기가 떠올랐다.

같은 아파트에 사시는 할머니이신데 말끝마다 젊은 사람들이 뭘 물어보면 "미투!", "미투!" 하신다는 거다.

그 할머니는 "나두 마찬가지야"라는 뜻으로 유머 있게 표현했다는 생각이 든다.

옛날 노인네라는 인상을 피할 수 있고 젊은 사람들한테 잔소리 많고 잘 따진다는 소리 듣기 싫어서 그러셨을 수도 있겠다는 생각도 해보았다.

우리가 식당에 가서 음식을 주문할 때 보면 '미투' 문화가 가장 잘 나타난다고 생각된다.

몇 사람이 같이 가서 먼저 주문한 사람이 "김치찌게" 하면 나머지 사람도 "그럼 다 그렇게 하지"라고 많이들 한다.

이 경우에는 같은 음식을 주문해야 같이 나오고 같이 먹을 수 있으며 만드는 시간도 절약될 거라는 기대감에서 "미투"하게 되는 것 같다.

그런데 문제는 여기에 있는 게 아니다.

어느 모임에서 행사계획에 대해서 토의하다 보면 몇몇 사람만 갑론을박하다가 나머지 사람들은 정확한 자기의견도 내놓지 않은 채 정해

시간을 잃어버린 마을을 찾아서

버리는 경우가 많다.

  이렇게 '미투'하고나서 행사 일자가 다가오면 그제서야 반대의견이 나오고 불참자가 다수 발생되어 그 행사계획 자체가 무산되는 경우를 종종 보게 된다.

  이때의 '미투'문화는 모든 것을 낭비하고 불신만 커지고 뒷소리만 무성하게 남게 된다.

  그러나 요즘 젊은 세대들은 기성세대에 비교해서 '미투'문화보다는 자기 개성이 강해서 인터넷에도 자기 의견을 열심히 올리고 모임에서도 자기 마음을 솔직하게 표현한다고 생각된다.

  나의 바람은 여기서 그치지 말고 모두가 갑론을박하다가 일단 결정된 사항에 대해서는 무조건 '미투'해서 토론 후에 진정으로 뭉치면서 조직이나 모임의 실천력이 강해졌으면 하는 마음 간절할 뿐이다.

오 리

우리 부부는 일요일이면 가끔 집 근처에 있는 서울대공원의 큰 호숫가를 산책하면서 물가의 오리나 물새 종류들이 예쁘게 노니는 모습을 보며 세상 사는 얘기를 나눈다.

12월 중순에 들어섰으나 개나리꽃이 피어있으니 신문에 난 기사처럼 겨울이 한 달 가량 짧아진 것이 분명하다는 생각을 하는데 오늘도 어김없이 하얀 오리 떼가 아침식사를 구하려는 것인지 몹시 분주하게 물속과 물위를 헤엄쳐 다니는 모습이 내 눈에 들어왔다.

"여보! 저 오리들 봐"했더니 집사람이 "제네들은 취직걱정도 없고, 돈도 필요 없으니 돈벌려고 아등바등 안 해도 되고, 공부하라고 잔소리들을 리도 없고, 군대 갈 일도 없고, 그저 먹는 것만 신경 쓰면 되니 얼마나 좋을까"라고 하면서 다른 놈이 자기 무리 안에 들어오면 왕따시킴으로 자기 가족들과 늘 같이 생활해야 하는 것만 주의하면 될 거라고 첨언했다.

가족이라는 이름의 사랑의 쇠사슬은 사람이나 오리나 예외일 수 없는 모양이다. 오리가 볼 때 저 인간들은 우리처럼 평생 물속에서 먹이감 찾는 일 안 해도 되니 얼마나 좋을까 라고 느껴지지는 않을지.

어찌 보면 평생 모여 사는 놈들이니, 사랑의 쇠사슬만 차고 얼굴보기는 힘든 현대사회의 우리네들보다 행복한 것이 오히려 오리들 아닐까.

폐백 문화

한 의사인 큰 누이네 아들이 늦장가 가는 일요일 날 아침, "집에서 몇 시에 출발해야 되지?"하면서 집사람과 얘기를 하다가 "예식 끝나고 집에 오면 몇 시나 될까?"했더니 집사람 왈 "폐백 받는 시간이 문제지"하면서 문제점을 나열했다.

집사람은 예식장에서 치루는 폐백에 대하여 너무 상업적이고 형식적이며 신부 입장에서는 시댁 어른들께 인사드려도 정신 없는 날이라서 누가 누군지 기억에도 남지 않아 나중에 다시 소개 받아야 알게 된다는 것이고, 나는 이 바쁜 세상에 예식 할 때 인사 안 드리면 언제 공식적으로 시댁 일가친척에게 인사드리겠냐고 반문했다.

그러다가 우리가 죽은 다음의 장례문화로 자연스럽게 화제가 넘어갔는데 이번에는 내가 먼저 "나는 죽고 나면 화장해서 나무의 밑거름이나 되게 수목장하는 거 괜찮겠더라, 아니면 자식들이 들르기 쉬운 강가에 뿌려서 흔적도 남기지 말고 가버려야 후손들에게 사후 부담 안 주는 것 아닌가?"라고 말을 건넸더니 집사람은 별다른 반응이 없었다. 평상시에 우리 부부는 자식들에게 화장하라고 이미 유언했기 때문이었다.

지금처럼 형식적인 폐백 문화라면 집사람 의견이 아니더라도 합리적으로 개선하여 현대식 가정에 맞는 풍습으로 자리 잡았으면 한다.

그건 그렇고 오늘은 큰 매형과 큰 누이가 자식에 대한 최소한의 부

모 도리를 마치는 날이다.

 아들만 셋이어서 걱정이었지만 며느리가 셋이나 들었으니 딸자식 생겼다고 생각하고 3남 3녀의 화목한 집안이 된 것이다.

 두 분의 환한 모습을 보니 기말고사가 끝난 학생들처럼 매우 기분이 좋아 보였다.

자연스럽게

사전을 찾아보면 자연이란 '천연 그대로의 상태'를 의미하는데 이는 곧 인위나 인공의 반대개념으로 풀이된다.

지방자치단체 제도가 도입된 후 늘 어디서나 쉽게 느끼는 점이 하나 있다. 예산을 억지로 다 집행하려고 노력하는 것 같다.

집 앞의 인도가 아주 훌륭한 상태인데도 불법주차 방지를 위하여 인도를 넓히고 차바퀴가 인도에 못 올라오도록 대리석으로 조각한 장애물을 박아 놓고 차도 중간 중간에는 유럽의 큰 광장에서 볼 수 있는 기다란 석재 벽돌을 박아 놓아 차량이 속도를 못 내도록 오랜 기간 공사하고 있다.

인근 산에 가보면 돈 쓸 곳을 못 찾아 안달인 모습이다.

조그마한 예쁜 계곡에 졸졸 흐르는 물을 보면서 징검돌을 디디고 다니게 그냥 놔두면 얼마나 운치 있고 자연스럽겠나.

그런데 여기에다 5미터 정도 되는 인공다리를 설치하여 자연을 맛보러 찾아온 등산객에게 인공을 제공하여 부자연스럽게 해 놓았다.

그리고 웬만한 봉우리에 가면 거의 예외 없이 층층계단을 설치해서 산을 타는 맛을 버려놓았고 자연 그대로를 즐기려는데 큰 장애물이 되고 있다.

겉으로 보면 지자체가 주민안전을 도모하려고 신경 쓴 거 같지만 안을 들여다보면 돈 들여 자연 훼손하고 있는 것이다.

이런 모습을 보면서 유럽의 어느 나라처럼 사회 일선에서 물러난 원로들이 무급으로 자기 지역의 발전을 위하여 봉사하는 지자체로 다시 태어났으면 한다.

  그래서 이 원로들로 하여금 예산편성 시점부터 효율성을 따지고 실제 공사를 집행하기 전에 다시 한번 사업성 평가를 내리도록 하여 후회 없고 낭비 없는 결과가 되도록 그 시스템을 구축했으면 하는 바람이다.

  조그만 벤처기업에서 자문역을 보면서도 사업계획 수립단계부터 의견을 구하는 CEO에게 시행착오가 없도록 그동안의 경험을 바탕으로 자연스럽게 흘러가도록 소리 없이 보필해야 하듯이 말이다.

단 골

아마 20년 가까이 된 것 같다. 퇴근 후 회사 앞 구멍가게에서 맥주 박스 엎어 놓고 둘러앉아 골뱅이 파무침에 어포와 삶은 달걀을 넣어 만든 맛있는 안주로 병맥주 쭈욱 쌓아 놓고 마시다 보면 조금 일찍 퇴근하려다 결국은 야근한 날 그 시간되어 술 냄새 푹푹 풍기며 집에 들어간다.

집사람은 야근 아니면 술이냐고 또 불만을 터뜨린다. 그러나 그 구멍가게 아저씨와 아줌마는 우리를 단골손님으로 항상 반겨주신다.

80년대의 화이트 컬러들은 이런 풍경에 익숙했었다. 그리고 그 모습이 신선하고 때가 묻지도 않았다.

지금 이 나이처럼 자식걱정에 노후걱정이 화젯거리가 아니었다.

그저 회사업무 얘기로 갑론을박하면서 소박한 직장인으로서 아마도 승진문제가 가장 큰 이슈였다. 사람이나 회사나 단골이란 개념은 항상 있기 마련이다. 늘 정해놓고 거래하다보니 미운 정 고운 정 다 들어 상호 신뢰하게 되고 상대방이나 거래처의 어려움을 이해하려고 노력하게 되니 서로 편하다.

나는 늘 강조한다.

회사에서 새사람 뽑았으면 새 며느리 내 사람 만들기 하듯 회사의 한 가족으로 일할 수 있도록 정성들여 관리해야 한다고.

거래처도 한번 정했으면 신의나 성실을 바탕으로 서로 돕고 윈-윈

제3장 어둠 속의 외출

(Win-Win)하는 자세가 필요하다.
 작은 것에 연연하여 손바닥 뒤집듯 변덕스럽지 않게 늘 푸른 소나무처럼 영롱한 색깔을 끝까지 보존하자.
 변하지 않는 단골의 아름다움을 뽐내며, 사람 자주 바꾸고 거래처 자주 바뀌는 회사가 되지 말자.

빨주노초파남보

미국에서 열흘 전에 들어온 절친한 가족과 오랜만에 저녁식사를 함께 하려고 집사람이 예약해 놓은 우리 동네 시민회관 안에 있는 시티홀이란 식당에 가게 되었다. 식당 안으로 들어가 보니 수영장이 한층 아래로 훤히 내려다보이며 저녁 수영반의 훈련하는 모습을 우리 모두가 한눈으로 볼 수 있는 좌석이 있어 그 쪽으로 배정받아 5명이 앉았다. 앉자마자 집사람이 미안해하는 사연을 내가 대신하여 풀어 놓았다.

사실은 이 가족이 미국으로 이사 갈 때처럼 오순도순 우리 집에서 저녁식사를 할 예정이었으나 집사람이 입술이 터질 정도로 몸 상태가 안 좋아 계획을 변경하여 이 식당으로 자리하게 된 것이었다.

우리보다 먼저 자리 잡은 옆 팀은 생일축하 모임인지 초등학생으로 보이는 아들과 엄마 몇 팀이 케이크 앞에서 "생일 축하 합니다"를 합창하고 있었다. 참 세상이 많이 달라졌다는 것을 실감하면서 요즘 젊은 엄마들의 합리적인 사고방식에 이해가 갔다.

우리 일행은 식사를 하면서 기념사진도 찍고 미국에서의 생활과 자식들 키우는 얘기로 저마다의 생각을 토해냈다.

이 와중에 내가 "인생은 빨주노초파남보 이다. 이것을 다 합치면 누구나 100이 된다. 단지 사람마다 색깔의 구성비율만 다를 뿐이다"라고 했더니 모두 이의가 없었다. 그러면서 나는 옛날의 원효로 고모를 생각

제3장 어둠 속의 외출

하면서 자식에게 투자 많이 하고 나면 투자한 만큼이나 실망과 눈물로 가득 찰 수 있다고 덧붙였다. 내가 생각하는 '빨주노초파남보'는 우리가 살아가는데 있어 경제적인 부, 사회적인 명예, 자식농사, 가족건강, 행복지수, 삶의 보람, 일에 대한 성취감 등에 대한 가치관을 누구나 다 갖고 있지만 사람마다 각 덕목의 차지하는 비율이 다를 뿐이라는 생각이었다.

일곱 가지 색 모두가 있어야 무지개라고 하듯 우리네 인생에도 어느 한가지에만 집착하지 말고 균형 있는 색상 구조를 잊지 말고 살아가야겠다.

요즘 부모들 미국뿐만 아니라 중국에도 아이들 유학을 너무 많이 보내는 것 아닌가?

아침에 집에서 나오면서 스페인으로 이민 간 집사람 친구 '효단'씨를 만나서 찜질방에서 밤샘 할 거라는 집사람에게 잘해주라고 강조했다.

시간을 잃어버린 마을을 찾아서

흑색 화장지

아침 식사에 고등어조림이 나왔다. 아내에게 가시 바르게 휴지 좀 갖다달라고 했다.

흰 두루마리 휴지 한쪽을 받아 밥상 위에 올려놓고 고등어 가시를 몇 개 발라내며 내가 이런 제안을 했다.

"흑색 화장지 위에 가시를 올려놓으면 잘 보일 텐데" 그랬더니 아내의 답변인즉 얼마나 쓴다고 검정색으로 화장지를 만들겠느냐는 것이었다. 나는 발상의 전환으로 내놓은 아이디어였고 아내는 매일매일 밥 짓는 소비자로서 답했으리라 생각했다.

요즈음 벤처기업의 제안서 내용을 보면 누구나 쉽게 지나쳐 버리는 것을 주의 깊게 관찰하다가 이거 기술적으로 성립 안 될까 하면서 고민하는 모습이 떠올랐다. 생각을 달리하면 새로운 아이디어가 떠오른다. 시장성이 있고 없고는 소비자 반응조사부터 해보면 답이 나오겠지만 중소 벤처기업에서는 자기네 아이디어로 만든 상품이 시장에 나와 팔릴 때까지 버티는 능력, 즉 자금조달이 문제되는 현실이 안타깝다. 대부분이 이 기간을 못 넘기고 문을 닫거나 두 번째 아이디어를 상품화할 능력부족 상태가 되어버린다. 특허관련 출원 비용도 만만치 않다. 정부기관에서라도 좋은 아이디어라고 판단되면 조건 없이 밀어주는 순수한 벤처정신을 가지고 있었으면 하는 바람이다.

살맛나는 세상

아침에 집에서 나와 신호 대기하는 중에 앞차 뒷유리 중앙하단에 '살맛나는 세상'이라고 붙어 있는 스티커가 내 눈에 들어왔다.

그리고 내 차의 앞유리 중간 하단 와이퍼 밑에는 '대리운전 1588-××××, 안양 군포 의왕 시내 전지역 10,000원, 기사 대모집- 업계 최고 대우'라고 써있는 노란색의 광고 전단지가 눌려 있었다.

차안의 라디오 방송에서는 국민연금에 대한 여론조사결과 15%의 사람만이 노후에 연금수령에 걱정이 없다고 했단다.

한편 집사람은 아침식사 때 하는 말이 어제는 걱정했었단다.

아들이 논산 육군 훈련소 입소한 지 만 일주일째 되는 날이라 혹시 환경에 못 이겨서 귀가 조치되지 않나 하는 생각 때문이란다.

이에 대해 나는 "이 사람아 걱정하지 마, 내 혈통을 닮아서 그런 일은 절대 없어, 우리 아들 사회생활 적응 잘 할 사람이야"라고 자신 있게 응답해 줬다.

이곳저곳에서 쓸데없는 걱정부터 시작해서 온통 걱정거리뿐이다.

대학 졸업한 아들이 둘씩이나 백수라고 걱정이 태산 같은 부모님, 수능시험 대리 응시자로 연루된 자식 때문에 온 가족이 몸살인 가정, 금융기관이 다시 한번 구조조정 한다는 뉴스에 안절부절 못하는 50살 전후의 은행원과 그의 부인 등등.

그래도 이달 들어 등장한 구세군 자선냄비, 독거노인 댁 연탄배달,

사랑의 김치 담그기 등 사회곳곳에서 훈훈한 정이 살아있어 아직까지 세상은 살만한 것 같다. 또한 대기업들이 앞장서서 시스템적으로 사회봉사활동 하는 모습이 부쩍 늘었다.

 빨리 경기가 회복되어 우리 모두가 걱정 없는 살맛나는 세상이 왔으면 하는 바람뿐이다.

제3장 어둠 속의 외출

겨울비

12월 초순의 겨울비가 창밖의 하늘을 온통 회색빛으로 물들여 버렸다.

  비가 오니 등산 갈 사람들도 산에 오르는 것을 대체할 프로그램을 궁리하느라 삼삼오오 지하철 역 기둥 의자에 둘러 앉아 있다.

  K사장은 금년도 마지막이 될 매출계획이 발주자의 신용상태 위험으로 수주 거절해야 될 상황이 발생하자 어제 밤부터 겨울비 오는 오늘까지 아니 며칠 후까지 밤낮 안 가리고 고민에 쌓여 있을 게 분명하다.

  나는 항상 K사장에게 "문제의 발생과 해결책은 항상 다른 곳에서 나온다"고 너무 걱정하지 말자고 격려한다.

  집사람은 군대간 아들이 보낸 옷상자와 편지를 보면서 "당신은 눈물도 않나요?"라고 아침밥상에서 내게 묻는다.

  아마도 이 시간쯤 비가 많이 오니 집사람은 아들이 훈련에 옷 젖어 감기나 들지 않을까 걱정이 태산일거다.

  어느 시인의 글이 생각난다.

  "어머니의 사랑이 맹목적이고 끝이 없어서 세상의 모든 자식들은 태어날 때 이미 보답할 수 없는 그 사랑에 대한 원죄를 갖고 태어난다."

  무자식이 상팔자라고 했던가? 그래서 인간은 자연을 거스를 수 없다고 했나보다.

  비가 오니 산에 가지 말라는 것이요, 자식을 낳았으니 내 눈 감을

때까지 걱정할 수밖에 없지 않느냐는 것이다.
 오늘이 주말이 아니었다면 막걸리 한잔하자고 이곳저곳에서 연락이 올 텐데.
 비가 오면, 그것도 겨울비 내리면 앞으로만 달렸던 지난주를 다시 돌아보라고, 그리고 추워질 테니 월동준비도 점검해보라고 조물주께서 자신의 말씀을 겨울비라는 매개체로 인간에게 전해주신 거라고 느껴진다.

제3장 어둠 속의 외출

Mentoring

영국에서는 은퇴한 기업인들의 경험을 전수받는 제도로써 '기업인 멘토링제'가 운영되고 있다고 한다. 평소에 내가 생각해 왔던 방식과 그 개념이 같아 흥미롭다.

한마디로 얘기해서 어떤 기업에서 필요로 하는 경험과 노-하우를 신뢰성 있게 자문해 주는 것이라고 생각된다.

우리나라의 중소벤처기업에서는 항상 부족한 것이 태반이다.

전문인력, 운영자금, 장비 및 생산시설, 시장정보, 마케팅능력, 기술 노-하우 등 갖추고 있는 것보다 보충해야 될 것이 훨씬 많아 보인다.

나도 요즈음 어느 작은 벤처기업에서 자문역을 맡아 CEO의 경영활동과 직원교육훈련에 실질적 도움이 되고자 4반세기가 넘어버린 나의 직장생활과 사업경험을 토대로 열심히 경영 도우미 활동을 하고 있다.

열심히 조언 할수록 나의 보람도 커진다고 느꼈다.

또 한 가지의 내 생각은 지방자치단체의 운영에 관한 얘긴데 시의회나 도의회에서 의원으로서 일할 사람은 지금처럼 유급을 주장하거나 보좌관을 달라고 요구할 게 아니라 기업체에서나 공무원 조직에서 오랫동안 몸담아 온 경력자들이 무급으로 지역사회발전을 위해 봉사한다면 생산성 제고와 예산절감에도 크게 기여할 것으로 나는 확신하고 있다.

그런데 전제조건이 하나 있다.

기업이건 지방자치단체이건 멘토링(mentoring)을 채택하려거든 계획수립단계부터 하라는 것이다.

그게 가장 경제적이고 효율성이 높기 때문이다.

지방자치 단체장이나 중소기업의 CEO 중에는 이미 자기 결정 다 해 놓고 형식적으로 멘토링 하는 경우가 많을 수 있기 때문이다.

사과(謝過)

용기 있고 외향적인 성격의 소유자는 내성적인 사람보다 상대방에게 칭찬과 사과를 잘 할 거라고 짐작이 된다.

요즈음 젊은 세대는 어떨지 모르겠지만 우리세대는 남을 칭찬하는 훈련을 받아본 적이 기억에 없고 더군다나 자기의 잘못에 대한 용서를 비는 모습은 좀처럼 떠오르지 않는다.

나는 경영학을 공부할 때 '1분 경영'이라는 책에서 부하직원을 칭찬해주면 사기가 진작되어 더욱 열심히 일하게 된다는 사실을 알게 되었지만 사과에 대한 책자는 접해 보지를 못해서 그냥 막연하게 옛날 부모님과 선생님으로부터 "너 왜 거짓말 해!", "바른말 못해!"하면서 야단맞은 기억만 남아 있다.

지금 같으면 사회생활을 4반세기 이상 해왔으니 "미안합니다" 또는 "죄송합니다", "제가 잘못한 것 같습니다"라고 솔직하게 용서와 이해를 구하겠지만 과거 어린시절과 청년기에는 친구 간에도 사과하는 습관이 안 들어 있어 서로 곤란한 입장과 어색한 분위기로 얼마동안을 보냈던 시절이 있었던 것으로 기억된다.

미국과 일본을 여행했을 때 조금만 스쳐도 "미안합니다"라고 먼저 인사하는 모습을 보고 이래서 선진국인가보다 라고 느낀 적이 있다. 조그마한 잘못이나 실수라도 그 자리에서 즉각 사과하는 것이 상대방의 양해를 구하기가 쉽고 내 마음도 가벼워지지 않을까 생각해 본다.

말로만 사랑을 가르치면, 말로만 사랑을 하거든요

아이들 둘이 벌써 이십이 훌쩍 넘어 성인으로서 사회 속에서 자기의 역할을 묵묵히 해내고 있어 세월은 유수(流水)같다는 말이 실감나는 나이가 되었나 보다.
  여기에 집사람도 아이들이 중·고등학교 다닐 때처럼 일거수일투족을 참견하는 모습은 자취를 감춘 것 같고 굵다란 대화로 변환되었다는 느낌을 강하게 받는다.
  그러다보니 지하철을 타든 식당에 가든 내 주변의 일상생활 중에 우리아이들 또래들의 행동하는 모습을 눈여겨보게 되며 바로 비교평가 하는 버릇이 생겼다.
  우리네 부모님이 나를 키워주시던 시대와는 비교할 수 없는 다른 세상이지만 자식들에 대한 부모의 사랑하는 마음은 변치 않았는데 요즈음 부모들의 자식을 기르면서 사랑하는 방법은 많이 달라진 것 같다.
  일례로 아이들이 새 장난감을 볼 때마다 사달라고 보채면 젊은 엄마 아빠는 떼쓰는 아이 모습이 안쓰러워서 참을성을 길러주는 교육도 잊어버리고 아무 생각 없이 사주곤 하니 그게 버릇이 되어 성인이 될 때까지 부모에게 손을 내밀고 지원을 안 해 주면 성을 내고, 거기에다 한 발 더 나아가서 시집 장가 보낸 후에도 평생 A/S를 해달라고 아우성이라니 돌아가신 우리부모님이 들으시면 경을 칠 일이다.
  이게 모두 장기 안목적이고 진심에서 우러나오는 사랑이 아니라 금

제3장 어둠 속의 외출

전만능주의에 옆 사람을 의식하는 체면문화 때문에 생겨난 잘못된 자식교육 탓이다.

떼를 쓰는 아이들에게 사랑의 매로써 다스리고 성인(成人)이 되면 최소한 그때부터는 경제적으로 자립하기 위해서 동분서주하고 결혼하고 나면 자식 기르면서 "왜 나의 부모님은 나를 키울 때 그렇게 야단치시고 그랬나"를 깨닫게 되어 옛날 우리네 부모님들이 솔선수범 했던 깊은 뜻을 내 자식에게도 그 진수를 전해 주는 태도가 요구된다.

자식은 부모의 등을 보고 자란다고 그 누가 그랬던가! 자식들에게 말로만 사랑을 가르치면 말로만 사랑하는 사람을 만들어 낼 것이고, 먼 훗날을 내다보며 지금 당장은 마음 아프지만 자식이 커서 아이들을 갖게 되면 옛 부모님의 뜻을 헤아릴 수 있겠지 하며 단호하게 "NO"하여 인내심과 자립심을 키우고 예의바르고 진정한 사랑을 터득하도록 도와줘야 한다.

어제 저녁 TV에서 이탈리아 가족이 한국에 와서 살면서 아들이 아주 오래된 구형 컴퓨터가 또 고장 나자 그걸 버리고 새로 구입해 달라고 하니까 그 아버지가 업그레이드용 칩을 사가지고 와서 장착해 주는 모습을 보며 그 아들이 성장해 어른이 된 후에도 자녀교육을 저렇게 똑같이 할 것이 눈에 선하게 들어와 우리네 요즘 부모님들과 아이들에게 신선한 충격을 주었다.

사랑은 저렇게 말없이 행동으로 하는 거라고!

시간을 잃어버린 마을을 찾아서

기 다 림

우리가 살면서 기다리지 않는 시간이 기다리는 시간보다 짧을까? 길까?

우리네 부모님 입장부터 들여다보면 두 분이 결혼해서 1년도 되기 전에 건강한 자식이 탄생하기를 기다리며, 그 자식이 태어난 후 잘 먹고 잠 잘 자서 무럭무럭 크기를 기다리며, 천자문 붓글씨 언제나 잘 쓰게 될지 기다리고, 중학교 입학시험 잘 쳐서 좋은 학교 들어가기 기다리며, 고등학교 때는 더 좋은 학교로 옮기려면 중 3때 공부만 알고 365일 지나기를 기다리고, 고등학교 입학하면 청평으로 텐트가지고 친구들과 캠핑 갈 때 물조심 당부하고 무사히 다녀오길 기다리며, 고2쯤 되면 대학진학에 몰두해 주기를 기다리고, 좋은 대학에 입학하기를 빌며 대학 졸업 후 군대 잘 다녀오기를 학수고대하며 제대 후에는 좋은 직장 빨리 들어가기를 기대하며 직장생활 이삼년 되면 좋은 색시 만나서 빨리 장가들기 기다리다 짝 찾아 결혼시킨 뒤, 10개월쯤 되면 손주새끼 기다린다.

이 손주놈이 학교 다니기 시작할 무렵이면 무덤에서 오라고 기다린다.

이것이 나의 부모님의 일생이었고, 나는 사회생활하면서 납세완납 증명서 떼러 세무서 가서 기다리고 은행창구에서 순번 오길 대기하고 위·십이지장 궤양 때문에 내시경 검사 받기 위해 기다리고 우리네 부모님 하셨던 대로 자식이 커가면서 요소요소에서 기다린다.

제3장 어둠 속의 외출

집사람은 내가 돈 많이 벌어 오기만을 기다리고 자식들은 용돈 받을 날을 기다리며 군대간 아들은 훈련소 퇴소 날짜 세고 있고, 내 친구들은 망년회 날짜 언제냐고 은근히 기다리는 눈치다.
 나에게 기다림이 없다면 내 인생은 이미 끝난 것이 아닐까?

시간을 잃어버린 마을을 찾아서

환한 인상과 맛진 점심

점심 시간이 되면 오늘은 뭘 먹을까 하며 많이들 고민하게 마련인데, 같이 식사하기로 했던 손님이 어제 술자리가 있었기에 오늘은 청국장이나 먹자고 해서 우리 둘은 그런 식당을 찾기 위해 이 골목 저 골목 돌아다니다가 우리가 원했던 청국장 집은 없어서 기사 식당이라고 크게 써 있는 곳으로 들어가 보자고 했다.

그곳은 손님들이 식사하는 모습이 창밖에서 훤히 들여다보여서 직장인들이 많이 왔다는 걸 바로 알 수 있어 우리들은 무의식적으로 빨려 들어가 주방 앞에 자리하여 메뉴판을 쳐다보며 "가정식백반 둘이요!"했다.

식사가 나올 때까지 남자 한분과 여자 두 분이 써빙하는 모습을 보면서 "인상이 환해서 좋네"라는 느낌을 받았다.

2층 다락방에서 부르는 손님한테도 잽싸게 "네"하고는 올라갔다 내려오고 새 손님 들어오면 "어서오세요"하고 말 뒷끝을 올리며 명랑하게 인사하고 가시는 손님에게는 "또 오세요, 감사합니다"라고 인사하는 목소리가 아주 밝았다. 우리 밥상에 올라온 반찬류도 정갈스러웠고 국으로 나온 만두떡국도 맵시 있어 보였으며 나중에 올라온 누룽지가 들어있는 숭늉은 오랜만이기도 했지만 보기만 해도 속이 시원해질 것 같았다.

우리 둘은 밥을 먹는 동안 "야! 잘한다, 이 집"하면서 동행했던 내

제3장 어둠 속의 외출

손님은

"저녁은 뭐 하나"하면서 메뉴판을 다시 봤고 나는 "우리 직원들 데리고 와야지" 생각하며 맛있게 점심을 하고 "잘 먹었습니다" 했고 그들은 "감사합니다, 또 오세요"하고 합창했다.

들어갈 때부터 느꼈던 환한 인상이 우리 눈과 머릿속에서 맛있는 음식이라고 느껴져 진짜 맛진 점심을 먹었다.

조만간 또 가야지!

청죽헌(靑竹軒)의 감나무

청양의 어느 산중턱에서 조용하게 주인을 기다리고 있는 B선배님의 별장에 들르게 되어 주변에 있는 계곡에 겨울에도 물은 흐르는지 가보았고 수없이 많은 새가 짹짹거리며 분주하게 드나드는 계곡 건너편 대나무 숲도 쳐다보고 별장입구에 집단으로 모여 사는 진녹색의 대나무 잎도 직접 만져보며 맑은 공기와 졸졸졸졸 흘러내리는 깨끗한 겨울 계곡물을 맛보며 나뭇잎 하나도 없이 가지만 길쭉길쭉하게 드러나 보이는 은행나무와 아직까지도 연시가 꽤나 많이 달려있는 감나무도 내 눈에 들어왔다.

우리와 동행한 A선배가 감나무에 다가가서 제일 낮게 달려있는 감을 따서 먹어보더니 두개를 더 따다가 나에게 주길래 맛있냐고 물으니 빙그레 웃으면서 일단 먹어보라고 한다.

나는 겉모양도 쭈글쭈글해 보이고 철도 지났기에 별 맛이 있겠는가 의심하면서 못생긴 감 하나를 껍데기를 대충 벗겨 맛을 보았는데 이게 웬일인가 너무 달고 맛있어 나머지 하나도 홀딱 먹어 치웠다.

별미의 겨울 연시를 먹은 후 A선배께 왜 이렇게 단지 모르겠다고 했더니 나무에 오랫동안 매달려 있다보니 자연적으로 수분이 증발되어 당도가 높아진 거란다.

B선배가 월동 점검하느라 별장 내·외부를 왔다갔다 하길래 나는 A선배에게 이 별장에는 푸르른 대나무도 있고 맛있는 감나무도 있으니

이름 하나 있어도 괜찮겠다고 했더니 A선배는 '청죽헌(青竹軒)'이라고 하면 되겠네 하길래 그 이름을 듣고 보니 참 잘 어울린다고 생각되었다.

 나는 옛부터 대나무가 그려진 연하장을 선호했었고 대나무 밭을 신기하게 생각했었고 그 꼿꼿한 줄기에서 절개를 지키는 사람을 느꼈다.

 또한 철지난 감나무의 연시를 보면서 매사에 있어 겉만 보고 못생겼다고 무시할게 아니라 그 속까지 파악하고 판단을 내려야겠구나 하는 작은 진리를 배웠다.

흑과 백의 만남

일본에서 오랜 기간동안 식당일을 하는 부인을 둔 N과 외아들을 지극정성으로 혼자 돌보는 P, 소박한 모습으로 자기의 삶에 어느 정도 만족하면서 열심히 살아가는 L, 그리고 외동딸아이에게 부부 모두가 헌신적으로 투자하는 즐거움에 살고 있는 J, 이 네 명은 몇 년 전부터 흑과 백의 주말 만남에 나와 함께 해왔다. 우리는 각각 군포, 의왕, 안양, 서울, 과천에 살면서 일주일에 한두 번 정도를 목표로 바둑 게임을 즐기려고 성실하게 모임에 참가하는 소박한 사람일 뿐이다.
　다섯 명의 가장 큰 공통점은 법이 없어도 살 수 있는 사람들이라는 점과 바둑도 좋아하지만 바둑보다는 서로의 얼굴을 보고 싶어 모이는 흑과 백의 동호회라고 할 수 있다.
　다섯 명이 모두 모여 5인의 열전을 리그로 진행하게 되면 총 10게임을 치르는데 1인당 4게임을 두어 각자의 전적에 따라 1등부터 5등까지 순위가 결정되며 각 순위에 따라 약간의 차등을 두어 기금을 모아 그 날의 비용을 충당한다. N은 우리 모임의 맏형님으로서 언제나 여유와 양보를 잊지 않고 좋은 매너를 동생들에게 보여주시는 분이고, P는 뒤늦게 바둑 만학에 열중이고, 우리모임의 중심인물 역할을 맡고 있는 나와 동갑내기이며, L은 막둥이 회원으로서 담배를 맛있게 피우며 매번 P와 함께 모임장소에 나타나는 편이고, J는 저 멀리 서울에서 사람 얼굴 보려고 지극정성으로 안 빠지려고 애쓰는 스타일이며, 나는 등산

과 헬스클럽 그리고 이곳까지 1일 3역을 목표로 일요일을 최대한 바깥에서 분주하게 활동하는 스타일로 지방에 갈 일이나 예식이 없으면 거의 100% 참석하는 편이다.

그런데 돌이켜보면 이 모임은 뚜렷한 이슈도 없이 자진 참여형으로 운영되는 형태이지만 보이지 않는 결속력이 숨어있어 누구라도 참석을 못하게 되는 날이면 대단히 죄송스럽게 생각하는 분위기가 깔려있는 독특한 비공식적 조직 문화를 품고 있다.

그간 나는 이왕이면 다른 모임보다도 더 여러 가지 역할을 할 수 있는 만남으로 승격시켜 보려고 시도해 보았지만 이 모임의 독특한 분위기가 쉽게 변화되지는 못하는 것 같아 지금 이 상태가 가장 좋고 자연스러운 것 아닌가 싶어 이제는 회원들의 의식에 맞추어 흘러가고 있는 것이다. 대부분의 모임이 회칙도 정하고 회비도 거두어 조직화 하려는 속성이 강한데 반하여 우리 모임은 외유내강의 모습으로 무너지지 않는 바둑과 꼭 같은 것을 느낀다.

성탄절의 변화

나 이 오십 넘어서 맞이하는 성탄절을 20세 전후의 추억을 떠올리며 비교해 보니 수용자세가 너무 판이했다.

아마 내 기억으로는 고등학교 2학년 때부터 크리스마스이브 행사에 참가하기 시작했던 걸로 생각되는데 그때는 인천친구 K의 집을 무대로 추억을 만들었는데 24일 저녁 일곱 시경에 모여 같이 식사하며 기타치고 놀다가 25일 0시가 되면 모두 길거리로 뛰쳐나와 다른 무리들의 야행성 움직임을 구경하면서 들뜬 기분으로 떠들며 추운 날씨를 헤매다가 새벽에 다시 K의 집으로 들어와 늦잠 자고 있으면 아침 먹으라고 깨우시는 친구 어머님의 성화에 못 이겨 억지로 일어나 밥 먹고 점심시간 되기 직전에 헤어져 귀가해서 모자란 잠을 각자의 집에서 보충했으니 정작 25일 성탄절 날은 잠만 자다가 끝나는 하루였다.

30여년이 지난 이번 성탄절 이브에는 몇 사람 안 나온 헬스클럽에 저녁 7시경에 도착하여 술독과 땀을 빼며 여유작작 평화롭게 이 운동 저 운동 하다가 집에 들어가 간단하게 저녁을 때우고 밤 11시 조금 넘어서 잠자리에 들어 25일 아침 일찍 지하철을 타고 아침 겸 점심을 먹기 위해 만남 장소로 이동하면서 지하철의 따뜻한 의자에 앉아 모자를 눌러쓰고 졸고 있는 사람을 비롯하여 대부분 술에 취해 졸고 있는 20

대를 보면서 30년이 지난 시절의 추억을 더듬어 보고 있는 것이다.

출입문 쪽을 보니 천정에 달려있는 TV에서는 사오십 대 아줌마들의 락-밴드가 소개되며 "내가 좋아하는 일 하는데 나이가 무슨 장애가 되느냐?"라고 인터뷰하는 모습을 보니 인천 K친구네 집에서 30여 년 전 크리스마스이브 때 '몸부림스', '발부림스'라고 자칭하며 참석자 모두가 미치광이처럼 밴드 연출을 했던 기억이 떠오른다.

그런데 그 당시 우리의 멤버들은 지금 이 시간에 뭣들 하고 있을까?

앞으로 또 10년쯤 지나면 나는 어떤 모습으로 성탄절을 맞이하고 있을까?

시간을 잃어버린 마을을 찾아서

동지 팥죽

동지(冬至)는 이십사절기 중 하나로 보통은 12월 22일 경으로 알고 있었는데 금년에는 12월 21일 오늘이라고 아침에 나오면서 라디오 방송을 통해서 알게 되었다.

북반구에서는 밤이 가장 긴 날이고, 우리 풍습에는 액운을 막는다는 민속적 시식(時食)으로 동지 팥죽을 쑤어 집안 여러 군데에 뿌린 뒤 팥죽 안에 들은 새알심을 세며 서로의 나이 얘기를 하면서 식구들이 둘러 앉아 먹던 기억이 난다.

옛날에는 설탕이 비싸고 귀해서 팥죽 먹는 날에는 설탕을 듬뿍 쳐서 그동안 못 먹던 걸 보충이라도 하듯 형제지간에 서로 많이 넣으려고 눈치 보던 생각도 떠오른다.

결혼해서는 불철주야 직장생활에 열중하느라고 밤늦게 퇴근해서 밥상에 앉아 팥죽을 차려 놓은 걸 보고 동지구나 하고 깨달았다.

그리고 요즘 와서 스스로 생각이 바뀐 것을 알게 되었는데 여태까지는 동짓날이라고 하면 겨울이 점점 추어지면서 밤이 계속 길어진다고 무의식적으로 느껴왔었으나 몇 년 전인가 부터는 동짓날이 밤이 가장 길다고 하니 내일부터는 낮 시간이 조금씩 늘어가겠구나 하는 생각이 들었다.

물론 후자가 맞는 말이겠지만 나이가 들어가면서 앞날에 대한 희망과 기대가 줄어드는 것보다 조금씩이라도 늘어나는 걸 바라는 마음이

간절하기 때문일 것이다.

  며칠 후면 또 한 살 더 먹게 되는데 이젠 나이도 그만 먹었으면 좋겠다고 생각하지만 또 한편으론 길어만 가는 한국인의 평균수명이 노후 대비를 더 고민하게 만드는 것은 나도 모르게 오래 살고 싶다는 마음이 내 가슴 깊은 곳에 숨어 있는 게 아닐까 싶다.

  앞으로도 4반세기를 더 살려면 새로운 각오로 여생을 잘 설계해야겠다.

올바르게 베푸는 문화

연말 연시에 즈음하여 불우이웃을 돕기 위해서 수많은 단체가 제 각기 여러 가지 방법과 규모로 훈훈한 사회 만들기에 일익을 담당하고 있다.

그런데 후원자가 현명하고 효과적으로 불우이웃을 도우려면 그들이 어떤 어려움에 처해있고 어떤 도움을 받아야 현실적인지를 먼저 알고 접근해야 한다.

내 맘대로 내 중심적으로 생각하고 행동하기보다는 상대방의 입장과 마음을 헤아려서 행동해야 올바르게 대접하는 것이다.

원래 손님을 맞이하여 시중을 들 때는 상대가 원하는 방식으로 베풀어 주어야 그 손님이 대접 잘 받았다고 느끼게 되는 것이다.

가정에서는 가족들이 원하는 것을, 회사는 직원들이 진정으로 바라는 것을, 국가는 국민이 가장 소원하는 것을, 장사할 때는 손님이 무얼 좋아하고 있는지를 정확하게 알아야 그들에게 올바르게 베풀 수가 있는 것이다. 그러나 내 스타일로 하여 손님이 거꾸로 시중들게 한다면 접대를 하는 게 아니라 대접을 받는 꼴이 된다.

가정교육에서도 아이들이 진정으로 원하는 것을 알아내서 도와주는 것이 진정으로 사랑이요 올바른 자식 육성이 아닐까. 요즘 엄마들은 자기애들이 조금 뒤떨어지면 해외로 눈을 돌려 현실을 피하면서 해외유학이란 방법을 채택하는데 이것이 과연 장기 안목적으로 자녀들에

게 올바르게 베푸는 것일까? 회사에서 이익을 창출해서 직원들과 성과를 나눌 때 과연 그들이 원하는 방향과 내용으로 베푸는 문화를 정착시켰는가를 되돌아보는 것이 그 기업의 수명을 좌우한다.

궁극적으로 올바르게 베푸는 해법은 항상 그네들 즉 상대방 입장에서 생각해 보라는 것이다.

그들의 입장이 될 수 있다면 이미 답은 구한 것이기 때문이다.

진정한 기쁨과 만족을 얻었다고 생각되면 이제부터는 베푸는 일에서 행복을 찾는 것이다.

세계적으로 유명한 커피전문점인 스타벅스의 CEO가 한 말이 생각난다.

"나는 고독한 승자가 되고 싶지 않다. 많은 사람들과 환호하며 승리의 결승점에 이르고 싶다."

어쨌든 베풀려고 하는 마음을 갖고 살아가는 것이 행복한 사람이 아닐까 싶다.

방 석

나는 음식점에 갈 때마다 같이 간 사람이나 음식점 종업원에게 제발 방석 좀 던지지 말라고 손을 내젓는 버릇이 생겼다.

햇빛이 비치는 창가를 바라보고 있노라면 뒤늦게 들어온 손님들이 옆자리에 앉기 전에 건네주며 던지는 방석이 방바닥과 마주칠 때 생기는 먼지는 말도 못하게 많다. 교통질서 캠페인 같은 프로그램은 TV방송에서도 많이 볼 수 있었는데 내가 걱정하는 방석 던지는 모습은 한 번도 못 봤기에 안타깝다. 만약에 음식점에 있는 방석이 돈으로 가득 찬 돈방석이라면 이렇게 무례하게 던질 사람이 있겠는가.

방바닥에 앉아서 먹는 우리네 식사문화는 쉽게는 바뀔 수가 없겠지만 방석을 던지며 옆 사람은 물론 본인도 그 먼지를 코와 입과 음식으로 다 먹어야 하는 장면을 생생하게 화면으로 보여 준다면 누구나 달라질 수 있으리라 본다. 왜냐하면 우리 인간은 자기가 손해 보는 일에는 궁색하기 때문에 방송으로 캠페인하거나 스티커로 홍보활동을 강화한다면 빠른 시간 내에 고쳐지리라 믿는다.

아울러 등산예절에 대한 캠페인도 병행되어 우측통행이냐 좌측통행이냐, 오르는 사람이 우선이냐 내려오는 사람이 우선이야, 좁은 길에서는 어떻게 피해주는 게 상대방에 대한 예절이냐를 허영호 같은 세계적인 산악인이 방송을 통해서 홍보해 준다면 주말의 서울근교 산행이 더욱 즐거워지고 하산 후 방석 안 던지는 음식점에 앉아 보리밥과 청국장으로 한 끼 식사를 같이 한다면 몸과 마음 모두가 즐거우리라.

제3장 어둠 속의 외출

어둠 속의 외출

식구 4명중 세 사람이 탄 우리 집 차는 1월 하순 이른 아침의 어둠 속을 헤치며 라이트를 모두 켜고 바쁘게 출근하는 월급쟁이들의 차량 무리 속에 끼어 서울로 진입하고 있었다.

군에 입대한 아들의 카투사 교육 졸업식에 참가하기 위해 간밤에 잠도 제대로 못 이루고 새벽부터 설치기 시작한 집사람과 마침 방학 중인 딸 그리고 두개의 음식 짐 보따리와 함께 목적지인 경기 북부지역으로 가는 도중에 양재동에 있는 대형 슈퍼마켓에 들러 무언가를 더 사려고 여자 둘은 내리고 나는 승용차 뒷자석에 그대로 남아 라디오를 들으며 잠시 군복무 시절의 추억에 잠겼다.

약 30년 전에 병역의무를 다했던 우리 또래와 지금의 아들세대는 너무나 많은 격차가 있어 문화적, 물질적으로 비교하는 것 자체가 무리인 것 같았다. 군대 생활의 질은 나라의 발전에 비례한다고 생각되었다.

교육훈련부대 정문 출입구 앞에는 많은 가족들이 긴 줄로 서서 손에 손에 보따리를 들고 입장을 기다리고 있었고 맨 앞에서는 신분증 확인 절차를 받으며 하나씩 들어가고 있었다. 우리 가족 3명도 이런 식으로 부대에 들어가 보니 'WE TRAIN THE BEST'라고 쓴 글이 우리를 제일 먼저 반겼다.

최고만을 훈련시킨다니 부모로서 흐뭇한 마음을 느끼게 했다.

가족대기실에 들어가니 그동안의 훈련모습을 담은 비디오테이프를

보여주고 오늘의 행사를 안내하는데 1950년 7월에 시작되었다는 KATUSA제도에 대한 설명도 곁들였다. 시간계획에 따라 자랑스런 아들들이 교육훈련 졸업식을 기다리고 있는 식장으로 모두 옮겨 난생 처음으로 한·미 양국 군인들이 합동으로 진행하는 군대행사를 함께 한 후 진짜로 기다렸던 가족 면회시간이 되어 짐 보따리를 풀고 아직은 설익은 병사와 한 쪽 테이블을 차지하여 준비해 온 음식을 들며 정겨운 이야기를 오랜만에 전 가족이 모여 나눌 수 있었다. 식사 후에는 기념 촬영을 위하여 이곳저곳 배경이 좋은 데를 골라 온 가족이 함께 한 사진을 몇 커트 남겼다.

  1시간이 조금 넘는 면회시간은 금방 지나가 장병들을 수송할 차량이 다가오기 시작하고 가족들은 부대 밖으로 나가면서 작별인사를 나누었다.

  나는 아들에게 모든 것을 긍정적으로 받아들이고 건강과 어학을 BEST로 듬뿍 가지고 돌아오라며 악수를 청했다.

토스트 향기(2)

전날 밤에 술을 먹은 후 아침 일찍 집을 나서며 우리 집에서 10미터도 안되는 곳에 있어야 할 아주 작은 경트럭은 웬일인지 보이지 않았으나 지하철 입구로 돌아가는 건물 모퉁이의 '토스트향기'는 올 들어 가장 추운 날씨에도 변함없이 문을 열고 손님을 기다리고 있었다.

어제 밤에 아주 늦게 귀가할 때에도 '토스트향기'에는 주인아줌마의 아들로 보이는 고등학생이 자리를 대신 앉아 오뎅을 팔고 있었다.

사실 우리 집 바로 코앞에 있는 경트럭에는 두 자매가 아침 출근 시간대에만 토스트를 팔고 저녁에는 장사를 하지 않는 것이 아마도 다른 일을 위한 기초자금 마련 아니면 학교 졸업 후 취직이 안 되어 생활비 조달을 위해 미봉책으로 이 장사를 하고 있는 거라고 추리해 왔다.

이 두 군데의 공통점은 경트럭에서 이동식 토스트 가게를 한다는 것이고 다른 점은 한 쪽은 엄마와 아들이 처절하게 생계유지를 위해 새벽부터 밤늦게까지 장사를 하는 것이요, 다른 쪽은 여자 형제 둘이서 차 위에 나란히 앉아 아침에만 문을 연다는 점이다. 역시 아줌마네 토스트향기는 온 식구가 먹고 살아야하고 자식을 키우기 위해서라도 밤낮 안 가리고 전력투구하는 모습을 볼 수 있고 자매간에 하는 토스트 가게는 아직 자식도 없어 그렇게까지 생업전선에 목맨다는 자세가 아니라 겉으로 봐도 아르바이트 수준으로 비쳐진다. 자식이 무언지 나도 부모 입장이지만 아무 조건 없이 키우고 투자해야 된다는 의무감이 '토스트향기'의 아줌마에게도 똑같이 느껴지는 모양이다.

구정 전날의 세상풍경 보기

아빠가 자녀를 데리고 집 근처의 산을 오르는데 딸은 계속 등산하기로 했고 아들은 아빠와 함께 우측으로 방향을 틀어 3부 능선쯤에 위치한 체력단련장으로 내려갔다.

애들 엄마는 집에서 설맞이 음식을 준비하느라 식구들과 동행하지 못했다. 약수터에 있는 체력단련장에서 칠십대 노인 여러분이 나름대로의 방식으로 웨이트 트레이닝을 하는 모습을 보며 내가 어렸을 때는 칠순의 동네 노인도 보기 드물었지만 지금처럼 체력단련장이니 운동이니 하는 것은 상상도 못할 일이었다.

군에서 휴가 나온 머리가 짧은 아들과 동행한 아빠가 약수 한 사발을 둘이 나눠 들이키고 난 후 사십분쯤 열심히 윗몸일으키기와 역기를 들고나니 혼자 산봉우리로 향했던 딸이 이곳으로 내려와 세 사람은 이런저런 얘기하며 집으로 돌아왔다.

현관문을 여니 전 부치는 냄새가 온 집안을 진동하여 셋 다 입맛을 다시고 있는데 엄마가 겉 표면에 기름이 지글지글 끓고 있는 녹두빈대떡을 한 접시 건네주자 몇 젓가락씩 맛나게 들고나니 시장기가 가셨다.

빈대떡을 다 굽고 군대가기 전에 아들이 제일 좋아했던 회덮밥을 먹으러 식구가 집을 나서 가락시장에 있는 식당에 들러 자리를 잡았는데 옆 좌석에는 40대 중반의 아들과 칠순의 노부부가 분홍색 보자기로 싼 선물꾸러미를 옆에 놓고 식사를 하고 있었다.

아빠가 군에서 휴가 나온 아들에게 손가락으로 옆을 보라고 가르키면서 "너의 20여년쯤 후의 모습이다"라고 했더니 애 엄마가 싱긋 웃었다. 이 와중에도 옆자리의 할머니가 반찬 한 젓가락을 아들에게 건네주는 장면을 보며 자식사랑은 평생 A/S라는 말이 실감났다.

아마도 이 집은 며느리들이 모여 설음식 준비하는 동안 아들이 노부모님 모시고 장보러 나온 김에 평소에 못했던 효자 노릇하는 것으로 느껴져 가슴이 찡했다.

이쪽 좌석에는 주문한 음식이 나와 모두가 맛있게 먹는 중에 애 엄마는 아들의 그릇에 회 몇 조각을 더 건네주며 많이 먹으라고 하는 모습이 조금 전 옆 좌석의 노모와 어쩌면 저렇게 똑같을까 하고 경탄하지 않을 수 없었다.

내일 아침 큰 집에 가면 형수님도 아들 삼형제와 두 며느리 그리고 손주 녀석에게도 똑같은 심정으로 사랑을 듬뿍 담아 건네줄 것이라고 생각하며 돌아가신 부모님과 형님의 얼굴을 떠올려 보았다.

딸과 아들과 함께한 구정 전날의 세상풍경 보기는 난생처음이었지만 아름답게 기억될 것이다.

노예는 싫다 그러나 사랑하고 싶다

일년 반 넘게 노후 대비 장기 건강프로그램으로 헬스클럽에 등록하고 나서 가끔은 운동을 매일 반드시 해야만 된다는 강박관념에 사로잡혀 또 하나의 스트레스를 받는 건 아닌지, 이러다가 내가 운동을 하는 게 아니라 운동이 나를 강제하는 건 아닌지 생각해보았다.

건강을 위해 하는 운동이니만큼 정신적으로도 스트레스 받지 않고 언제나 기쁜 마음으로 빈도와 강도에 연연하지 말고 운동부족으로 비만, 고혈압, 당뇨, 협심증, 감기, 몸 결림 현상 등이 오지 않을 정도로 꾸준하게 그리고 성실한 자세로 농땡이 부리지 않고 적절한 수준을 유지하고 싶다.

즉, 내 몸과 마음을 균형 있게 건강하게 해주는 운동을 사랑하겠다. 사회에 진출한지 벌써 4반세기가 훌쩍 넘어선 오십대 초반의 나이에 지나간 세월을 뒤돌아보니 FILA의 윤윤수 회장 말대로 "나는 적당히 일한 적이 없고 요행을 바란 적도 거의 없으며 남을 짓밟거나 이용해 나만 잘되려고 한 적도 없다. 다만, 일하는 것 자체에서 성취감을 맛보았고 최선을 다했을 때 행복함을 느꼈으며 기본을 지키려고 항상 노력해 왔다."

요즈음의 생각으론 내가 하는 일을 사랑하며 누구의 간섭이 없이도 내가 할 일 내가 알아서 하여 소리 없이 후원하는 역할을 하고 싶으며 그간의 경험(부모님에 대한 효도, 회사의 업무처리 방식, 고민거리를

제3장 어둠 속의 외출

해결하는 자세, 사람을 만드는 정성, 그 어떤 것도…)모두를 아낌없이 건네주고 싶다. 젊었을 때처럼 오직 직장 일에만 몰두하여 휴일도 없이 가정에 소홀하고, 친구와 만나도 "회사, 너 혼자 메고 다니냐"는 소리 들으며 일 중독자처럼 취급받기는 싫다.

 진짜로 나의 삶을 풍요롭게 하는 역할을 일을 통해서 찾고 싶다. 돈벼락도 맞고 싶지만 돈의 노예가 되어 물불 안 가리고 다른 사람은 정신적 물질적 피해를 보든 말든 나만 벌면 된다는 식의 소유욕구과도증 부자는 되고 싶지 않다.

 또한 번 돈을 적당하게 쓸 줄도 몰라 주변 사람들로부터 손가락질 받는 것도 싫고 오로지 돈 버는 데에만 급급하여 자기 자신을 위해선 한 푼도 못쓰고 덜덜 떨며 아름다워야 할 노후에 건강이 뒷받침 되지 못하니 병원에만 좋은 일 다 하고 본인은 환자 복장으로 하루하루를 빼앗기는 미련한 부자가 되고 싶지도 않다.

 그저 주변 사람들에게 신세 안 지고, 부모자식 간에 서로 상식에 벗어난 기대와 부담 안 갖고, 아는 사람 만나면 음식값 먼저 낼 정도 되고, 건강한 모습으로 가고 싶었던 곳 여기저기 찾아다닐 돈 있으면 되는 것 아닌가.

 자식들도 그저 법 잘 지키고 평범한 가정 꾸며 오순도순 살면서 남매 간에 항상 보고 싶은 얼굴이 되어 부모 생전이나 사후에도 똑같이 우애로이 지냈으면 하는 바람이다.

 그러면서 가족의 소중함을 잊지 않고 서로 사는 곳은 달라도 마음은 언제나 하나 되어 보살피고 기댈 수 있는 사랑을 주고받는 그런 자식들이 돼주길 바란다.

시간을 잃어버린 마을을 찾아서

오해와 이해

오이밭에서는 허리를 굽히지 말며, 오얏나무 아래선 갓끈 고쳐낼 엄두도 내지 말라는 말은 남에게 오해 받을 일은 근본적으로 피하라는 뜻이다. 살아가면서 부부지간에도 부모자식 간에도 친구사이에도 직장 동료와 상하 간에도 거래업체 간에도 오해가 생기는 일은 빈번하다.

정치인들처럼 표현을 애매하게 하여 상대방으로 하여금 잘못 해석할 여지를 만드는 경우도 있지만 같은 말을 들어도 각자 자기의 형편에 따라 해석하여 다른 뜻으로 잘못 이해되는 경우도 많다.

또한 대화가 단절되다 보면 각자의 생각의 나래를 펴기 때문에 시간이 흐를수록 그 간격은 멀어지게 되어 급기야는 서로를 잃게 된다. 오해는 대화를 갖게 되면 바로 잡을 수 있는데 문제는 누가 먼저 말을 걸어오느냐는 자존심이 뒤에 숨어있어 용기 있는 사람이 필요하게 된다.

나 같은 경우에는 술 먹는 자리를 좋아하기 때문에 어떤 고민이나 오해가 생기면 일차적으로 술좌석을 만들려고 생각하게 되고 자리가 마련되면 우선 상대방의 의견을 경청한다는 마음의 자세로 대화에 임한다.

이렇게 하다보면 상대방을 존중하는 자세가 보이므로 쉽게 해결되는 경우가 많다. 나는 젊은 사람들에게 '이해' 라는 뜻을 설명할 때 'Understand' 라는 영어단어를 자주 인용하는데 "남을 이해한다는 것

은 내가 상대방보다 Under(아래에)하게 Stand(서면)하면 상대방은 나를 내려다볼 수 있는 눈높이가 되고 나는 상대방을 올려봐야 되는 위치가 되므로 둘이 빳빳하게 서서 눈높이가 같은 위치에서 눈에 힘주고 이야기할 때보다 내가 몸을 낮추어 상대방의 용서를 바라는 자세가 되니 긴장도 풀리며 이해도 구해낼 수 있다는 것이다"라고 말한다.

오랜만에 만난 친구 녀석이 어느 후배와 그간에 생긴 오해를 풀었다며 역시 대화가 중요하다는 것을 강조하는 모습을 보며 "너도 이제 남을 이해하려는 자세가 되었구나"하는 생각을 하면서 왠지 기분이 좋아졌다.

요즘 들어 나는 주위사람들에게 "이젠 새로운 사람 사귀기도 어려운 나이니 그간에 알게 된 사람 하나라도 잃으면 안 된다"고 강조한다.

이해와 오해는 글자 한자 차이인데 그 다른 것을 같게 하기 위해서는 내 마음을 열고 대화를 시작하는 자세만이 필요할 뿐이라고 다시한번 느꼈다.

시간을 잃어버린 마을을 찾아서

눈

어젯 밤 뉴스에서 오늘 새벽 1시경부터 중부지방에 대한 대설주의보가 예상되었는데 아침 일찍 TV를 켜보니 일기예보대로 경기 북부지역 등에는 밤새 눈이 내려 쌓였고 우리 동네는 이제 눈이 막 쏟아져 내리려고 하늘이 잿빛인데 아침식사 후 집을 나서니 눈발이 제법 뿌리고 있었다.

집사람은 딸과 함께 아침식사를 하는 중에 아들이 훈련 나가는데 그 지역에 눈이 많이 온다고 걱정하였고 집을 나서는 나에게는 저녁에 길 미끄러우면 차 끌고 오지 말라고 당부한다.

엘리베이터를 혼자 타고 지하 주차장으로 내려가면서 이제 눈이 와도 옛날 같으면 관심도 없던 지역까지 걱정을 해야 되는구나 하는 생각이 들었다.

차를 타고 도로로 나와 보니 눈이 꽤나 많이 내려서 와이퍼도 작동시키고 주행속도도 낮추며 헤드라이트를 켜고 운전하면서 라디오를 켜니 유시민 의원이 열린우리당은 개혁과 개방이 필요하다며 인터뷰 하는 내용이 흘러나오고 있었다.

20세 전후 때 눈이 오면 명동에 있는 세종호텔 지하의 보난자라는 다방에서 모이기로 했던 친구들과의 약속이 추억 속에서 다시 살아났다. 아울러 '정직한 사기한'이라는 45분 단막극을 명동 YWCA홀에서 한달 준비 끝에 공연했던 일생일대 단 한번의 추억, 그리고 그 당시

제3장 어둠 속의 외출

우리 친구들이 자주 모였던 광화문 국제극장 뒤에 있던 해양다방, 그 후로 언제부터인지 잘 몰라도 우리의 새로운 아지트였던 용산역 건너편에 있던 이름이 잘 기억나지 않는 지하다방 등 오늘의 눈과 연상되는 30년 전의 추억들이 주마등처럼 스치고 지나갔다.

그때의 친구 중에는 이미 작고한 사람도 있고 수만리 먼 지역에 이민 가서 사는 사람들도 있고 각계각층에서 서로 다른 모습으로 늙어가고 있는 중이다.

눈도 이와 같이 세월에 따라 달리 느껴진다는 사실을 오늘에야 깨달았다.

시내버스

1966년부터 6년 동안 내가 중·고등학교 다닐 때처럼 콩나물시루 버스는 아니었지만 아주 오랜만에 출근시간에 타 본 시내버스는 역시 직장인들로 꽉 찼다. 강남 쪽으로 가까이 접근할수록 많은 승객들이 하차하는 모습을 보며 내가 이 시간대에 가장 나이 많은 사람이구나 하는 생각이 들었다.

나의 중·고등학교 시절처럼 버스표가 아니고 카드인식기에 지갑 채 대고 승·하차하는 모습은 전혀 딴 세상처럼 느껴졌다.

삼각지에서 만리동 고개의 학교까지 전체구간을 걸어가도 30분이 안 걸렸고 버스를 타고 갈월동에서 내려서 걸어가거나 서울역 지나자마자 염천교 건너편에 내려서 걸어가도 시간은 비슷하게 걸렸다.

아마 지금 이 나이에 걸어간다면 1시간 반 내지 2시간은 걸리지 않을까 생각되는데 뉴욕에 사는 현웅이가 나오면 일부러 내가 태어난 삼각지로 가서 그 시절을 회상하며 만리동 고개 월계수 있는 자리까지 걸으며 인생의 뒤안길을 얘기하고 싶다.

하교시에는 만리동에서 효창운동장을 거쳐 이촌동까지 현웅이와 걸어오면서 자장면도 사먹고 또는 지금의 서부역 건너편에 있던 기원에 가서 바둑을 배우던 추억이 지금도 생생하다.

등·하교시에 버스를 타게 되면 그 당시 차장이라고 불렀던 버스 안내양이 배나 엉덩이로 승객을 밀어 넣고 "오라이!" 하고 소리치면 운

202 제3장 어둠 속의 외출

전수 아저씨가 일부러 핸들을 왼쪽으로 틀었다 휙 하고 오른쪽으로 갑자기 돌리면 승객이 휘청하면서 그 사이에 안내양은 버스 문을 닫을 수 있었다.

우리 집은 행길 가에 있었는데 대로 한가운데에는 전차가 다녔고 언젠지 기억은 잘 나지 않지만 고등학교 가기 전에 철거된 것 같다.

90년대 초에 일본 히로시마에 가보니 내 어릴 적 그 전차가 운행되고 있는 모습을 볼 수 있었다.

하루 종일 연구소 운영 관계 교육을 받으면서 피교육자만 되면 언제나 졸리기는 마찬가지구나 하는 생각이 들었다.

돌아오는 버스에는 아직 퇴근시간이 조금 덜 되어서 그런지 출근시간 때보다 넉넉했다.

우리 아이들은 아빠의 콩나물시루 시내버스 광경을 상상도 못하고 자라왔으니 저 후진국의 못사는 나라 일로 그냥 지나치겠지….

시간을 잃어버린 마을을 찾아서

오십견지송(五十肩之松)

5월 중순의 석가탄신일, 아침 7시에 우리들은 여느 일요일처럼 청계산 등산로 입구에서 만났다. 산에 오르며 조물주가 만들어 놓은 천태만상의 초록빛을 내 눈 속에 흠뻑 담고 절절절절 힘차게 소리내며 자기가 존재하고 있다고 알리는 계곡의 흐르는 물을 느끼면서 능선을 향하여 동에서 서로 향하고 있었다.

능선에 도달하기 전에 너무나 깨끗해 보이는 계곡물이 우리를 몇 번씩 잡아당겨 입도 부시고 물맛도 음미해 보았다. 능선을 넘어 서울대공원이 보이는 쪽으로 내려가기 시작하니 햇볕은 느낄 수가 없고 산속의 특유한 시원함이 땀으로 젖은 등을 말끔하게 말려주었다.

지난번 등산 시에 발견한 오늘의 목적지에 도착하여 우리 네 명은 신문을 깔고 오렌지도 벗겨먹고 찬이네가 가져온 호두과자와 녹차 비스킷 그리고 시원한 꿀차도 마시며 쉬었다. 찬이 아빠는 소나무에 올라 아예 누워서 내가 건네주는 것을 받아먹으며 한참동안 내려오지 않았다. 이유인즉 오십세 전후의 나이에 많이 발생한다하여 흔히 오십견이라고 부르는 어깨 통증이 왔는데 이 소나무에 누워보니 통증이 사라지고 어깨가 너무 시원하다는 얘기였다.

그래서 내가 그 소나무를 '오십견지송(五十肩之松)'이라 명명하니 또 한쪽에선 한기가 느껴질 정도로 신선하다고 하여 '얼음골'이라고 했고, 망망대해처럼 느껴지는 눈앞에 펼쳐져 보이는 경치를 보면서 '산

중해(山中海)'라고 즉흥적으로 이름 지었다. 땀은 다 마르고 추위를 느껴 우리는 자리를 정리하고 계곡이 아름다우니 왔던 길을 다시 가기로 했다.

능선 동쪽으로 넘어오니 다시 햇빛이 우리를 따뜻하게 맞아 주었다. 내려오는 길에 가장 멋있게 보이는 계곡으로 내려가 발을 담그니 1분도 못 참을 정도로 발이 시려 몇 번을 반복하며 인내해 보려 했지만 너무 차가워 포기하고 발을 말리며 여름휴가도 이리로 오고 다음번에는 수박과 막걸리를 가져와서 흐르는 계곡물에 담갔다가 맛있게 먹어 보자고 얘기하고 있는데 어느 등산객이 하산하면서 "여기가 설악산이네" 하는 말이 내 귓가에 들려왔다.

여름휴가 때에 여기 오려면 새벽같이 와야 명당을 차지하겠다며 내려오기 시작했다.

오동나무가 와이(Y)자 거꾸로 형태로 땅에 있는 바위를 꽁꽁 묶어 버린 모습에 감탄하며 다 내려와서 절에 들러 나물 비빔밥과 절편을 얻어먹고 아침에 차를 세워놓고 갔던 음식점에 들려 생맥주 한 잔을 남자 둘이서 나눠먹은 후 도토리묵 무침에 동동주 몇 사발씩을 들이키니 세상만사 형통할 것 같았다.

윤활유

　　기계와 기계가 맞닿는 부분의 발열을 방지하고 마찰을 줄이기 위하여 치는 기름이 윤활유인데 한 마디로 얘기해서 둘 간에 부드럽게 해주는 역할을 하는 것이다.

　우리 딸아이는 해가 바뀌어야 평상시처럼 아침저녁으로 볼 수 있을 지역에서 생활하고 있고 아들 녀석은 두 시간도 채 안되는 거리에 있건만 2주에 한번 꼴로 주말에 같이 보낼 수 있는 형편이어서 아침식사는 거의 대부분의 날을 집사람과 단둘이서 하게 된다.

　그래서 내가 집사람에게 "애들 결혼해서 독립하게 되면 요즈음처럼 이런 풍경이 계속될 텐데, 우린 미리 예행연습 하는 셈이네"라고 말을 건네니 집사람 왈 "그래도 아들이 한 달에 두어 번 찾아주니 항상 기다려진다"고 자기의 심정을 드러낸다.

　내 생각으로도 아들 녀석이 본의 아니게 효자 노릇하는 것 같아 마음 한편으론 흐뭇하고 또 집에 오는 날이 언제인지 몇 번씩 집사람에게 묻곤 한다. 왜냐하면 부부지간에 윤활유 역할을 자연스럽게 해 주기 때문이다. 아들이 집에 오기 전날부터 집사람은 이것저것 준비하느라 바쁘고 얼굴에 생기가 돈다. 이러니 나이 들어 노부부 둘이서만 살게 되면 자식들이 오는 날이 얼마나 기다려질지 감히 예상이 된다.

　나는 사회생활을 하면서 늘 윤활유 역할을 많이 해온 것이 사실이다. 회사 내에서도 원활한 업무 협조를 위해서 그랬고, 친구지간에도 활성

제3장 어둠 속의 외출

화를 위하여 그랬으며, 형제지간에도 서로가 보고 싶은 얼굴이 되기 위해서 윤활유 역할의 중요성을 늘 생각했다. 이렇게 살아오다 보니 어떤 모임에 가서나 나의 역할은 늘 그렇게 평가되어 다른 사람보다 항상 중심에 서게 되어 바쁘게 된다.

　요즈음 우리 아들이 윤활유로써 자기도 모르게 큰 역할을 하듯이 나도 앞으로 계속적으로 자의든 타의든 생기 있고 능동적으로 많은 사람이 모두 좋아하는 성능 좋은 윤활유가 되도록 더욱 노력해야겠다.

　인간이란 사람과 사람사이에서 살아가는 사회적 동물이니까.

황혼 이혼

요즘 일본에서는 황혼 이혼이 유행이라는 소식을 얼마 전에 들었다. 내 방식대로 생각해보면 이해가 얼른 가지 않는 일이지만 다른 한편으로 접근해보면, 즉 부인 측 입장에서 보면 그럴 수도 있겠구나 하는 생각이 든다.

남편이란 사람이 한창 때를 지나 쇠퇴한 모습을 보이면 그만큼 매력이 없어지는 것이 마땅한 이치라고 생각할 수도 있겠지만 반대로 좋은 날, 구박받던 날, 기가 막혔던 일, 다시는 보고 싶지 않았던 사건, 아이들 키우며 가슴이 철렁 내려앉았던 일, 부자가 된 느낌을 받은 날, 이루 헤아릴 수 없을 만큼이나 많았던 사연과 흐르는 강물처럼 지나쳐 버린 세월이 범벅이 되어 황혼을 맞이하게 되는 건데 동반의 역사를 무 자르듯 잘라버린다는 것이 역사를 인위적으로 왜곡시키는 것만 같아 보인다.

사실은 황혼 이혼이 아니라 황혼이 되기 훨씬 전에라도 일찌감치 멀리해야 될 것이 담배와 도를 지나친 음주 버릇, 혼자 고민하기, 짜고 매운 음식 먹기, 한 달 내내 운동 한 번 안하기, 서적과 담쌓기, 버는 대로 써버려 저축 안하기, 남 흉보기, 매사에 부정적인 시각과 사고, 남 잘되는 것 보면 배 아프기 그리고 제일 중요한 게 욕심 부려서 망가지기 일 것이다.

이런 것들을 조기에 멀리해야 우리네 삶이 생기 있고 윤택해진다는 사

실을 깨달아야 한다. 나도 황혼 이혼 당하기 전에 가족우선으로 모든 사고와 행동을 지향하며 행복한 나날을 만들어 가야겠다.

사회적 지수

사람은 사회적 동물이라 하여 여러 사람들과 어울려서 살아가게 된다.

어렸을 때는 유아원과 유치원에서 난생 처음 공동으로 학습하며 친구를 사귀고 뛰어놀고 이어서 초등학교, 중·고등학교를 거쳐 필요에 따라 상급학교로 진학하고 군대에도 가고 그리고 본격적인 사회생활로 진입하게 된다.

이러한 일련의 과정 속에서 마음에 맞는 친구는 상대적으로 가까이 지내고 자기취향에 맞는 취미활동을 위하여 서클에도 가입하고 놀고만 싶고, 하기 싫은 공부에도 미래를 위하여 먹고 살기 위해서 충실해야 되고, 가기 싫은 군대도 병역법에 따라 의무적으로 입대하여 획일적인 집단생활을 하며 자기가 싫어도 참가해야 하는 합동훈련을 통해서 절제와 인내심을 기르고 연대의식을 배우게 된다.

학교 졸업과 군제대하고 나면 직장에 들어가는데 여기에선 입사하는 것부터 경쟁이 시작되어 끊임없는 평가를 받으며 살아남기 위한 노력이 절실히 요구된다.

이렇게 해서 남는 것이 중·고등학교 친구, 대학동창, 고향친구, 군대동기, 서클모임, 입사동기생, OB모임 등이다.

여기에서 다시 세분화 되어 등산모임이니 골프모임이니 봉사활동이니 향우회니 하여 일금회, 사금회, Y2K, 넷목회, 일공회, 육육회, 인

제3장 어둠 속의 외출

쓰리 바둑 기쁨조, OOO클럽 등등 기발하고 의미 있는 이름을 짓고 영원히 모임이 지속되길 희망하는 것이다. 나는 일요일에도 최소한 3가지의 활동을 하려고 생각하고 대체로 실행하고 있는 편이다.

아침 일찍부터 부부 등산을 시작하여 오전 중에 내려와서 아점을 먹고 난 후 헬스클럽으로 달려가 이런저런 기구를 활용하여 몸을 풀고 나면 여러 계층이 모여서 구성된 바둑 모임에 나가 저녁 늦게 귀가하는 것이 기본적인 패턴이고 여기다가 예식이나 가족 외식 또는 친구 만남이 간헐적으로 첨가되는 경우도 있게 된다.

집식구나 나를 잘 아는 사람들이 보기엔 엄청 바쁜 사람으로 느껴지는 게 당연할지도 모르겠다. 일년 중에 집에서 저녁식사를 하는 경우는 손꼽을 정도이니 어찌 보면 사회적 지수가 1등급에 자리하고 있다고 생각된다.

그러나 나는 사회적 지수가 높아야 건강관리도 인간관계도 정보수집도 하루하루에 대한 신나는 일과도 잘 만들어진다고 생각한다. 건강이 나빠지고 공식이나 비공식 조직에서 빠져나오거나 도태되어 버리면 본인도 모르게 좁아지고 자신감을 상실하고 매사에 피동적으로 되고 폐쇄된 사회적 동물이 되어갈 것이다.

그래서 나 같은 사람은 바깥 활동을 왕성하게 하려는 의지가 강하며 이런 의지가 꺾일 때는 여러 가지 여건이 나빠진 것이라고 자타가 인정할 것으로 예상된다.

사실 내가 말하는 사회적 지수를 높이기 위해서는 첫째는 부지런해야 되고 두 번째로는 사람 만나는 게 좋아야 하고 세 번째론 어느 정도의 자기희생이 뒤따라야 하며 마지막으로는 어느 정도까지 가족의 이해가 있어야 가능하다.

예를 들어 등산을 하더라도 부부지간에 일주일 동안 한번 찾아오는 소중한 대화의 시간이며 자연 속에서 진짜의 땀을 흘리는 기쁨이 머리

시간을 잃어버린 마을을 찾아서

속에 남아있어 일주일을 즐겁게 기다리다 산에 오르는 것이고, 골프모임도 사전 약속이 되면 우선 머릿속에는 그날을 소풍가는 날이구나 하고 기분 좋은 생각부터 하게 된다.

　막상 골프장에 나가서는 하루 종일 웃고 여러 사람 모두가 즐거워하는 모습을 보며 내 건강이 또 좋아졌겠지 하는 긍정적 사고를 하게 되니 골프모임이 기다려지는 것이다. 물론 시간과 비용은 이러한 높은 가치를 창출하는데 필요한 만큼은 투자되어야 함은 세상이치가 마찬가지라고 일찌감치 터득했기 때문에 나는 바지런히 움직이려고 하는 것이다.

　나이가 들어가면서 우리 모두는 다시 한번 스스로 '사회적 지수'를 평가해 보고 지금이라도 그 지수를 높이는 행동으로 전환해야 되지 않을까?

　내 몸이 말 안 듣기 전에 이런저런 사정 다 제쳐놓고 우선적으로 장거리 여행부터 하며 아주 늙은 다음에는 우리나라 구석구석을 시간제한 받지 않고 돌아봐야지!

제4장 희생 번트

우리가 진정으로 사랑하기를 원한다면,
먼저 용서하는 법을 배워야 합니다.
-테레사 수녀

시간을 잃어버린 마을을 찾아서

군대가는 아들에게…

최근에 수능시험에서 휴대폰으로 커닝(cunning)한 조직적 시험 부정 집단이 적발되어 이 사회를 발칵 뒤집어 놓았다.

사실 우리가 학교 다니면서 커닝 한번 안 해본 사람이 얼마나 되겠는가. 하지만 커닝할 때 죄의식 못 느끼는 사람은 없었을 것이다.

우리나라에서는 군대 안 가려고 커닝하는 사람도 많다.

요즘 연예인들이 그랬고 프로야구선수가 그랬고 옛날 같으면 특권층 자녀가 그랬었다. 원래 '속인다' 는 뜻의 커닝은 법을 지키지 않고 정직하지 못한 행위를 하는 것이다.

대학생 신분에서 중도에 병역의무를 다하기 위하여 군대가는 아들에게 이런 말을 해주고 싶다.

"아들아! 군대가는 날부터 죽을 때까지 준법정신으로 정직하게 살아라. 그러면 어떠한 경우에도 발 뻗고 잘 수 있다."

이 나라의 장래를 이끌어 갈 아들세대에게 이 마음이 연병장의 함성으로 우렁차게 전달되었으면 한다.

우리 사회에 가장 큰 문제는 정도를 걷지 않고 어떻게 하면 힘들이지 않고 요령 피워서 남보다 더 벌고, 새치기해서 오래 기다린 사람보다 먼저 일을 끝내고, 근로하지 않고 불법소득만 바라며, 국민으로서 의무를 해태하고, 부모님 고생 끝에 이루어 놓은 재산으로 손쉽고 안이하게 살려고 하고, 각종 탈선에 앞장서고, 모든 것을 정상적으로 해결

하려고 하지 않는 것이다.

  2년 후 준법과 정직으로 완전 무장한 아들이 되어 캠퍼스에 돌아오기 바란다.

매형과 누이

난 누이가 둘 있다. 그래서 큰 매형과 작은 매형이 생겼다. 물론 친형제처럼 모든 걸 아껴주시고 배려해 주신다.

우리 둘째가 아들이라 어제 군대에 갔다.

난 생전처음으로 논산훈련소에 집사람과 함께 셋이서 집사람이 운전하는 차량으로 가게 되었다. 아들의 누나는 학교 가느라고 동행에서 빠졌다.

육군훈련소라고 써 있는 곳에 들어가 보니 수많은 인파가 모여 있었다. 입영자는 1,200명쯤 된다고 들었는데 배웅자는 10,000명쯤 몰려왔다. 배웅자의 구성내역은 각양각색이었다.

우리 집처럼 엄마 아빠만 같이 온 사람도 있고, 남자친구와 여자친구들로 구성된 팀도 있고, 할머니나 할아버지까지 같이 계신 분도 있고 진짜 여러 가지였다.

정식으로 입소식을 거행하기 전에 가요무대가 열려 가족이나 친구들과 함께 무대에 올라와서 노래도 부르고 기념품도 타가고 나머지 사람들은 의자에 앉아서 보거나 우리처럼 서서 구경하기도 했다.

오후 1시 정각이 되자 연병장에 모여서 가족과 인사 나눈 뒤 각자의 소속 팻말 뒤로 집결했다. 군악대의 연주와 기수단의 행진 속에서 부모님께 "충성!"하는 인사순서가 있었다.

가슴이 찡했다. 입소식이 끝나고 숙소로 이동하는 아들을 찾아보면서 집사람에게 "저기 끝줄에 있다"고 알려 주었다.

　아들은 우리를 못 보았지만 우리는 행진대열 속에 있는 아들을 보았다. 집으로 돌아오는 과정에 집사람이 한손으로 운전대를 잡고 오른손으로 흘러내리는 눈물을 닦고 있었다.

　아까 올 때 정안 휴게소에서 밥 먹을 때 아들과 애미가 훌쩍 훌쩍하더니 또 아들생각이 났나보다.

　뒤에 앉아 이런 생각 저런 생각 하면서 아들의 누이를 생각해 보았다. 우리 아들에게는 매형이 하나밖에 없겠지. 아니 어느 집이나 대동소이 하겠다는 생각이 들었다.

　나는 같이 올 생각이 없었다. 그런데 아들도 애미도 오지 말라는 소리가 없어 무언으로 오라는 거구나 하고 판단하여 동행했던 것이다. 나는 다 군대가는 건데 뭘 유별나게 같이 가나 했다. 하지만 내가 동행한건 잘했다고 생각했다.

　먼저 군부대의 입영문화가 자연스럽게 젊은 세대에 맞춰가고 있다는 인상을 받았다.

　그리고 우리 아들이 멋있게 입대했다는 자부심도 목격할 수 있었다. 그리고 가족을 다시 한번 생각해 볼 기회를 가졌다.

　우리 매형들은 참 복 받은 분들이다.

　매형끼리 동서지간에 자주 뵙고 처남들 아껴주시고 가까운 데 사시다 보니까 가족행사에선 꼭 뵐 수 있어서 좋지만, 우리 후세들은 외롭겠다는 생각이 든다.

　우리 아들에게는 매형이 하나겠지만 만약에 멀리 떨어져 살게 된다면 그나마 이웃사촌보다는 못하리라는 생각이 드는 것은 내가 나이 들어가는 징조일까?

　아니면 내가 동서들이나 처남을 자주 볼 수 없는 형편이라 그럴까?

"있을 때 잘해"

옛날 부모님께서 자식인 내가 맘에 들지 않게 행동하면 늘 하시는 말씀이 있었다.

"뭐든지 때가 있는 법이야"라고 하셨다.

그래서 그런지 나도 이런 말을 자주 쓰게 됨을 요즘에 많이 느낀다. 젊은 직원들에게도, "부모님 살아생전에 효도 해, 돌아가신 다음 엉엉 울면 뭐하나? 주말에 게으름 피지 말고 살아계실 때 한번이라도 더 찾아뵙고 그 양반들이 평생 못해보신 게 무엇인지 곰곰이 생각해서 남산에 있는 서울타워도 모시고 가고 한강유람선도 태워드리고 하란 말이야"라고 자식 교육하듯 내뱉는다.

왜냐하면 내가 그렇게 못했기 때문이다. 이젠 나이 50이 훌쩍 넘어버려서 그런지 나보다 조금이라도 젊은 사람들 만나면 "있을 때 잘 해"라고 강조하게 된다.

건강할 때 건강을 지킨다면 얼마나 현명할까. 그러나 실은 많은 사람들이 아파보고 건강의 소중함을 생각하게 된다.

담배도 건강이 아주 악화되어야 끊는 사람이 대부분이다. 그래서 그런지 내 주변에는 젊은 시절에는 운동을 안 하다가 요즘 들어 부쩍 운동한다고 난리법석이다.

나는 우리 아이들에게도 남들 군대갈 때 군대가고 학창시절 공부해야 될 시절에 열심히 공부해서 졸업 후 사회 나가서 "내가 왜 공부 안

했지" 후회하는 일이 없도록 하라고 당부한다.

그리고 부지런하면 다양하게 경험을 할 수 있고 그 경험은 먼 훗날 자기의 인생에 반드시 도움으로 보상된다고 역설한다.

요즘 주 5일 근무제가 사회적으로 확산되면서 얼마 전에 주말활용에 관련된 서적을 몇 권 보니까 "금요일 저녁에는 술 약속을 하지마라"고 강력하게 권장하는 글이 내 마음에 끌려 나도 금요일 저녁 한잔 하고픈 마음을 억제하느라 무척 애쓰고 실제 그대로 실천하고 있다. 그러니 나는 물론 가족 특히 아내도 아주 좋아하는 눈치이다.

주말이라는 휴무를 내가 가질 수 있을 때 잘 활용해 보자. 최소한 7분지 2, 즉 28.6%라는 엄청난 주말시간을 자기 자신의 발전을 위해서 쓸 수 있는 것이다.

여기에 한 술 더 떠서 젊은 사람들 일부는 금요일 퇴근해서부터 월요일 출근 전까지를 자기의 황금재산으로 굴린다고 하니 정말 "있을 때 잘해"를 극대화 시킬 줄 아는 똑똑한 세대다.

주변에 보면 50억이니 100억이니 하며 소위 부자라고 하는 사람들을 한 다리 건너 소개받고 자리를 같이 할 때가 종종 있다.

만나고 난 후 늘 느끼는 점이지만 돈이 있을 때 쓸 줄 알아야 되는데 옆에 있는 사람보다 더 못쓴다는 것이다. 그러면 우리 같은 평민들이 하는 말이 있다.

"저 양반 고생해서 돈벌어 자기는 못 써보고 결국 고생 한번 해보지 않은 아들과 며느리 그리고 딸과 사위에게 좋은 일만 하는구먼, 저렇게 짜게 놀면 무덤갈 때 가져 갈 건가, 쓸 줄 알면 자기 자신이 얼마나 행복한지도 알 텐데, 남에게 베풀어봐, 여러 사람 모이고 다들 고맙게 생각하니 기분 좋아 건강도 좋아지는데."

그러나 남의 입장을 어찌 바닥 속까지 알 수 있으랴.

제4장 희생 번트

좌우지간 "있을 때 잘해"라는 노래가 암시해 주듯이 항상 이런 마음을 잊지 않고 살면 행복이 자기도 모르게 늘 같이 할 것이다.

J에게

친구여 공격적으로 살아봐….
공격적으로 행동해 보면 피동적일 때보다 훨씬 스트레스 덜 받을 거야….
구체적으로 얘기해 볼까.
모임약속을 할 때에도 "그때 가봐야 알겠다" 그러지 말고,
"나, 선약이 있어 못 간다. 그러나 가도록 최대한 노력해서 갈 수 있으면 하루 전까지 연락할게."
이런 식으로 답변방법을 바꿔봐. 또 내 형편에 넘는 부탁을 받을 때 (부탁하는 사람이 가족이든, 친지든, 친구든) 그 자리에서 내 능력이 안 된다고 결단을 내려 거절하는 게 그 자리에선 좀 미안하지만 마음은 편해진단다.
우리 친구 모임도 친구들이 좀 모이자, 얼굴 좀 보자 하기 전에 솔선해서 "얘들아, 며칠날 어디에서 만나자" 하고 선동해봐. 그러면 친구들이 뭐라고 하는 줄 알아, "그래, 알았어. 나갈게" 한단 말이야.
협조 안 한다고 친구들 욕하지 마. 친구모임을 어떻게 하면 재미있게 만들까 고민하는 것은 행복을 만드는 것이니까 스트레스 안 받는다.
어느 의사가 말하더라. 치매예방에 바둑도 아주 좋은 놀이라고.
남의 눈치 보지 말고 바둑도 열심히 적극적으로 참여해 봐. 그리고 나만의 시간을 가져봐. 가지려고 의식해 봐.

제4장 희생 번트

내가 행복해야 가족이고 친구고 행복하게 해 줄 기회가 있는 거야.

모든 일은 양보한다고 스트레스 안 받는 거 아니다. 내가 할일과 하고 싶은 일을 해야 스트레스 안 받는 거지. 그리고 시간제한에서 자유로워져야 돼. 앞 뒤 시간에 샌드위치 제한 받으면 본인자신은 물론 같이 있는 사람도 스트레스 받는 거다.

나 없어도 국가 돌아가고 회사 운영되고 가족 잘 살 수 있다. 내가 아니면 어떻게 될까 과민하게 고민하니까 스트레스가 되는 거야. 내가 없어도 다 적응해서 돌아가게 돼 있단다.

너무 걱정하지 마.

스트레스가 오장육부를 손상시킨다는 것 생로병사에서 봤지.

그리고 지금의 사람 하나라도 잃지 마. 아니 버리지 마.

아니 인연 끊으려고 생각하지 마.

사람 하나 새로 사귀기가 얼마나 어려운데.

트러블이 생기면 "Understand" 즉 네가 이해해.

1972년인가 73년인가 어느 영어선생님한테 들은 건데 갈등이나 싸움이 일어날 때 상대방보다 Under하게 stand하래, 즉 무슨 얘기냐면 상대방보다 "아래에 서라"는 뜻이야.

그게 뭐냐 Understand, 이해라는 거 아니냐. 좋은 말이지. 좌우지간 친구 하나라도 소중하게 유지해.

옆에 있는 사람 이래저래 트러블로 기피하다보면 남는 건 나 혼자 돼 버린다. 즉 사회성이 제로가 된다. 얼마나 비참한 얘기냐.

너 알다시피 교도소에서 독방 쓰는 게 제일 중형이잖아.

"에이 안 보면 되지"그런 생각 버려. 스스로 사회적으로 멀어져 가는 거라구.

운동 아주 중요한거다. 내가 최근에 몸으로 느끼는 건데 약 1년 이상 지속적으로 운동해보니까 술도 덜 취하고 그 다음날도 쉽게 회복되더

라. 그리고 감기 같은 거도 잘 안 오더라. 건강 잃으면 다 잃는 거다.
　아무리 강조해도 지나치지 않는 것이 건강이란다.
　병원에 누워버리면 가족부터 시작해서 주변사람에게 피해 끼치는 거다.
　우리 친구들 망년회 할 때 부르는 노래가 뭔지 알지.
　조용필의 "친구"라는 노래 있잖아.
　그 노래 가사에 "그리운 친구여♬"라고 있잖아.
　얼마나 뭉클 하냐, 앞으로 이렇게 살자구나. ☆

어느 벤처 기업의 K사장

K사장은 여느 젊은이와 마찬가지로 30대까지 직장생활을 하다가 본인의 잠재의식인 벤처기업 사장을 현실로 이루고 싶어 벤처기업의 문을 연다. 가지고 있는 집 한 채를 은행에 넣고 시작한 벤처기업에 K사장 본인이 할 수 있는 모든 역량을 다 퍼붓는다. 그야말로 육해공 전면전인 것이다.

옆에서 지켜보면 나보다 1년 늦은 나이에 사업을 시작한 K사장은 뭔가 달라도 여러 가지로 달랐다.

첫째는 자기가 하려는 지금의 업종에서 충분한 경력을 쌓았고 그 직장에서 많은 경험을 통해서 경영의 선과 악을 보았으며 좋은 인맥을 형성하였고 경영 그릇을 키워왔던 것이다.

지금의 K사장은 아이디어를 찾는데 몰두하여 항상 수면의 균형을 상실하고 기술개발연구원에게 자기의 아이디어를 설명하여 기술로 연결시킬 수 있는지 검토 요구하며 이것이 어느 정도 가능하다는 보고를 받으면 그 즉시 개발계획에 착수함과 동시에 마케팅을 생각하는 사업화 의지가 무척 강한 기업인이다. 물론 벤처기업의 가두리인 특허신청도 빼먹지 않는다.

어느 벤처기업이나 마찬가지이지만 생각한 일정대로 기술개발이 이루어지고 시장진출에 성공하여 매출이 확보되어야 살아남을 수 있는 것이다.

시간을 잃어버린 마을을 찾아서

어느 기사를 보니 우리나라에는 약 8,000여개의 공인받은 벤처기업이 있는데 생존율은 5% 미만이란다.

그러다보니 매번의 아이디어가 꼭 성공하기만을 두 손 모아 빌 수밖에 없는 것이다.

운영자금이 적다보니 인력과 자재를 스스로 리스크 테이킹 해 줄 수 있는 협력회사를 만나야 되고 그 회사에는 인내력을 갖고 있는 CEO가 반드시 있어야 우리의 시장진입을 기다려 줄 수 있는 것이다. 그러니 얼마나 피를 말리는 하루하루이겠는가.

나는 정말로 이 심정을 십이분 이해하고 있다.

나도 쓰라린 경험을 가지고 있는 사람 중에 하나이기 때문이다.

K사장이 사내 연구원이나 거래회사 사람들과 만나거나 전화통화 하는 것을 보면 무척이나 카리스마적이다. 내가 항상 목표하는 대화의 기법 9대1 법칙은 항상 거꾸로 되어 본인이 90% 얘기하고 남의 말은 10%로 끊어버린다. 이해가 간다.

항상 모든 일을 신속하게 처리해야 하므로 무의식적으로 조급함이 몸에 배어 있기 때문에 그러리라고.

나의 경험보다 수많은 장점을 갖고 있기에 K사장은 성공하리라 기대한다. 오늘 아침 신문에 어느 벤처기업 사장이 천신만고(千辛萬苦) 끝에 성공한 후 몇 년 만에 횡령죄로 철창신세로 전락했다는 기사를 보며 K사장은 그러지 않으리라 믿는다.

왜냐하면 항상 나에게서 진정한 행복에 대하여 들어왔기 때문에.

226　제4장 희생 번트

보고 싶은 얼굴

오랜만에 직장 상사를 만났다.
사무실 복도에서 만난 그 상사는 내가 인사를 드리니까 반갑게 악수를 청하면서 "야! 이게 누구야, 보고 싶었던 얼굴, 여기서 보는구만"

"그래, 잘 지내나" 하시며 호쾌한 인사를 건네는 그 분에게서 소중한 사람을 대하는 정겨움을 흠뻑 느꼈다.

20년도 넘게 지난 옛날 기억이다.

지금은 이 세상 분이 아니지만 그때는 작은 키에 자신감 넘치는 실력이 당당한 유능한 임원이셨다.

지방근무 중에 짧은 기간동안 모셔 봤으나 항상 특징 있는 업무처리 스타일과 언행에 많은 주변사람이 따랐다.

세상에서 가장 소중한 사람은 나 자신이라고 한다.

왜냐하면 내가 있어야 부모님이고 자식이고 친구고 누구고 볼 수 있는 것 아닌가. 그런데 오랜만에 만난 상대방에게 가장 소중한 사람 예우를 해주니 얼마나 좋은 인사말인가.

상대방을 기분 좋게 하는 방법으로는 최고 아닌가.

그저 내 주변 사람들에게 따뜻한 몇 마디의 말로 얼마든지 편안하게 해 줄 수 있는 것이다.

근하신년

김 선배님!

항상 배려해 주심에 고마운 마음 잊지 않고 있습니다.
변함없는 사랑과 믿음 주심에 저의 거울이 되셨습니다.
저는 항상 모자라서 선배님 제대로 모셔보지도 못하는 점 늘 인생의 채무로 기억하고 있답니다. 20년 가까이 옆에서 보면서 한결같은 심보를 간직하고 계신 점에 대해서도 배우고 있습니다. 어떠한 경우라도 선배님에게 실망되지 않도록 늘 푸른 행동인이 되도록 최선을 다하겠습니다. 건강하세요.

2004년을 보내면서 이기수 올림

큰 형님께

20년 넘도록 늘 아껴주심에 감사드리고 있습니다.
작년부터 금년까지 2년은 저에게 많은 회고와 성숙을 주었습니다. 인간은 환경에 적응하는 동물이라고 바로 저에게 하는 말 같았습니다.
그러나 여러 가지를 느낄 수 있었기에 그 세월이 아깝지는 않습니다.
2005년 새해에는 이 동생이 다시 한번 날개 달아 힘차게 솟는 모습 보

제4장 희생 번트

여드리도록 최선을 다하겠습니다. 정말 건강하셔야 되요. 왜냐하면 건강이 모든 것을 대변하니까요.

2004년을 보내며 이기수 올림

형님께

세월이 흐를수록 형님과 뵙는 게 더더욱 줄어들어 제 마음이 편치 않습니다. 제가 조금만 부지런하게 움직이면 찾아뵙고 정겨운 얘기 나눌 수 있는데 말입니다.
광주 동생도 큰일이나 생겨야 보게 되니 안타깝습니다.
작년과 금년은 저에게는 커다란 회고와 성숙의 시기였습니다.
항상 앞만 보고 달리다 잠깐 뒤돌아보니 부실한 게 아니 잘못 살아온 게 한두 가지가 아님을 깨달았습니다.
어쩌면 올 12월에는 집사람과 단둘이만 있고 딸, 아들은 다 객지에서 보낼지도 모르겠습니다. 벌써 이만큼 자식들이 성장했다는 거죠. 형님 이제 동서지간에 자주 볼 수 있는 마인드와 시스템을 갖춰야 되겠습니다.
어떤 형태로든 인간지사 더 많이 보는 게 도리일 줄 압니다.
실천하겠습니다.
건강은 두 번째일 수가 없습니다.
조만간 어디서든 뵙지요.
특히 김인주씨와 셋이 한번 만나시지요.
그것도 인생이니까요….

2004년을 보내며 이기수 올림

- Best Wishes for A Merry Christmas and A Happy New Year.

시실리(時失里)

살다보면 문득문득 시간에 구애받지 않고 내가 하고 싶은 일을 하면서 사람으로부터도 자유롭게 해방되었으면 하는 생각을 해보게 된다.

대부분의 우리는 사회 속에서 시간과 사람, 장소, 돈, 체면 등 많은 요소의 제한을 받으면서 살고 있다. 아니 살 수밖에 없다.

먼저 시간이란 요소를 보자.

시간이 되면 일어나야 되고 밥 먹고 출근해야 되고 근무시간 잘 지키고 퇴근 후 약속시간 잘 맞추어야 하고 집식구들 걱정 안 하도록 귀가 시간 너무 늦지 말아야 한다. 단순한 하루 일과만 봐도 시간의 제약을 온종일 받고 산다.

두 번째로 사람을 보자.

집에서만 있어도 가족이라는 이름의 소중한 사람을 보게 되고 만일에 집을 떠난다고 해도 사람들을 만나야 사람이 없는 곳까지 갈 수 있는 것 아닌가.

우리가 사람을 보지 않고 혼자서 얼마나 버틸 수 있을까. 그러나 극단적으로 무인도에 가면 사람은 피할 수 있으리라. 아는 사람 안보고 사는 게 얼마나 어렵냐.

세 번째, 장소는 어떤가.

사람이 머물러 있는 한 장소는 필요하다.

죽은 다음에는 흔적을 남기고 싶지 않은 사람은 필요 없을지도 모르겠다. 그러나 여기서 말하는 것은 내가 살아있는 동안에 관한 얘기니까 극단적인 상황은 제외시키자.

네 번째로 돈, 우리가 숨쉬고 있는 동안 돈은 계속 필요한 게 아닌가 싶다.

밥만 먹고 살아도 돈이 필요하고, 병원에 누워있어도 그렇고, 움직일 때도 들어가는 게 돈이 아닌가.

마지막으로 체면이란 것을 보자. 안에서도 집밖에서도 안면몰수하고 살아간다는 게 가능할까. 더군다나 우리 사회에서….

사람은 체면 때문에 옷을 입고 다니며 예쁘게 차려입으려 하고 정중하게 행동하려 한다.

옛날 같으면 양반체면 때문에 쌀사러 가면서 쌀팔러 간다고 거짓말 하였고 지금은 남에게 없어 보이지 않으려고 능력이상으로 지출하다가 망하고, 더 있어 보이려고 실력도 없는 아이를 유학 보내 골이 빈 사람 만들고, 머릿속은 아무것도 들은 게 없지만 하드웨어인 얼굴, 옷, 신발, 가방 등은 많은 돈 들여 치장하고 있다.

우리 사회가 유독 체면치레에 많은 낭비를 하고 있는 것이다. 범위를 넓게 하면 내가 따져본 위의 5가지 요소 이외에도 한없이 많다.

그러나 우리의 삶 속에서는 '시간을 잃어버린 마을 시실리(時失里)'에서 시간을 잊고 모든 것을 제한 받지 않고 살아보고 싶은 욕망이 가장 강력하게 솟구치고 있을 것이다.

벌써 마지막 달력이 한 해 동안 하고 싶었던 일도 다 해보지 못했건만 "이미 시간이 다 됐다"고 신호한다.

이제 곧 우리 모두가 시간을 잃어버릴 수 없는 현실의 마을에서 할 수 없이 본인 의지와는 상관없이 나이 한 살씩을 또 먹게 되는구나.

시간을 잃어버린 마을을 찾아서

짝꿍의 배웅

집에서 지하철로 두 정거장을 지나면 내가 내려야 할 역에 도착하게 되는데 술을 먹은 다음날에는 지하철을 타고 나오기 때문에 역 주변의 광경을 재미나게 즐긴다.

차타고 다니는 것보다 계단을 오르내리는 자연스러운 운동도 되고 지하철에 올라타면 아침부터 눈을 감고 수면을 보충하는 사람, 공짜 신문을 읽는 사람, 헤드폰을 끼고 음악이나 회화를 듣는 사람, 술에 취해 비틀거리는 머리가 길고 축구화를 착용한 50대 후반으로 보이는 노숙자 등 각양각색의 사람 모습을 구경한다.

차 없이는 한 발짝도 못가는 사람들은 이런 풍경을 놓치고 살아 갈 것이다. 지하철 표를 자동기계에 내고 밖으로 나와 계단을 다 올라 왔을 때 어느 젊은 여자가 지하철 입구를 내려다보며 수줍게 사랑스런 손짓을 하고 있었다. 아주 오랜만에 목격하는 배웅 장면이었다.

이 지하철 주변은 아파트 대단지라서 아마도 짝꿍과 함께 모닝데이트를 즐길 겸 해서 배웅 나온 것 같았다. 출근하는 남편은 새 신랑일 것이고 아주 기분 좋은 하루를 시작하겠다는 생각이 들었다. 아주 오래된 영화를 보는 느낌이었다.

이 아름다운 모습을 머릿속에 간직하고 양쪽에 길게 펼쳐져 있는 밀집상가지역을 지나면서 24시 음식점의 50대 초중반 아주머니가 아침 청소를 하는 모습을 보며, "사는 게 뭔지, 자식이 뭔지"하는 옛날 부모

님이 탄식하실 때 하시던 혼자 말씀이 떠올랐다.

이 음식점을 조금 지나자 비둘기 몇 마리가 아침 식사하러 분주하게 길바닥을 쪼아 댄다.

그 중에 한 마리는 외발이었다. 비만형 체중에 한발로 서서 먹잇감을 찾는 모습이 더욱 힘들어 보였다. 혹시 배웅해줄 짝꿍이라도 있을까 하는 생각이 내 머리를 강하게 스치고 지나갔다.

만남의 기쁨

누군가와 날짜와 장소를 정해 약속을 하고 나면 탁상 카렌다에 기재를 해놓고 드디어 그날이 되면 아침부터 시간관리에 들어간다.
　약속시간에 늦지 않으려고 항상 조금씩 일찍 출발하고 약속장소에 미리 도착해 다른 사람을 기다리는 것이 나의 오래된 습성이다.
　언제부터인가 누구를 만난다는 것이 기분 좋은 일로 생각되었고 한편으로 누군가가 나를 보고 싶어 한다는 뜻으로 해석하여 꼭 나가야 된다고 믿게 되었다.
　혹시라도 약속이 한주 동안 없을 경우엔 괜히 심심하게 느껴지고 사회성이 떨어지는 것 같아 오랫동안 못 본 사람이나 술자리를 싫어하지 않는 사람을 찾아 약속을 하고 만남을 기다리게 된다.
　그리고 사람 만나는 것도 편식현상을 보이지 않기 위해 다양한 계층과 넓은 범위에서 가급적 골고루 만나려 의식한다.
　또한 삐졌거나 이미지가 안 좋아 만남을 기피했던 사람까지도 이제는 그런 마음 가지면 안 된다고 내 스스로를 질책하면서 그의 장점만을 떠올리며 소원했던 관계를 회복시키려 노력하고 있다.
　사람마다 누구나 일장일단이 있는 법이다. 단점만 보게 되면 만날 사람은 거의 없어지고 장점만 찾아보면 나와 인연 맺었던 모든 사람을 만남의 대상으로 확대할 수 있게 된다. 요즈음 들어 부쩍 나의 마음이 만남의 소중함과 기쁨을 깨닫기 시작한 것 같아 나 스스로 생각해봐도

참 대견스러워 보인다.

언젠가 나에게 도움을 주었던 사람, 그 중에는 친구도 있고 친척도 있고 직장상사와 선배, 부하직원, 거래처 사람, 동창생, 어릴 때 같이 놀던 삼각지 친구들, 학교 선후배, 군대동기들 그리고 지금은 어디서 무얼 하는지 궁금한 사람들까지 "사람을 찾습니다. 이 사람을 아시나요"라는 심정으로 보고 싶은 얼굴 모두를 차근차근 만나고 싶다.

연말에 포항 형님께 연하장을 보냈더니 신년 초에 답신 전화가 와서 누구누구 좀 같이 만나야 한다고 하니까 1월 하순경에 올라 올 테니 그때 만나 보자고 해서 소중한 약속을 만들어 만날 날을 기다리는 또 하나의 기쁨을 맛보고 있다.

인간(人間)이란 글자가 '사람과 사람사이'라고 뜻 하듯이 사람과 사람사이에 만남이란 것이 없다면 이미 사회적 동물로서의 존재가치는 상실한 것이 아닐까. 내 주변에서 이것저것 귀찮게 생각하여 모임에 나오는 자세가 피동적으로 바뀌어 가는 사람들을 본다.

이들에게 만남의 기쁨과 의미를 전해줘야지.

이국만리의 후배

모래 위에 지은 집 '사상누각'은 어디에서나 발견할 수 있다. 나 자신의 마음속에서도, 영세한 중소기업에서도, 대단위 건설현장에서도, 집 앞의 도로포장 작업 후에도 사상누각의 조짐이 처음부터 예견될 수도 있고 얼마큼 시간이 흐른 뒤 나타날 수도 있다.

기업을 하는 사람들 중에는 어느 정도의 기간이 경과되고 경영실적이 나오면 앞으로 어떻게 대처해야 될지 경영자 자신이 알게 된다.

그러나 결단을 내려야 될 시점을 놓치고 조금만 더, 조금만 더 하면서 시간을 끌다보면 점점 수렁에 깊이 빠지게 된다.

그리하여 결국에는 돌이킬 수 없는 곳까지 이르게 된다.

사상누각을 알면서도 피해를 최소화할 수 있는 시점을 잃어버리고 만다.

내가 좋아하는 후배 중에도 꽤 오랫동안 중소기업을 운영했던 기업가가 있었다.

그 후배는 사업을 접기 몇 년 전부터 자기 회사가 회생하기 어렵다는 사실을 느끼기 시작했다.

주변의 절친한 사람의 눈물어린 충고도 있었으나 본인 입장에서는 사상누각의 조짐이 시작되었음을 알면서도 어찌할 바를 모르고 식물인간처럼 산소 호흡기를 떼어내지 못했던 것이다.

결국 마지막에는 사랑하는 가족들에게 Say good - by 하고 이국만

리로 훌쩍 떠나버렸다. 사상누각의 결과였다. 요즈음에도 주변에서 많은 사상누각을 자주 접할 수 있어 안타깝다. 최소한 나와 가까운 곳에서 만이라도 이런 현상이 다시는 나타나지 않았으면 하는 마음 간절할 뿐이다.

  뉴욕에 이민 간 친구가 생각난다.
  보고 싶어도 너무 멀리 있다.

이른 아침의 전화 한 통

몇 년 전부터 늦은 밤이나 아침 일찍 걸려오는 전화는 예사롭지 않게 느껴왔다. 집으로 오는 전화의 대부분은 집사람이 받지만 가끔 한번씩은 딸내미가 대신 받아 바꿔주곤 한다.

우리나이에 누구나 마찬가지 생각이겠지만 밤늦은 시간이나 이른 아침에 울리는 벨소리는 잠도 깨우지만 신경도 곤두서게 만들어 통화가 끝날 때까지 긴장하면서 기다리게 마련이다.

집안 어른이 운명 하셨다거나 가까운 친척이 사고를 당했을 때 그렇지 않으면 간혹 아주 오랜만에 외국에 이민 가 있는 친구네 가족의 한국 방문 소식을 전하는 전화가 거의 전부이기 때문에 그 시간대의 벨소리에 무턱대고 먼저 놀라고 본다.

그런데 오늘 아침의 전화는 약 40일 만에 육군 훈련병인 우리 아들의 목소리를 생생하게 들을 수 있는 세상에서 제일 반가운 전화였기에 처음 전화를 받은 집사람이나 건네받은 나 자신이나 모두가 흥분한 상태로 짧은 시간동안 두서없는 대화를 나누고 끝났기에 아쉬움이 더 남았다.

아들의 이른 아침의 전화 한통이 그동안 꿈자리가 안 좋아 걱정했던 집사람의 마음도 안정시켜 주었고 자식 군대 보낸 아버지의 가슴도 뭉클하게 했다. 뒤늦게 일어난 딸은 "아빠 3주 후에 동생 면회하러 같이 갈 거야?"하면서 나의 의중을 떠 보았다.

제4장 희생 번트

시작이 반이라고 1단계 훈련을 마쳤으니까 군생활은 성공적으로 잘 하리라고 믿는다.
 이른 아침에 집으로 걸려오는 전화를 누가 했느냐, 무슨 사연이냐에 따라 이렇게 다르게 느끼는 것은 역시 피는 물보다 진하기 때문이라고 확신하며 시작하는 오늘은 유난히 나를 행복하게 만들었다.

진솔한 피로연

음력 11월 1일에 늦장가를 들은 큰누이네 둘째아들이 신혼여행을 다녀온 후 외갓집 식구들을 초청하여 저녁 대접을 한다고 해서 큰누이 댁에 모였다.

나를 기준으로 보면 우리 3남 2녀의 집안이 모두 참석한 셈인데 내 기억으로는 큰누이네가 그 자리에서 몇 십 년 살았어도 우리 형제간 식구 모두가 한자리에 모여서 식사를 함께했던 것은 처음인 것 같았다.

이렇게 자리를 마련해 주셔서 감사하다는 말씀을 큰매형께 드린 후 앞으로 자주 이런 행사를 격의 없이 하자고 제안했더니 전부 다 좋아했다.

여태까지 살아오면서 각자 바쁘다는 핑계로 또는 여건이 안 된다는 이유로 관심이 부족했던 탓에 오늘의 이 자리가 새삼 뜻 깊었고 소중하게 생각되었던 것이다.

결혼식이 끝나고 하객들과 함께 예식장 부속식당에서 식사는 했지만 상투적인 것이어서 오늘 이 자리는 내 마음에 진솔함이 다가왔고 정겨운 분위기가 흐르고 가족이란 의미를 소중하게 해주는 진짜의 피로연이라고 느껴졌다.

나도 딸과 아들을 결혼시키면 오늘처럼 형제간들을 초빙해서 기쁨을 함께 맛봐야지 하는 생각으로 가득 찼다.

사실은 오늘에서야 새 신부 얼굴을 가까이서 보았고 목소리도 처음

제4장 희생 번트

듣게 되었으니 요즘 예식장에서의 폐백의식이라는 것이 얼마나 형식적인지 다시 한번 느끼게 된다.
 이제 하나밖에 없는 내 동생도 오십이 다 돼가니 우리 형제 모두 모일 기회는 점점 줄어든다는 생각을 하게 되어 나라도 솔선해서 명분을 자주 만들어 봐야겠다는 의식이 생긴다.
 가족은 소중하고 운명적인 것!

중이 제 머리 못 깎을 때

우리의 일상생활 주변에서 일어나는 안타까운 일들을 들여다보면 주위에서 조금만 더 관심을 가졌다면 막을 수 있는 것들이 매우 많다.

인간은 사회적 동물이라고 하여 여러 사람과 더불어 살아가게 되어 있는데 나는 가정이나 회사에서나 어떤 사회조직 속에서도 상하좌우의 중앙에 위치하여 있으므로 내가 어떻게 행동하느냐에 따라 나를 에워싸고 있는 주변 사람들에게 여러 가지로 영향을 미치게 되어있다.

따라서 상대방의 말 못하는 애로사항을 파악하여 도와준다면 이것은 피드백 되어 다시 나에게 돌아오게 됨으로써 결국은 나를 돕는 것이 된다.

중이 제 머리 못 깎는 것을 알면서도 내 일이 아니라고 모른 체 한다면 그 조직은 이미 동맥경화 상태에 이른 것이고 옆에 있는 중의 머리가 긴 것을 발견했을 때 내가 깎아주겠다고 하는 조직은 믿음을 주고 신뢰관계를 쌓는데 이미 성공한 것이다.

이런 조직은 나도 모르게 내 머리가 길어 보일 때 벌써 주변 사람이 깎아 준다고 올 것이다. 비가 올 것 같으면 미리 우산을 걱정해 주는 분위기 속에서 조직의 결속력은 사랑과 믿음으로 충만 될 것이며 믿음을 줄 수 있는 일을 스스로 찾고 신뢰관계를 쌓는데 노력하고 가족 또는 직원들과의 약속은 어떤 경우에든 지키는 조직은 영원불멸 할 수

있다고 생각한다.

어느 과자회사에서 초등학생에게 인기 있던 과자가 갑자기 안 팔려서 그 원인을 조사해 본 결과 옛날보다 크게 만들어서 한입에 넣기에 커서 안 먹게 된다는 얘기였다. 나는 이 얘기를 접하면서 그 회사는 시제품 만들면 회사 가족들에게 사전에 나누어 주어 소비자 의견조사를 안 하는지 궁금했다.

남의 입장 즉 소비자의 입장을 조사하는 방법으로는 최고의 선택일 텐데.

닭은 문(文), 무(武), 용(湧), 인(仁), 신(信)의 다섯 가지 덕(德)을 지니고 있다고 하는데 이중에서 인(仁)은 먹이를 보고 자기들 무리들을 부르는 것이라니 식구들이 배고플 것을 알고 함께 나누는 참사랑이라고 느껴진다. 나는 항상 누가 나한테 자문을 구해오면,

"상대방 입장에 서서 그 사람 입장이 되어 그 사람이 뭘 원하는지를 생각해 보라. 그러면 답이 나온다"라고 말한다.

중이 제 머리 못 깎을 때 가까이 있는 내가 먼저 깎아드리자!

그리고 젊은 직원들에게 명절 때 해주는 말이 "네가 아버님 입장에서 무얼 하고 싶은지 생각해서 효도할 소재를 찾아라. 그러면 마지못해 하시면서도 저놈이 내 마음을 꿰뚫고 있구나 하고 좋아하실 거다"라고 하며 머리를 깎아 주는 방법을 제시한다.

시간을 잃어버린 마을을 찾아서

"건강을 못 지켜 죄송합니다"

사람은 희로애락(喜怒哀樂)의 온갖 감정을 느끼며 살아가게 되는데 쉬운 말로 스트레스를 받으면 신체까지 악영향을 끼치게 되어 병을 얻게 된다.

옛날 말에도 근심 걱정에 애태울 때 "애간장을 다 녹인다"고 하여 간과 창자에까지 손상을 입힌다는 표현이 생겼다.

가수 길은정에 대해 아는 것은 없지만 내 기억으로는 항상 밝고 명랑한 이미지만 갖고 있었는데 소문에 의하면 첫 결혼 후에 이혼이라는 쓰라린 맛을 경험하며 자기 배로 낳은 자식을 못 보게 되었다는 것이다. 내 생각으로는 이때부터 스트레스를 받게 되었을 것이고 그야말로 애간장이 다 녹기 시작했으며 이를 잊기 위해서 건강을 생각지 않고 노래와 방송에 전념하면서 또 다른 결혼과 이혼을 하게 되니 몸과 마음이 정상으로 지켜질 수가 있었겠는가.

나는 작년 망년회 좌석에서도 선배들께 "금년 한 해 동안 스트레스 받지 않고 살았습니다"라고 얘기했었지만 세상에 진짜로 스트레스 받지 않고 살아가는 사람이 어디 있을까 자문해 본다.

단지 나의 경우에는 그 전년도부터 내 스스로가 마음을 다스리려고 무진 애를 쓰며 내 자신을 야단치고 반복적으로 인내훈련을 해오던 중이어서 옛날보다 훨씬 욕심을 버리는 마음을 갖게 되어 스트레스를 덜 받았다는 얘기지 어찌 전무하게 스트레스를 피할 수 있었겠는가.

그러면서 주변의 아까운 형님들이 단명하시는 쓰라린 아픔을 직접 보면서 스트레스도 회피하고 운동도 곁들여야 되겠구나 하는 생각에 마음을 다스리는 훈련을 시작한지 몇 개월 안 되어서 일주일에 네다섯 번 정도 헬스클럽에 나갔던 것이 이젠 어느 정도 습관화된 것을 내 스스로도 감격하고 감사해 하고 있는 것이다.
 내 마음을 다스리는 것은 지금도 초기단계이지만 그나마 화가 나고 욕심이 생길 때 내 마음 속에서 "아니야, 그러면 안 되지. 나만 손해야" 하면서 정신적 피해에서 벗어나려고 애쓸 줄 안다는 것에 다행이라고 평가해 본다.
 내 건강을 못 지키면 나만 손해가 아니라 물질적 피해를 끼친다.
 따라서 나의 건강 즉 정신적 신체적 건강을 지킨다는 것은 나만을 위함이 아니라 가족 더 나아가 사회에까지 밝음을 생산해 내는 것이다

늦둥이

20여 년 전에 같이 근무했던 후배와 1월 월례모임에서 옆자리에 앉게 되어 신년 인사와 덕담을 나누는 중에 내가 "얼굴 좋아졌네"하니까 그 후배 왈 "애새끼 먹이는 분유를 같이 먹다보니 살만 뽀얗게 쪘지요"라고 화답해서 그 자리에 모였던 OB회원 모두가 한바탕 크게 웃었다.

그러고 보니 내 주변에는 늘그막에 자식을 가진 사람이 꽤나 많이 있는데 이 후배처럼 44세에 낳은 사람도 있는가 하면 지금 나이 오십이 훌쩍 넘었는데도 초등학교 다니는 아이를 키우고 있는 명수와 의덕이, 중학생 자녀가 있는 상하와 영규, 그리고 딸 딸 딸 하다가 끝에 가서 아들을 본 인천의 태용이, 뉴욕에서 늦둥이 아들과 장난치며 즐거워하는 현웅이, 이외에도 40 넘어 늦장가 들어 재미나게 애를 키우는 후배 윤영이 등 정말 많은 것 같다.

늦둥이를 가진 사람들을 옆에서 보면 애들 나이에 걸맞게 부모가 젊게 살아간다는 느낌을 자주 받아 외로움을 달래려 애견을 키우는 것보다 여러모로 훨씬 좋아 보인다. 하기야 늦게 낳은 자식이 어느 정도 성장할 때까지 부모로서 책임을 져야하니 아이들과 같이 젊고 패기 있게 살아야 되지 않을까

안정환(安定還)

아마도 무교동으로 생각되는 골목길에 있는, 어느 손님이든 기타를 칠 줄만 알면 동료들과 함께 통기타로 흥겨운 노래를 부를 수 있어 주변 테이블에 있는 주객에게도 한층 술맛을 돋우어주는 분위기의 '자유인(自由人)'이라는 술집에서 약 10개월 전에 미국으로 떠났던 후배와 자리를 같이 하게 되었다.

사실 그 후배는 한 달 전쯤에도 불쑥 들어왔다가 미국에 있는 본사 사정으로 긴급하게 돌아간 후 연락이 없어 상당히 걱정했던 터라 이번 전화는 몹시 반가웠고, 한편으로는 무슨 일이 있는 건 아닌가 하고 열 일 제쳐놓고 약속하여 만나게 된 것이다.

술잔을 기울이며 후배의 근황을 쭈욱 들어보니 지난번보다 훨씬 안정되었고 사업홍보 차 방문했다는 사실에 더욱 마음이 놓였다. 남의 나라에서 생활한다는 것은 항상 어려움이 뒤따르게 마련이고 보고 싶은 사람 보려 해도 시간적 공간적 핸디캡으로 제한을 받을 수밖에 없다는 사실은 뉴욕에 있는 내 친구 현웅이만 봐도 알 수 있었던 것이다.

나는 평소 지론이 내 주변에 아는 사람은 다 잘돼야 한다는 것인데 옛부터 광에서 인심난다고 하는 말이 있지 않은가. 사람은 본인이 행복해야 남도 행복하게 해 줄 수 있다고 하듯이 내가 안정돼야 내 주변 사람들을 반갑게 맞이할 수 있다고 생각된다. 그러기 위해서 우리는 바쁘게 그리고 열심히 살고 있는 게 아닌가. 후배의 안정환(安定還)을 진심으로 축하하는 내 마음이 똑같은 모습으로 전달되길 바라는 마음뿐이다.

여덟 명의 걸인(乞人)

제주도보다 더 남쪽의 섬나라로 우리 모임의 숙원사업이었던 겨울 여행을 떠나게 되었다.

단체 여행의 장점은 몇날 며칠을 함께 숙식하게 되면서 자연스럽게 서로의 습성을 관찰할 수 있는 자연스런 기회가 된다는 것이다.

우리 모두는 들뜬 기분으로 새벽 5시30분에 인천국제공항에 집결하여 처음으로 함께 하게 된 3박4일의 대만 가오슝 여행을 몸과 마음 전체로 느끼기 시작하였다.

우리나라로 보면 부산에 해당되는 대만 제2의 도시 가오슝 항구의 바닷가에는 카페가 많이 자리하고 있어 내국인은 물론 외국인도 이 곳을 찾았고 우리 일행도 그 무리 속에 섞여 마치 또렷한 눈동자처럼 빛나는 모양의 일몰을 볼 수 있는 노천 좌석에 앉아 흥겹게 커피 한 잔 하려고 했으나 이 나라의 통화인 뉴타이완 달러가 아니면 안 된다 하여 낙담하고 있는 모습을 옆에서 바라보니 길거리의 걸인(乞人)들 같다는 생각이 들었다.

대만이라는 살만큼 사는 나라에서 그것도 제2의 도시에서 외국관광객을 상대로 외화를 벌어들일 최소한의 자세도 갖추지 못하고 있는 것은 음식점이 즐비하게 늘어서 있는 시내의 야시장 골목에서도 마찬가지 상황이어서 우리 한국은 과연 어떤 모습일까 혹시나 하는 생각이 머리를 스치고 지나갔다.

제4장 희생 번트

다행스럽게도 우리 일행 중 재치 있는 두 사람이 다른 관광객으로부터 도움을 받아 현지 통화로 바꿀 수 있어서 우여곡절 끝에 가오슝 바다의 일몰을 가득 담은 커피 한 잔씩 마시게 되었다.

방금 전까지만 해도 옆 사람들의 먹는 모습만을 구경하던 여덟 명의 걸인들은 폭소를 터뜨리며 추억의 발상지를 떠날 수 있었다.

우리 모두가 너무 좋아했던 첫 번째 단체 나들이는 아쉬움을 뒤로한 채 각자의 일상생활 속으로 복귀하기 시작했다.

시간을 잃어버린 마을을 찾아서

닮은 얼굴

T.V광고에 나온 어느 부부의 얼굴은 진짜 너무 많이 닮아서 남매처럼 보였다. 우리 누이들은 가끔 예식장 같은 곳에서 나를 만나면 "얘! 너는 나이 들어가면서 형 닮아간다"하는 얘기를 자주 한다.

세상에는 부부지간이나 형제지간이 아니더라도 서로 닮은 사람들이 많아 어떨 때는 헷갈리는 경우가 생긴다. 내가 다니는 헬스클럽에서도 두 쌍의 얼굴이 나의 머릿속을 상상의 나라로 데려가곤 한다.

오십 안팎으로 보이는 두 남자는 키도 모두 큰 편이고, 헤어스타일도 바짝 쳐 올린모습이 똑같고, 운동복도 둘 다 팔소매가 없는 것을 입으며, 운동스타일도 비슷하고 얼굴은 말도 못할 정도로 닮아서 언제나 나를 혼돈스럽게 만든다.

두 사람의 다른 점이 있다면 한 사람은 부인과 같이 이 헬스클럽을 다니며 무릎이 안 좋은지 자주 파스를 붙이고 운동하는데, 내가 여기까지 차이점을 발견하는 데에도 많은 관찰의 노력과 시간이 소요되었다. 그런데 두 사람이 같은 시간에 운동을 하면서도 대화를 나누는 장면은 보지 못했기 때문에 남남이라는 걸 알 수 있었던 거다.

삼십대 후반과 사십대 중반쯤으로 보이는 두 여자 회원은 둘 다 얼굴이 둥글고 머리도 뒤로 묶고 키도 중간정도여서 뒤에서 보면 정말 구분이 어렵지만 평상시 땀 흘리는 얼굴도 닮았다. 그런데 삼십대 후반의 여자는 중3 정도로 보이는 아들과 가끔 같이 운동을 하면서 대화를

나누며 사십대 엄마는 항상 혼자 운동하고 다른 사람과 얘기하는 모습을 볼 수 없었다.

그러나 내가 구분하기에 좋은 방법은 삼십대 엄마는 아들이나 다른 회원과 대화를 나눌 때 항상 웃는 얼굴이라는 점이다.

그 모습을 볼 때마다 나는 아침마다 거울보고 웃는 연습을 하는데도 웃음을 간직하기가 어렵다고 생각했는데 저 엄마는 어떻게 해서 저런 좋은 습관을 가졌을까 하고 궁금하기도 하고 부럽기도 했다.

사실은 내가 닮고 싶었던 얼굴은 항상 눈가에 웃음이 머물고 있는 그런 모습이었던 것이다.

설날과 나의 위치

최남선이 나이 한 살을 더 먹는 것이 '섧다(=서럽다)'고 하는 뜻으로 말했던 설을 맞이할 때마다 나는 두 가지를 준비하게 되는데 그 하나는 설날 아침에 조카들에게 들려줄 덕담과 다른 하나는 세뱃돈을 누구까지 얼마를 줄 것인가에 대해서다.

특히 형님이 돌아가신 후 나는 매번 설날에 작은 아버지로서 또는 중부로서의 역할을 더 크게 해야 될 위치에 있게 되어 의식적으로 고민하게 된다.

그리고 본의 아니게 언제부터인가 할아버지라는 호칭이 뒤에 붙고 나서는 손아래 사람들과 함께하는 자리가 형님이 살아계실 때와는 다르게 집안 어른으로서의 격에 맞는 행동이 뒤따라야 한다는 부담이 생겼다.

이렇게 보니 나의 위치는 돌아가신 부모님의 아들부터 시작해서 남편, 아버지, 작은아버지, 중부, 외삼촌, 시동생, 제부, 형부, 이모부, 고모부, 할아버지, 당숙….

그리고 집밖으로 나오면 사회생활 속에서 각종 역할을 담당하고 있는 그야말로 멀티플레이어인 것이다.

나이가 한 살 한 살 더해지면서 마음속으로는 아직 그 나이는 아닌데 하며 본래의 먹은 나이를 인정하지 않으려는 부정측면과 주위의 형님들이 늙어가는 모습을 보며 나도 얼마 안 있으면 저런 모습이겠구나

라고 인정하는 측면이 충돌하고 있다.

  옛날처럼 '인생칠십고래희' 시절이라면 몰라도 요즘처럼 해가 갈수록 수명이 늘어가는 추세에선 한해를 어떻게 살아왔느냐는 내용에 따라 겉과 속의 나이가 차이나게 된다.

  하기야 칠순이 가까운 형님들을 뵈도 노인양반이라는 생각이 안 드는 것은 고령화 사회의 진행 속에서 같이 살고 있으니 잘 못 느끼는 건지도 모르겠다.

  이제는 나 자신에게는 물론 집 안팎의 모든 사람에게도 건강하고 자신 있는 그리고 멋있는 모습으로 보이며 살고 싶다. 다음 설에는 더 젊고 생기 있는 보고 싶은 얼굴로 우리조카들을 봐야지.

거주 공간

인간 생활의 세 가지 요소인 옷, 음식, 집을 아울러 의식주(衣食住)라고 이르는데 인간이기 때문에 동물과 달리 옷과 집을 추가로 필요로 한 것이라고 생각된다.

나와 절친한 친구가 공장경영에 충실하려고 작심하고 1년여 전에 지방 구석에 있는 공장에서 가까운 곳에 집을 얻어 살다가 사는 게 힘들어 도심지역으로 다시 이사 나왔다.

이유인즉 사는 게 힘들다는 의미는 다름 아니라 문화혜택을 보고 싶어 비용을 지출하려 해도 필요한 시설이 거주지역 인근에 구비되어 있지 않아 그 불편함이 말도 못하게 심각하다는 얘기였다.

그리고 더욱 중요한 것은 친구들과 술 한잔 같이 하고 싶어도 그곳에서는 불가능해서 결국은 차를 타고 한참을 나와 친구들이 쉽게 모이는 지역까지 와야만 욕구를 충족할 수 있다는 얘기다.

이사 오는 날 그 친구의 첫 마디는 역시 사람 사는 곳은 사람들이 오가기에 편리해야하고 주변 가까이에는 내가 필요한 것들이 있어줘야 한다는 것이었다.

얼마 전까지만 해도 현직에서 일손 놓고 자식들 독립시키고 나면 남쪽으로 거주 지역을 옮겨 여유자금으로 여행도 다니고 텃밭도 일구고 일가친척 애경사나 친구모임 있을 때는 서울에 올라와서 일보고 내려가고 친한 사람 초대해서 텃밭에서 기른 상추로 삼겹살 싸먹는 가든파

티 하며 뒷산에 매일매일 오르고 또 오르며 건강한 노년을 맞이할 생각하고 있었는데, 그 친구 얘기 듣고 보니 늙을수록 사람들 바글바글하고 교통 좋은데 살아야 응급조치도 받을 수 있고 기동성도 용이하겠다는 생각이 들었다.

나는 인간(人間)이란 단어를 "사람과 사람 사이"라고 직역하는데 왜냐하면 사람 사는 세상은 사람과 사람이 만나야 사회생활 속에서 관계를 맺게 되기 때문이라고 생각한다.

또한 거주공간이란 밖에서 일하고 나면 돌아갈 쉼터인데 교통도 편리하고 주변 환경도 잘 구비되어 있어야 하지만 가장 중요한 요소는 기다려 주는 사람, 즉 가족이 있어야 진정한 거주공간으로써 역할을 다하는 것이라고 생각된다.

이 친구도 가족이 기다리고 있었다면 이사 나오지도 않았을 것이고 또 가족이 한국에 같이 살았다면 그 촌구석으로 기어들어 가지도 못했으리라 확신한다.

나이

사람이 태어나서 자란 햇수를 일컬어 나이라고 하는데 늙어갈수록 누가 형인지 아우인지 구분하기가 어려워진다.

아예 나무처럼 해마다 하나씩 늘어나는 바퀴 모양의 나이테를 보면 연륜을 정확하게 알 수 있지만 사람은 어떠한 환경에서 살아왔느냐에 따라 건강나이와 정신연령이 크게 차이난다는 점이 다르다.

주민등록나이와 건강나이 그리고 정신연령은 각각 다르게 인식되는데 주민등록등본에 적혀있는 것은 일률적 행정 기준에 따르게 되지만 건강나이와 정신연령은 자기 마음먹기에 달려있어서 주민등록상 나이가 들어갈수록 개개인간의 차이가 커진다.

예를 들어 정신연령에 있어 노인이라는 종족이 따로 있는 게 아닌 바, 뭔가 하려는 의욕이 있는 사람은 이미 노인이 아니다.

얼굴에 나타난 피부나이를 보면 사무실에서만 일하는 사람과 온종일 밖에서 활동하는 농부 그리고 바다 위에서 고기만 잡는 어부들은 동갑나기라도 많은 나이 차이를 느끼게 된다.

젊어서부터 규칙적인 운동으로 몸을 관리해 온 사람과 함부로 몸을 쓰다가 뒤늦게 '소 잃고 외양간 고치는' 사람과는 건강나이가 10년도 더 벌어질 수 있다.

요즈음에는 명퇴 기준 나이도 있다는데 이는 금융기관 같은 곳에서

주민등록 나이를 잣대로 몇 살 이상은 전부 나가도록 하는 사회적 불합리 현상이라고 생각된다.

얼마 전에 집사람이 헬스클럽에서 밤 12시가 다 되어 귀가하는 나를 보고 백세길로 혼자 가려고 그렇게 열심히 운동하느냐고 핀잔을 주길래, 나이 들어서 병원에 자주 들락거리며 없는 돈을 약값으로 다 허비하느니 건강한 모습으로 구석구석 못 가본 데 여행 다니려고 한다고 응답했더니 사람이 적당하게 살다가야 자식들로부터도 예우 받는 법이라고 한마디 거둔다.

언젠가 들은 얘기인데 정신적으로 늙지 않으려면 여태까지 배우지 않았던 외국어 공부를 시작하면 치매증 예방은 물론 젊어진다고 한다. 나는 학창시절에 돌아가신 아버지의 고집 때문에 못 배운 것이 있다. 다름 아니라 기타연주였는데 그 당시 아버지께서는 쌍놈들이나 하는 짓거리라며 내가 집에 들고 온 기타를 분질러버리셨다.

그리고 또 하나 청바지를 입고 다니지 못하게 하여 나는 베이지색의 마바지를 입고 다닌 기억이 아직도 생생하게 남아있다.

그래서 나는 죽기 전에 청바지를 입고 여행도 다니며 기타 학원에 가서 기타 치는 것도 꼭 배우리라 항상 굳게 마음먹고 있다.

도전하는 생각을 갖고 있으니 나도 노인이 되기는 싫은가 보다.

또한, 현역에서 은퇴 후에도 봉사활동과 친목활동을 열심히 하여 스스로 사회에서 격리되지 않도록 노력할 것이며, 오래된 친구들도 잘 유지 관리하여 외톨박이가 되지 않도록 유념해야겠다.

그리하여 나의 건강나이, 정신연령, 사회나이 모두를 푸르고 푸르게 가꾸어 나갈 것이다.

시간을 잃어버린 마을을 찾아서

인 연

사람이 살면서 세 번의 우연을 거치면 인연이라고 하는데 그 중에서도 혈연이란 가족간의 사랑, 가족을 염려하고 걱정하는 마음, 눈으로 확인할 수 없어 더 아름답고 숭고한 '가족'이라는 이름의 끈이다. 우리는 죽음이나 이별, 행방불명 그리고 뜻하지 않은 재해나 사고를 당했을 때 운명적으로 인연의 끈이 풀어졌다고 생각한다.

　인연이라 하면 우리는 끈이나 실을 떠올리게 되는데 우리의 전통적 사고로는 인연은 두툼한 실타래와 같아 이리저리 엮여 있는 것이라고 생각하고, 서양에서는 서로 보이지 않는 끈 또는 운명의 붉은 실로 이어져 있다고 믿는다. 인생의 성공비결 중 가장 중요한 것은 자신이 만났던 사람들과의 관계를 훌륭하게 유지 관리해 나가는 것이라고 생각된다.

　나는 몇 년 전에 현업을 전부 정리한 후 내 주변의 몇몇 사람들에게 2년 이상을 연락도 끊고 소원하게 지내오면서 항상 미안하다는 마음을 떨쳐버리지 못했다.

　일종의 자격지심이라고나 할까, 좌우지간 일정기간 동안은 동종업계 지인들과 수동적인 자세로 대하고 싶었기 때문이었다. 변명에 불과하지만.

　나는 내가 태어난 삼각지에서 여름에는 한강백사장에 가서 땅콩을 파먹으며 수영하고 겨울에는 두꺼운 얼음 위에서 스케이트 타면서, 같

이 뛰어 놀며 초등학교를 같이 다녔던 친구들과도 서로 다른 중학교에 진학하면서부터 만나는 횟수가 줄어들며 소원해지기 시작하여 지금은 그 틈이 너무 오랜 세월동안 벌어져 어디에서 뭘 하고 살고 있는지 단 한 명도 연락이 불가능하다.

그래서 농촌 출신 사람들이 초등학교 동창회나 고향 친구들 모임을 갖는 것을 보면 정말 부럽다.

그래도 천만다행인 것은 고등학교 졸업 후 지금까지 삼십여 년간을 친구라는 인연의 끈으로 계속 이어진 태용이, 상하, 현웅이, 명수, 성재, 영규, 의덕이는 학연 관리에 있어서 나에게는 성공작으로 꼽을 수 있다. 그리고 백마부대에서 군복무를 같이했던 동기생들은 소식이 단절되어 너무나 아쉬운 심정뿐이다.

13년간의 직장생활과 10년이 조금 넘었던 사업을 통해서 인연을 맺게 된 선배, 동료, 후배들도 다들 바빠서 그런지 아니면 내가 소극적이라서 그런지 만날 기회가 자꾸 축소되어 간다는 느낌을 저버릴 수 없다. 자살을 해서 인연을 끊거나 서로 원수지간이 아니라면 지금부터라도 관계 정상화 또는 원상회복에 노력을 다해야겠다.

한번 맺었던 인연은 소중하니까.

희생 번트

가족들을 생각하며 당신 자신은 힘들고 어렵지만 묵묵히 직장생활을 버티어 내는 가장, 회사 내에서는 표시 없이 자기의 몫을 다하여 동료들의 원활한 업무가 진행되도록 환경을 조성하는 주인정신이 강한 직장인, 남들이 다 기피하는 직업을 선택해서 사회를 밝게 해주는 등대 같은 역할을 하는 사람들, 이 모든 사람들은 어찌 보면 야구에서 희생번트를 하는 타자들과 똑같은 입장이다.

타자는 아웃되지만 주자는 다음 베이스를 진루하거나 득점할 수 있도록 타격하는 것을 희생타라고 한다.

가정에서도 직장에서도 사회 모든 분야에서도 희생타를 치는 사람이 있어야 효율적으로 돌아가게 된다.

그러나 지금 우리사회는 어떤가? 그야말로 After you(당신 먼저)가 아니라 After me(내가 먼저)이다. 권력 있고 돈 많은 사람이 모든 정보를 먼저 얻게 되어 부익부(富益富)현상이 나타나고 본인에게는 돈이 안 되는 환경의 파수꾼은 주로 없는 자(者)들이 도맡아 하고 있으며 살면서 모은 재산을 어려운 이웃에게 나눠주는 사람도 아주 어렵게 살아온 사람들이 대부분이다.

요즘에는 부모가 이혼을 해도 자식을 서로 안 맡으려 한다니 그야말로 희생번트는커녕 의무번트도 하지 않으려하니 사회적으로 큰 문제가 아닐 수 없고, 옛날 같으면 부모에게 효도하는 것이 인간지사 기본

제4장 희생 번트

이었건만 지금은 상속받을 재산 없는 부모는 아예 어느 자식 하나 거들떠보지도 않는다.

만일에 새벽마다 길거리를 청소하는 환경미화원 할 사람이 하나도 없다면 우리는 어떤 환경 속에서 살고 있을까? 희생번트 없는 사회는 결코 선진국이 될 수 없으며 사회 구성원 모두가 피해자가 될 수 있다는 점을 명심하여 이제라도 나부터 번트를 대자!

그리고 희생번트 대가로 행복을 맘껏 누리자.

날벼락

사십도 안 된 나이에 딸 셋을 남겨 놓고 먼저 떠나버린 애 엄마 빈소에는 남편 혼자서 조문객을 맞고 있었다. 다시는 돌아오지 못할 다리를 건넌 고인의 영정을 바라보며 욕심도 없이 그저 순수하게 살아온 온유함을 느꼈다.

나는 망인의 남편을 똑바로 바라볼 수가 없었다.

세상에서 가장 큰 스트레스가 부인과 사별하는 것인데 그것도 부모님보다도 먼저 가니 불효가 되었고 어린 딸 셋에 대한 엄마로서의 숙제도 다 못하고 떠났으니 남편으로서는 날벼락을 맞은 것이다.

이런 생각을 하니 눈물이 앞을 가려 빈소를 혼자 지키는 죄 없는 죄인의 얼굴을 바라볼 수가 없었던 것이다.

나에게도 세상에 하나뿐이었던 친형님이 돌아가셨던 기억을 조카들이 장가갈 적마다 떠올리게 되는데 하물며 이 어린 딸들을 남편 혼자 어떻게 잘 보살피고 길러야 될지 걱정이 빤하게 그려진다.

나이가 들어가면서 내 주변의 슬픔이 옛날보다 강하게 나의 슬픔과 불행처럼 나의 가슴을 짓누른다고 느껴지는 것은 삶의 경험과 이해의 폭이 넓어져서 그런지 모르겠다.

나에게도 언제나 일어날 수 있는 거라고 생각하기 때문에 나의 슬픔으로 받아들이는 것이리라. 고인의 명복을 빌며 남편과 세 딸의 앞날이 평온하기를 진심으로 기원해 본다.

내기 게임

내 친구 중에 유독 현웅이는 내기 게임을 엄청나게 좋아한다. 내기 바둑, 내기 당구, 내기 골프, 그리고 고스톱까지 자기가 좋아하는 종목은 모두 내기 게임이지만 술 먹는 것은 이제까지 내기해 본 적이 없다. 선천적으로 잘 못 마시기 때문이다.

2년 전에 뉴욕에 갔을 때에도 밤만 되면 나와 내기 바둑을 몇 판 둬야 잠자리에 들었을 정도이다.

사실 나도 내기 게임에 전면적으로 반대하는 편은 아니지만 큰 액수의 금품을 거는 건 절대 안 되고, 적은 액수를 걸어 좀 더 신경 써서 게임에 임하게 하는 분위기를 조성하는 것은 찬성한다. 약간의 내기는 게임을 즐기면서 게임에 좀 더 몰입하게 되고 흥분도 되기 때문에 더 재미있어진다.

그러나 많은 액수의 금품이나 어떤 약속을 걸게 되면 사람이 게임을 즐기는 게 아니라 게임의 노예가 된다. 게임에 지게 되면 부담이 커져 결국은 기분을 크게 상하게 하기 때문이다. 아마 초등학교 아이를 둔 엄마들은 모두가 다 아이와 시험성적을 갖고 내기 게임을 해본 경험이 있을 것이다. 이때의 내기는 공부를 독려하고 보상심리를 이용해서 결국은 학업성적을 올리기 위한 수단으로 활용된다.

회사에서도 상품개발에 성공한 직원에게 포상하는 것도 이러한 심리자극 요법의 하나이다. 어떠한 일에 자극을 주어 효과를 제고할 수

있다면 그야말로 생산성 있는 방법이 될 것이다.
 바둑과 골프를 통해서 인생을 배우게 되는데 이때에 약간의 내기를 곁들이게 되면 좀 더 진하게 교훈을 얻을 수 있어 좋다.
 정신적 스포츠인 바둑과 신체적 스포츠인 골프 모두를 죽을 때까지 아주 흥미롭게 내기할 친구가 많았으면 좋겠다.

33년의 세월

1972년 그 당시에는 울릉도 가는데 원래 10시간쯤 걸리는데 풍랑이 일면 몇 시간 정도 지체되는 것이 다반사인지라 11시간 반 동안 배를 탔었다.

우리 셋은 고등학교를 졸업한 기념으로 울릉도 여행을 하기로 약속하고 날짜를 잡아 장도에 오르게 된 것이었다.

서울에서 완행열차에 몸을 싣고 경주인지 대구인지에서 내려 한참을 기다리다가 포항을 가는 열차를 갈아타고 늦은 밤에 하차 한 후, 내일 타고 갈 배 시간표도 확인하고 바로 앞에 텐트 치고 자려고 선착장에 갔다가 모기가 워낙 많아 엄두도 못 내고 근처에 있는 싸구려 여인숙에 들어가 모기장 속에서 잠을 청했지만 구멍 뚫린 모기장 안으로 찾아오는 불청객 때문에 밤새 손바닥으로 모기 잡느라 새우잠으로 너덧 시간을 때웠다.

새벽에 서둘러 나와 선착장 매표소 앞에 줄을 서서 기다리다가 500톤급 여객선에(사람보다 화물을 더 오랫동안 많이 실었던 것으로 기억됨) 우리의 운명을 맡겨버리고 지난밤에 모자랐던 잠도 채우고 부서지는 파도와 세찬 바람을 맞으며 난생 처음으로 울릉도 땅을 밟게 된 것이었다.

우리 셋 중에 거북이는 울릉도를 같이 여행한 후 연락이 두절되어 이날 이때까지 서로 얼굴 한 번 볼 수가 없었으나 졸려가 수소문에 수

시간을 잃어버린 마을을 찾아서

소문을 거듭한 노력의 결과로 최근에 연락이 닿게 되었던 것이다.

거북이와 졸려의 시간 계획에 맞추느라 집 안팎으로 바쁜 토요일에 우리 셋은 이산가족 상봉하기 전 설레는 마음으로 머릿속에는 어떻게 변했을까 온갖 상상을 가득 채워 기나긴 세월 33년 만에 재회하게 되었다. 가뜩이나 만나고 싶은 사람이 본의 아니게 줄어드는 마당에 옛 친구를 찾아냈다는 것은 분명 중요한 의미가 있는 사건이요 골동품을 발굴한 기쁨이리라.

내 나이 오십이 넘으면서 이미 세상을 떴거나, 몸이 아프거나, 사고를 당했거나, 피할 수 없는 사정으로 한국을 떠났거나 해서 자주 보고 싶어도 못 보는 얼굴이 많아지는 것을 아쉬워하고 있는 마당인지라 우리의 만남은 더욱 소중하게 느껴졌던 것이다. 아주 오랜만에 이루어진 만남이라 우리 셋은 조심스럽게 서로의 살아온 길을 물어보며 지금의 건강상태나 하는 일에 대해서도 관심 있게 이야기를 나누었다.

이제부터라도 한 달에 한 번은 꼭 만나자고 굳게 약속하며 헤어지면서 내가 33년 전으로 다시 돌아 갈 수 있다면 이제부터 33년간을 어떻게 살아갈까 하는 생각을 하며 과연 무결점으로 살 수 있을까, 아니면 지금까지 지나온 나의 인생 발자취가 더 값지고 각본 없는 드라마로써 재미있게 살아온 것일까, 두 가지 모두 쉽게 답이 나오지 않는다.

금년 6월에 우리식구 네 명 모두가 현대화된 교통수단으로 울릉도를 가게 되면 내가 느끼는 감정은 33년 전과 어떻게 다를까?

제4장 희생 번트

부녀지간의 대화

　큰 딸을 대동한 두 아버지가 음식점에서 특별하게 만났다. 목적은 각각 한국과 미국에서 공부하는 두 딸이 한 자리에 앉아 서로의 생각과 이질적 문화를 교환하면서 서로가 한 쪽으로 치우친 부분이 있었다면 균형감각을 찾아가는 기회를 얻도록 하기 위함이었다. 서로가 친구 딸에게 술 한 잔을 권하며 시작한 대화의 내용은 어느덧 딸들이 보는 우리 아버지에 대한 시각과 반대로 아버지가 은근히 요구하는 딸들에 대한 장기 안목적 바람으로 발전되었다.

　대화 중에 내 친구 딸이 자기 아빠에게 무심코 건넨 말이,

　"아빠! 아저씨는 중후해 보이는데 아빠는 왜 초라해 보여?"하길래 나는 얼른 그 말을 받아서,

　"니네 아빠는 큰 공장을 운영하다보니까 엄청나게 일이 많아 피곤하셔서 그렇게 보이는 걸 꺼다"라고 즉답했다.

　나는 그 얘기를 들으면서 '아빠의 고생이 다 자식들 위해서 그런지도 모르고 저런 소리 하는구나'하고 느끼면서, 얼마 전에 군복무 중인 우리아들이,

　"엄마! 우리 집이 가난한 줄 알았는데 우리보다 못사는 집도 많더라"라고 했다는 얘기를 들은지라 같은 시대에 같은 지붕 밑에서 살더라도 이렇게 격세지감이 있다는 걸 알게 되었다.

　혹시 진부하고 의례적인 또는 아버지들이 일부러 만든 자리라는 인

식을 불식시키기 위해 대중 맥주 집으로 옮겨 이번에는 아버지끼리 그리고 딸끼리 각자의 서로 다른 자리에서 같은 세대끼리의 대화를 나누게 하였다. 세상이 참 많이 바뀐 것을 실감하면서 한 편으로는 기성세대보다 이 사회의 주역으로 성장하고 있는 딸의 생각을 진지하게 경청할 기회를 많이 가져야겠다는 생각을 다짐하게 되었다.

우리네 가정에서 대부분 모자간이나 모녀간 대화는 일상적으로 있지만 부녀지간이나 부자지간에 애기할 자리는 그리 많지 않다는 것을 감안해 볼 때 몇 년 전부터 매주 일요일에 등산을 하면서 애들 엄마로부터 자연스럽게 전해 듣는 자녀들에 대한 정보도 유용했지만 이젠 직접 현장 토론하는 자리를 많이 만들어야겠다는 생각이 강하게 든다.

막둥이

우리 부모님은 3남 2녀를 두셨는데 큰 누님과 나는 말띠이고 형님과 막둥이는 닭띠 그리고 작은 누님은 쥐띠로 구성되었다.
우리 형제 자매지간에 우애는 어느 집에도 남부럽지 않으며 옛말에 '누이 좋고 매부 좋다'고 그러지만 나의 누님과 매형들은 진짜로 좋은 분들이어서 언제나 보고 싶은 마음뿐이다.
8년 전에 우리 집안의 중심이었던 형님이 세상을 떠서 마음 한 구석이 텅 비어있는 것 같은 나의 심정은 지금도 여전하지만 매형들이 그 자리를 대신 채워주신다.
나는 5명 중에서 네 번째로 내 밑에는 남자 동생인 막둥이 하나뿐이다. 그러다보니 형님 역할이 자동으로 나에게 넘어왔고 누님들과 막둥이 사이에서 중간 역할도 내가 해야 하는 입장이 되었다.
우리막둥이는 부모님과 형님이 더 오래 살아계셨다면 사랑과 보호를 많이 받아 좀더 나은 인생을 걸었으리라 생각된다.
의리가 넘치고 남을 돕는데 앞장서는 성격에 친구들도 많이 따르는데 그야말로 해결사 역할을 충실히 해낸다. 단지 재물에 관한 운은 느지막이 붙을 모양이다. 좀 늦게라도 그랬으면 좋겠다고 기원하는 마음은 우리형제 모두의 바람이다. 특히 나에게는 하나 뿐인 친동생이지만 서로 돕고 살지 못해 안타깝기만 한 심정이다.
어느 집에서나 막둥이는 가족 모두로부터 귀염 받고 커서 고생도 모

르고 버릇도 없다고들 하지만 우리 막둥이는 자기 현실에 최선을 다하며 늘 다른 형제의 애로사항을 푸는데 힘을 쏟다.

　지금도 변함없이 "응, 작은형 나야!"하면서 전화하는 목소리만 들어도 정이 넘친다. 아니 내 가슴이 찡해 온다. 누님들도 막둥이에 대한 애정과 고마움을 느끼는 마음은 변함없다. 단지 다들 가정 꾸리고 자식들 키워서 결혼시키다보니 마음만큼 여유가 따라주지 못 해 안쓰러울 뿐이다.

　요즘에는 하나나 많으면 둘이니 예식장이나 어느 행사장에서 "막둥아!"라고 부르는 소리를 들으면 그 쪽으로 시선이 가는 것은 아마도 내 마음의 막둥이와 같은 정감을 느끼기 때문이리라.

　막둥아! 건강하게 잘 살어.

참모

조직에 있어서 참모의 역할은 대단히 중요하고 다양하다. 또한 참모는 지휘관이 활용하기에 따라 여러 가지 형태의 기능을 발휘할 수 있으며 참모에 대한 인식이 부족한 지휘관에게는 필요 없거나 걸림돌이 되는 존재일 수도 있다.

우리 주변에는 참모를 잘 써서 성공한 경우도 많지만 참모를 잘 못써서 실패한 사례도 무척이나 많다.

군복무 시절에 대대인사 참모를 맡게 된 것이 내게 있어서는 최초의 경험이었지만 제대 후에 직장 생활을 하면서 다양한 역할의 참모 생활을 해보게 되었고 사업을 시작하면서부터는 내 손으로 참모를 뽑고 육성하고 가끔씩은 지휘권을 대신하도록 권한을 위양하기도 해 보았다. 내가 지휘관 입장에서 참모를 운영해 보니 직장시절에 참모 생활은 어떻게 하는 것이 바람직하겠다는 개념이 선다. 그래서 젊은 직장인에게 당신에게 일이 주어지면 당신의 상사 입장에서 검토하고 일을 해보라고 권장한다.

세상에서 제일 바보가 참모를 뽑아 놓고는 참모의 쓴소리에 화를 내며 자기 고집대로 매사를 결정하는 지휘관이다.

세상에서 가장 훌륭한 참모는 자기가 지휘관 입장이 되어 지휘관의 가장 큰 애로사항은 무엇인지를 헤아려 보고 그 문제를 해결할 수 있는 대책을 강구하여 지휘관을 보좌하는 부하일 것이다.

그래서 경험이 많은 참모를 찾게 되는데 우리나라에서는 아직도 뿌리 깊은 유교의 서열문화 때문에 자기보다 나이 많은 사람을 참모로 두는 걸 꺼리는 것이 우리의 일반적인 정서라고 생각된다.
　또한, 이와는 반대의 경우로 연장자들이 참모 제안을 받는 경우에 체면이나 자존심 때문에 거절하는 때도 있다.
　훌륭하고 용기 있는 지휘관이라면 참모의 나이에 제한받지 않고 두루두루 경험 많은 사람을 활용하는 적극적인 자세가 요구된다.
　참모 활용의 범위는 지휘관이 하기 나름일 것이다.

할머니, 할머니, 할머니

식구가 함께 여행할 수 있는 기회가 점점 없을 것 같아 아들 휴가에 맞춰 1박 2일의 빡빡한 여정으로 전라남도 신안군 흑산면 홍도리에 소재한 해상낙원을 구경하러 월요일 새벽 3시 조금 넘어서 집을 나섰다.

오전 7시50분에 출발하는 홍도행 배를 타기 위해 서해안 고속도로에 있는 어느 휴게소에 들러 간단하게 우동 두 그릇으로 잠도 부족한 네 명의 아침을 때우고 목포항구로 갔다. 홍도는 목포에서 115km 떨어져 있는 아름다운 섬으로 고속 배편으로 약 2시간 반이 소요된다.

사실은 당초 울릉도로 계획했었으나 아들이 군복무 중이라서 바다 날씨가 나빠지면 귀대 문제가 염려되어 나로서는 33년 만에 다시 가보려 했던 울릉도 여행을 접고 요즘 연일 TV에서 방영된 홍도 쪽으로 방향을 틀게 된 것이다.

93km 떨어진 흑산도를 거쳐 홍도까지는 22km가 남았으나 30분 만에 도착할 수 있었다. 선착장에는 민박유치를 위해 현지 주민들이 많이 나와 기다리다가 여행객이 배에서 하나씩 내릴 때마다 "단체손님이냐?" 아니면 "우리 집에서 민박하자"하면서 한 팀 한 팀 유치 결정이 되는 상황에서 어느 할머니 한분이 우리 가족에게 다가와 자기 집으로 가자고 말씀하시길래 나는 따라 나섰다. 십여 분 따라가니 할머니 집이 나왔고 집에는 아무도 없었다. 그래서 점심 한 끼를 부탁드리고 바다가

보이는 방 한 칸에 앉아 기다리는데 집사람 왈 할아버지는 제주도로 고기 잡으러 가셔서 할머니 혼자 계신단다.

전문식당도 아닌 이런 곳에서 왜 점심을 먹느냐는 못마땅한 표정의 아이들은 할머니가 맛있게 준비하신 우럭 매운탕과 밑반찬에 어느새 그 불만이 사그라져 버렸다. 조금 있다가 홍도 일주유람을 해야 하기에 우리 가족은 밥을 먹자마자 서둘러 할머님께 "잘 먹었습니다" 인사드리고 꼭대기에 있는 홍도 우체국에서 아이들 기념사진을 찍어주고 선착장으로 내려왔다. 홍도 일주 유람선을 타니 얼마 전에 TV에서 봤던 노인 양반이 선장으로서 우리를 반갑게 맞이하였다.

TV를 통해 1차 예습을 하고 온지라 기암괴석과 절벽에 대한 설명에 이해가 빨랐다. 유람선 관광가이드도 노인양반인데 각양각색의 섬 모습을 인생지사와 비교하며 구수하게 풀어내는 만담은 우리를 웃기고 다시 한 번 살아온 길을 생각하도록 하는데 충분하였다.

2시간 반 동안의 홍도 일주 유람을 마치고 흑산도로 갈 배를 타기 위해 선착장으로 다시 돌아왔다. 삼사십 분의 여유시간이 있어 선착장 부둣가에 2열로 자판을 벌여 놓고 동네 아낙네들이 해삼 멍게 소라 등을 파는 곳에서 간단하게 먹으려고 걸어가다가 할머니가 계신 곳으로 내가 앞장서서 들어가니 아이들이 "아빠는 왜 할머니만 좋아해?"하고 묻길래 내가 빙그레 웃기만 하니까 집사람이 "어디가나 그렇지"하면서 나의 마음을 대신 답한다.

해삼과 멍게를 잘 먹고 일어나 배를 타고 30분쯤 가니 흑산도에 도착했다. 아들이 인터넷으로 예약한 흑산 비치호텔 측에서 선착장에 미니버스를 대기시켜 놓아 쉽게 숙소에 갈 수 있었다.

가족회의 끝에 내일 배편을 조금 당겨서 집에 일찍 가서 쉬자고 결정하여 흑산도 일주 택시를 대절하여 섬 내부의 도로로 이곳저곳을 돌아보았다.

백사장 바위에 붙어 있는 생미역을 그대로 따서 먹어보기도 하며 관광가이드 역할을 하는 택시기사의 재미있는 수다에 많이 웃었다. 금방 까먹을 얘기이지만 우리 가족만 있으니 귀에 잘도 들어왔다. 숙소에서 15분정도 떨어진 곳에 택시기사가 추천한 전복죽 전문식당에서 홍어회를 맛본 후 밤길을 걸어 호텔에 돌아오니 땀이 범벅이 되어 순서대로 한 명씩 샤워를 한 후 곯아떨어졌다.

아침에 애들은 더 자게 놔두고 나는 집사람과 숙소 주변을 산책한 후 짐을 싸고 어제저녁 그 식당으로 가서 전복죽을 한차례 더 먹고 터미널로 가 시간을 당겨서 승선 시간과 좌석을 배정받고 아주머니들이 건어물을 파는 노상에서 제일 나이 드신 할머니로부터 몇 가지를 사서 비닐 봉투에 넣은 후 목포행 배에 몸을 싣고 돌아왔다. 세 번째 할머니한테 건어물을 살 때는 식구 모두가 나의 행동이 당연하다는 듯 이의가 없었다.

우리 아이들은 아빠가 왜 저럴까 100% 이해하지 못 하겠지만 나의 마음은 돌아가신 부모님께 생전에 효도 못 한 점이 아쉬워 언제부터인가 늘 할머니한테 발길이 가곤 했었다. 하다못해 동네에서 과일을 사더라도 그랬다.

이 할머니들은 우리 아이들 기준으로 보면 할머니이지만 나로 봐서는 어머니였기 때문이었다.

언제나 변함없이 내 머릿속을 흐르는 어머님, 그리고 아버님에 대한 애정은 내가 죽을 때까지 끊이지 않을 것이다.

당신 자신들에게는 한 푼도 투자하지 않고 오로지 자식들만을 위해서 살았던 분들!

시간을 잃어버린 마을을 찾아서

우리들의 우정

사회생활은 혼자 하는 게 아니고 여러 사람과 어울려 하기 때문에 구성원 간에 인간관계가 형성되며 그 인간관계 중 우정이라는 덕목이 있다.

중·고등학교 동창으로 아주 오랫동안 만나고 있는 친구들을 면면이 살펴보면 각양각색으로 성격, 직업, 가정형편 등 서로 같은 걸 찾기가 쉽지는 않다.

몇 명 안 되는 이 친구들이 두 가지로 대분류 되는 것이 있는데 한쪽은 수동적으로 연락이 오는 것만 기다리는 그룹이고, 다른 쪽은 공격적이고 능동적으로 연락하거나 참여하는 부류이다.

마지못해 참가하는 친구들을 보면서 '내가 왜 시간과 정열을 투자하며 그런 친구들에게 애정을 구걸하나' 하는 생각을 하다가도 금방 생각이 바뀌어 나라도 공격적으로 해야 다들 이어지지 않겠는가 하며 좋은 날이 있으리라 기다려 보는 것이다. 이것이 사랑이요 베풂이 아닐까 하는 생각 때문이다.

이 세상에서 아무도 나를 찾는 이 없고 연락 주는 사람이 없다면 어떤 마음이 들까? 쓸쓸하고 외롭고 고독하며 내가 여태까지 세상 잘못 살아왔구나 하고 느껴도 이미 때는 늦은 것이다.

내가 좋아하는 사람을 기쁘게 만들고, 도움이 되기 위해 무언가 하고 싶고, 가교 역할을 한다는 것은 행복한 것이다. 그리고 만남을 소중하

제4장 희생 번트

게 여기고 경건하게 생각하여 친구로부터 연락 받은 것을 감사하게 느끼며 최우선적으로 나부터 참여해야 한다는 의식이 서 있을 때 나는 그들로부터 보고 싶은 얼굴이 될 수 있는 것이다.

또한 내가 필요할 때 친구를 찾는 게 아니라, 내 친구가 나를 필요로 할 때 가장 먼저 달려가는 마음이 진정한 우정이라고 확신하다.

모두가 각자의 위치에서 역할을 다하고 있지만 어떤 친구는 자기 자신의 애로사항에 대하여 친구로부터 조언을 구하며, 어떤 친구는 시간이 있어야만 참여해 볼까 기웃거리며 아주 수동적으로 응하고, 어떤 친구는 친구 모임을 계모임 수준으로 인식하고, 어떤 친구는 일처럼 최우선적으로 비중을 두고···.

바닷가 모래사장 위에 텐트 치고 하늘이 보이지 않을 정도로 퍼 붓는 장대비 속에서 옹기종기 쭈그리고 앉아 도란도란 얘기 나누며 숨 넘어갈 정도로 웃으며 함께 소주 한 잔 기울였으면 얼마나 좋을까(누군가가 미친놈들이라고 하든 말든).

안인 바닷가 바위 위에 올라 앉아 한두 놈은 낚시하여 걷어 올리고, 한두 놈은 젓가락질 하기 좋게 횟감 치고, 한두 놈은 어촌 마을 오가면서 소주와 양념 심부름 하며 흥얼흥얼 노래 부를 수는 없는 건가(이런 얘기하면 청춘 같은 소리 하네 라고 할지 모르지만).

세상에 받는 것이 싫다는 놈 없다지만 받기만 하는 우정은 주는 것이 얼마나 행복한 지를 직접 경험하지 못했기 때문이다.

"우리들의 우정을 깊이 간직하자. 행운을 빌며···"라는 노래가사가 오늘따라 새롭게 느껴진다.

시간을 잃어버린 마을을 찾아서

변신

동물 중에서는 생존의 수단으로 자기 몸을 주변 환경의 색깔에 맞추기 위해 변신하는 경우가 있다. 변신해야만 살아남을 수 있기 때문이니까 누가 뭐래도 본능적으로 그렇게 하지 않을 수 없는 것이다. 사람 사는 사회에서도 이래야 하는 경우가 많이 있다고 생각된다.

며칠 전 어디에선가 우연히 보게 된 기사에서도 대기업 과장 출신이 주식투자로 전 재산을 다 날린 후 몇 년 동안 고생고생 끝에 호떡장사로 변신하여 지금은 상당한 숫자의 체인점을 내줄 정도로 자기 고유 브랜드의 호떡 전문 재벌(?)이 되었다는 내용을 접하면서 나 자신의 최근 몇 년간을 되돌아보았다.

내 생각으로는 현대 사회를 살아가면서 개인이든 기업이든 환경에 대응할 줄 아는 변신능력이 없다면 그 자체로 이미 경쟁 대열에서 낙오 될 수밖에 없다고 판단된다.

요즘 우리 집에는 아이 둘은 나가있고 부부만 남아있는데 딸과 아들이 같이 생활할 때와 지금과는 그야말로 분위기도 다르고 환경자체가 전혀 딴판이다. 이렇게 바뀐 환경 속에서 나는 나대로 집사람은 집사람대로 현실에 적응하려고 몸과 마음이 긍정적으로 바뀌어 가는 모습을 느낄 수 있다.

이와 같이 변화에 따르지 못하면 우울증이나 외로움이라는 부작용이 나타날 수밖에 없기 때문에 현실에 적응하게 되는 것이다. 사업을

하다가 망해도 망한 직후가 제일 고통스러워 죽어버릴까 하는 생각까지도 해보지만, 이성을 찾고 시간이 흐르면서 호떡 전문 재벌같이 현재의 변화된 환경을 받아들여 "그래, 이제 다시 시작하는 거야!"하는 자세로 꿈과 목표를 갖고 도전하면서 새로운 인생을 만들어 가며 전에는 몰랐던 짜릿한 맛을 느끼게 되는 것이다.

가까운 장래에 우리 아이들도 어차피 결혼해서 독립할 것이니 그때를 대비해서 부모자식 간에 예행연습 해보는 거라고 생각하니 어찌 보면 자연스러운 변신과정이다. 주변에서 변신을 못하는 사람들을 보면 옛날 향수에서 벗어나지 못하여 그때 그 시절만 기준으로 하니 현실을 받아들이지 못하는 것이다.

자존심이 너무 강해서 남들은 다 변해도 자기만은 절대 그럴 수 없다고 고집부리는 사람도 변신에 성공하지 못한다. 그리고 자신감이 없어서 변신에 도전하지 못하고 그저 그렇게 우물쭈물 살아가는 계층도 있다. 요즘 노인네들 중에는 젊은이의 문화를 수용하려고 적극적으로 과거의 의식과 외양을 떨쳐버리며 새로운 도전에 용기를 내는 멋있는 분들이 많아지고 있다.

왜냐하면 변신을 못하면 대화의 대상이 점점 축소되어 나만 외로워지기 때문이다. 이렇게 새로운 것에 도전하는 모습이 아마도 가장 아름다운 변신이리라.

이웃사촌

먼 데 사는 사촌보다 이웃에 사는 남이 더 가깝다는 말이 요즘엔 더욱 실감난다. 말 그대로를 따져보면 사촌 형제를 만나는 것은 명절이나 애경사 때 아니고는 보기 힘든 것이 현실이며 친형제 간에도 크게 다르지 않다. 그러나 동호인 모임이나 OB모임, 친구들 모임은 최소한 월 1회 이상 만날 수 있고 거래처 지인들이나 이웃주민, 직장동료들은 수시로 또는 매일같이 보게 된다.

그러니 사촌형제보다 몇 배나 많게 접촉하는 것이 바로 이웃사촌이니 사회생활은 정분이 두터운 이웃과 함께 살아가는 게 된다.

평생을 조직과 더불어 살아온 본인으로서는 가끔 본의 아니게 점심을 혼자 먹게 될 때가 있는데 이때마다 이웃사촌의 소중함을 절실하게 느낀다. 하물며 평소에 이웃사촌을 멀리한 사람은 어떻게 살아가나 궁금하기도 하고 걱정스러워진다.

아주 특별한 경우를 빼놓고는 형제와 이웃과 더불어 살고 싶어 항상 머릿속에 그 생각을 가득 채워가지고 다니지만 행동이 생각을 못 따를 때가 많아 안타깝다.

마치 부모님 살아생전에 효도 못하고 돌아가신 다음에 후회하듯이 말이다.

옛말에 사촌이 땅을 사면 배가 아프다고 했다지만 내 생각에는 내 주변사람이 잘 되어야 인심이 훈훈해져 떡고물이라도 얻어먹을 수 있

제4장 희생 번트

는 바, 혈통 사촌이든 이웃사촌이든 모두가 잘 풀리기를 진심으로 기원하는 것이 더 현명한 방법이라고 믿는다.

형제지간에도 누가 병원에 입원했다든지 꼭 무슨 일이 생겨야 얼굴 보는 게 아니라 평상시에 생각했던 걸 행동으로 옮겨 좋은 명분을 일부러 만들어서라도 자주 만나지 않고서야 현대 사회구조로 봐서는 얼굴보기 힘들어지고 이웃사촌보다 못하게 되는 건 당연하지 않겠는가.

우리 부부와 한 달에 두 번 정도 함께 등산하는 분당부부도 이웃사촌에서 시작하여 십여 년의 세월이 흐르면서 가족 같은 친구가 되어버렸지 않은가.

요즘 들어 자주 머리에 떠오르는 "죽기 전에 자주 봐야지"라는 생각은 형제지간이든 친구든 이웃사촌들 모두에게 적용하고 싶은 간절한 바람이다.

첫사위 맞이

절친한 친구의 큰 애가 결혼하는 날 예식장에 한 시간쯤 미리 도착한 우리 식구 셋은 나보다 조금 먼저 와 있었던 준양이네 부부와 소파에 앉아 담소하고 있었다.

잠시 후에 나머지 친구 4명은 사정이 여의치 않아 홀로들 도착했다. 그러니까 나만 휴가 나온 아들까지 대동해서 제일 많은 식구가 참석하게 된 결과가 되어버렸다. 나는 식장에 도착하자마자 우리 친구들이 보낸 화환이 제대로 도착했는지 확인부터 한 후 혼주인 친구와 인사를 나누다가 약 20년 전에 보았던 친구를 만나 서로의 근황을 교환하며 세월이 많이 흘렀음을 그 친구의 얼굴을 통해 깨달았다.

나는 이상하게도 늘 착각하고 살아가는 게 있는데 다름 아닌 "나는 젊다고 생각하는데 오랜만에 동창이나 친구들을 보게 되면 왜 저렇게 나이 들어 보일까?"하는 단순 반복적 오류이다.

목사님 주관으로 예식이 진행되는 동안 의덕이, 성재, 영규, 명수 그리고 상하네와 우리 집 식구는 한 테이블에 앉아 혼주인 태용이 부부의 얼굴과 그리고 시집가는 딸과 새로 맞이할 사위, 신랑측 부모의 표정을 번갈아가며 주시했다.

남의 일처럼 구경했던 종전의 자세에서 바로 다가올 나의 일로 받아들이면서 학습태도가 확 달라진 것이다.

우리 테이블에선 단연 동행한 우리 아들에 대한 얘기가 화젯거리였

고 상하네 안사람은 친구들이 왜 부부동반으로 오지 않았냐고 강한 이의 제기를 했지만 모두가 웃음으로 답하였고 나의 마음만 깊게 동감하고 있는 듯 느꼈다.

명수가 자주 말했던 "우리 친구들은 너무 느슨한 연대 모임 수준이야"하는 생각이 내 머리를 강하게 스치고 지나가는 순간이었다. 본인들에게 직접 일이 발생해야 그때서야 이 마음을 알까? 좌우지간 태용이의 장녀 채숙이가 캐나다에 가서 행복하게 살기를 마음속으로 기원하며 예식장을 벗어나려 하는데 태용이가 "고맙다"하며 악수를 청하는데 내 마음이 찡하였다.

당연한 일인데 큰일을 치루는 태용이 입장에선 그런 마음이 속에서 우러나온 모양이다. 돌아오면서 멀리 나가있는 딸아이를 생각하면서 벌써 나의 마음도 거기에 가 있구나 하는 생각에 만감이 교차하였다. 우리 친구의 첫사위 맞이 행사에서 많은 느낌과 생각을 하게 되었다.

시간을 잃어버린 마을을 찾아서

제5장 손바닥 이론

우정은 흔히 사랑으로 끝을 맺는다
그러나 사랑이 우정으로 끝나는 경우는 '절대로' 없다.
-찰스 칼립 콜튼

시간을 잃어버린 마을을 찾아서

웰빙 등산 후기

2주일 전에 약속 했던 대로 두 집 부부가 청계산 새로운 코스로 등산하기 위하여 일요일 아침 7시에 판교에 있는 낙생 농협 주차장에 모였다.

우리가 먼저 도착해서 보니까 골프 약속한 차량들이 이곳저곳 보였다. 여느 때 같으면 이보다 이른 시각인 새벽 4시경에 나도 골프 모임 나가려고 그랬을 거라고 생각했다.

그러고 보니까 요즘 들어 골프 치러 가자고 오는 전화가 부쩍 줄었다. 경기 탓이라는 생각이 든다.

그 전날 바둑모임 갔다가 헬스장에 늦게 가는 바람에 밤 12시에 집에 들어간 터라 나는 차안에서 눈을 붙이고 있었다.

얼마 안 가서 분당부부가 도착했다고 집사람이 나를 깨웠다. 그곳에서 우리는 각자의 차량으로 금토동 쪽으로 향하여 옛골 입구에 가기 전 중간지점에 있는 천림산 봉수지 앞 도로에 차를 세우고 등산을 시작했다.

2주 전에 했던 두 집 부부의 두 번째 산행이 약속했던 것처럼 지켜졌기 때문에 기분이 상쾌해졌다.

말이 나와서 말이지 요즘 약속이란 게 사회 구석구석에서 헌신짝처럼 버려지는 걸 보면 우리 같은 이런 약속이행은 소박하지만 매우 중요하다고 늘 생각해 왔었다. 여기서부터 언행일치라는 개인적 사회적

시간을 잃어버린 마을을 찾아서

책임까지 신장되어 선진국으로 가는 자격이 부여되지 않을까 한다.
약 1시간 10여분 지나니 지난번에 보았던 이수봉 비석이 우리를 변함없이 반기고 있었다. 잠시 서서 과일과 음료를 들면서 오늘 갈 코스를 쳐다보며 담소했다.

사실은 2주 전에 약속한 산행코스는 오늘 등산계획과 달랐다. 원래 우리 부부는 과천에서 시작하여 과천 매봉을 지나 청계사 내려가는 계곡 길을 우측으로 보면서 이수봉 비석 몇 백 미터 전 망경대로 갈 수 있는 3거리에서 기다리고 분당부부는 정신문화연구원 쪽에서 국사봉을 통과하여 이수봉 비석을 지나 우리끼리 정해놓은 지명 '이수봉 3거리'에서 보기로 했었다.

그러나 등산시간 차이와 입산금지계획을 잘 몰라서 혼선을 우려해 일단 만나서 시작하기로 했던 것이다.

어느 정도 목만 축이고 이수봉3거리를 통해서 망경대에 오르기 위해 출발하였다.

망경대 바위꼭대기에 20여 분만에 땀 흘리며 도착할 수 있었다.

그때 내가 "여기가 청계산 제일 높은 곳이니 우리는 청계산을 정복한 것 입니다"라고 말했다.

사실 나는 오늘이 3번째였지만 지난번 등반 때 약속대로 나는 사진기를 준비했기 때문에 4명의 합동사진을 역사상 처음으로 약13년 만에 찍을 수 있었다.

그리고 요즘 기억이 잘 나지 않을 정도로 오래 되었던 각각의 부부 사진 한 장씩도 추가했다. 젊은 팀에게 부탁해서 우리 4명의 사진촬영을 마치고나니 자기네 팀도 카메라를 넘겨주며 한 장의 사진을 부탁해 와서 우리 집사람에게 찍어 주라고 했다.

사실은 나는 디지털사진기를 만질 줄 모르기 때문에 집사람에게 건넸고 내 사진기는 물론 일반 사진기였다. 여기서도 세대 차이를 확연하

제5장 손바닥 이론

게 느낄 수 있었다.

이제 옛골 쪽으로 가기 위해 꼭대기에서 내려가기 시작했다.

두 번이나 와봤던 길이지만 또 생소해서 긴가 민가 했다.

그러나 많은 사람이 다니는 곳이라 흔적대로 따라가니 옛골 매봉이 보였다. 매봉 쪽으로 가면서 왼쪽에 있는 서울대공원을 보며,

"참, 사람들 머리 좋네. 어떻게 이리 좋은 지형을 찾아내 동물원을 꾸몄을까" 생각해 봤다.

매봉 바로 전에 어김없이 막걸리 파는 곳이 나타났다. 꽤 많은 사람들이 한잔씩 하고 있었다.

근데 이상하게도 젊은 사람보다도 나이가 많으신 분들이 더 많아 보였다. 분당아빠가 "한잔 하실래요?" 하길래 나는 "속이 비어서 싫어요"라고 거절했다.

매봉 쪽으로 해서 옛골을 내려가면 계단이 너무 많아 무릎 아프다고 우리 모두 똑같은 의견으로 부드럽게 보이는 우측계곡으로 내려가면서 햇볕이 환하게 내리쬐는 땅바닥에 신문지 깔고 앉아 분당아빠가 주는 곶감을 두개나 맛있게 받아먹으며 재미있게 얘기 나누다가 3번째 산행 얘기가 나왔다.

각자의 스케줄을 헤아리며 12월 19일로 정했다. 오늘 코스를 거꾸로 해보기로 했다. 그리고 금강산, 백두산까지 발전시키자고 약속했다.

하산 하면서 여러 팀이 양지 바른쪽에서 쉬는걸 보면서 봄날 같다고 느꼈다.

땅 바닥에는 푸릇푸릇한 잎이 여기저기 피어 있었다. 쑥도 누렇게 바랜 색으로 살아 있었다.

아침 7시 20분부터 4시간 반을 산에서 놀고 나니 허기가 져서 보리밥 집으로 들어갔다. 보리밥 둘과 청국장 둘을 시켜 먹고 나니,

"웰빙 등산, 웰빙 하루"였다.

다음번에 만날 주차장소까지 정하고 우리 차를 세워놨던 곳까지 차도를 걸어가면서 수많은 차량을 보았다.

대부분 우리보다 늦게 집에서 나온 사람들이겠구나 하면서 하루를 빨리 시작하니 두세 가지 일을 볼 수 있겠구나 하고 다시 한번 느꼈다.

아주 기분 좋은 만남이었다.

3번째 만날 적에는 아까 망경대에서 사진 찍을 때 생각한 것처럼 오늘 건네준 '어느 가을날 두 부부의 낙엽 등산 후기'라는 내가 쓴 첫 번째 합동 산행기 대신에 예쁜 액자를 증정해야지!

레이업(Lay up)샷

국내외로 어려운 경제상황에서도 우리의 호프 최경주 선수가 세계적인 프로골퍼들과 당당하게 힘을 겨루는 모습이 TV에 나타나면 최경주 모습만 나오기를 기다리면서 채널을 다른 곳으로 돌리지 못했다.

얼마 전에 최경주에 대한 골프게임 마인드가 소개된 신문을 보았다. 레이업 샷에 대한 내용이었다. 결론은 "트러블을 만나면 목표를 우회하는 레이업 샷"을 한다는 얘기였다.

실제 경기 중 최경주는 티샷한 볼이 러프에 들어가자 무리하게 투온을 시도하지 않고 레이업을 해 자신이 좋아하는 거리의 지점에 볼을 보내 다음 샷으로 홀을 공략하는 장면을 보면서 진짜 프로구나 하는 생각이 들었다.

왜냐하면 올해 74세 된 미국 PGA 51승에 빛나는 빌리캐스터의 말이 떠올랐기 때문이다.

빌리캐스터는 "나의 골프 전략은 안전한 루트로 내 수준에 맞는 플레이를 하는 것이다"라고 자기 철학을 함축했다.

산전수전 다 겪은 백전노장의 프로들도 홀을 공략할 때 안전과 자기 분수를 우선적으로 감안한다는 얘기다.

우리는 주변에 10%도 안 되는 성공확률을 갖고 무모한 사업에 투자하여 망하는 사람을 많이 보아 왔다.

그 중에 나 자신도 내가 접해 보지 않은 사업종목에 남의 말만 듣고 뛰어들어 힘 한번 써보지도 못하고 끝장을 본 쓰라린 경험자이다.

평소에 해보지 않고 준비되지도 않은 트러블 샷을 구사하는 것은 기적을 바라는 것과 똑같은 일이다

사람이 위험에 직면했을 때 자기 능력과 분수를 알고 돌아갈 줄 아는 이치를 깨달아야 진짜 프로며 진짜 사업가이다.

등산 규칙

주말에 산에 오르다 보면 아침 식사하고 집을 출발하여 산 입구에서 모여서 단체로 등산하는 동우회를 많이 만나게 된다.
나는 그 시간대를 러시 아우어(rush hours)라고 부른다.
주말 아침 10시부터 11시 사이라고 생각된다.
주로 도심에서 가까운 산을 찾다 보니 관악산과 청계산은 인산인해를 이룬다.
관악산은 돌이 많아 무릎에 안 좋다고 나이든 사람들은 피해야하는 악산이라고 평가했고 청계산은 부드러워 여성산 같아 초보자나 연세가 좀 있는 분들이 좋아하는 산이라고 우리부부가 자체 분석했던 우리 동네 산이 이렇게 인기 절정인 것이다.
등산인구가 늘다보니 짜증나는 일이 많아지게 된다. 항상 느끼는 것이지만 상행이 먼저냐 하행이 먼저냐 하는 문제와 우측통행이냐 좌측통행이냐 하는 문제는 TV 같은 데서 재미있는 프로그램으로 만들어 전 국민을 대상으로 홍보하면서 그 규칙을 정해 주었으면 하는 마음 간절하다. 거기에 덧붙여 주통행로 좌우 가까운 곳에서는 앉아서 음료나 과일 먹지 않기 등 '등산규칙'을 만들어 우리 모두에게 기분 좋은 산행이 되었으면 한다.
질서 있는 등산 문화를 만들어 보자.
역시 질서는 우리 모두에게 편하고 아름다움을 선사할 것이다.

꼭대기가 없는 산?

산에 오르게 되면 성취감을 맛보기 위해서 아무리 힘들어도 가장 높은 봉우리를 정복하려는 마음이 생긴다.

만약에 꼭대기가 없는 산이라면 도전목표가 없어 우리는 산에 오르지 않았을 것이고 오른다 해도 정상 정복의 성취감을 맛본다는 개념이 아예 없고 그저 산림욕을 즐기거나 일정시간을 산행 하다 돌아오는 형태가 될 것이다.

꼭대기가 없는 산은 있을 수 없으며 꼭대기에 도달한 후에 하산의 길을 걷게 되는 것은 하늘에 공을 던지면 산 모양의 곡선을 그리며 다시 땅으로 떨어지는 이치와 같다.

그러나 우리는 마치 산에 꼭대기가 없는 것으로 착각하고 살아가는 게 아닌지 걱정스럽다.

항상 맑은 날만 계속될 줄 알고 비올 날은 대비하지 않으며, 언제까지나 권력의 지위에 앉아 있을 줄 알고 안하무인격으로 어깨에 힘주고 살며, 돈이 계속 잘 벌릴 줄만 알고 교만에 빠져버려 살림이 어려웠던 올챙이 적 다 잊어버리고, 회사 잘 나간다고 기고만장해져 안팎의 주위 사람들로부터 심하게 눈총 받는 것이 모두가 승승장구 할 줄만 알지 반드시 내리막길을 거쳐 가야한다는 인생의 진리를 깜박하고 있는 건 아닌지 모르겠다.

하루도 아침이 오고 한 낮을 지나면 밤이 되는 법이요, 인간도 태어

제5장 손바닥 이론

나 청년시절까지는 계속 성장하며 젊음을 과시하다가 나이 들면 기력이 쇠퇴해져 병들고 끝에 가서는 흙으로 돌아가듯 모든 일에는 절정이 있고 그 후에는 하향곡선을 그리는 법이니 평상시 잘나갈 때에 하산할 때를 대비하는 자세가 꼭 필요하다는 것을 명심하자.

앞만 보고 가다가 가끔은 잊지 말고 뒤돌아보는 습관을 평소에 기르자.

요즈음은 산에 오를 때보다 내려갈 때가 더 힘든 것 같다.

세 마리의 붉은 사자

12월 첫째 주 화요일 아침.
옛날 직장 동료들의 OB모임이 있는 날.

안성에 있는 어느 골프장에서 금년도 마지막 OB골프 라운딩.

모두가 한 해의 마지막 달에 치는 골프라서 세월이 유수같이 지난 것을 아쉬워하며 또한 이렇게 모임에 참석하게 된 것을 감사하게 생각하였다. 오늘 참석 못한 최사장과 김사장의 바쁜 사유를 들어보며 제각기 샷 하나하나마다 최선을 다하기 위해 노력하는 모습이 진지해 보인다.

나는 골프를 칠 때마다 같이 라운딩 하는 모든 사람들이 나 때문에 즐거워하도록 분위기를 띄운다.

내가 행복해야 남을 행복하게 할 수 있듯이 나 자신부터 골프장에 온 이상 즐거움을 만끽하려고 애쓰다 보니 옆 사람까지 웃기며 기분 좋게 만들려 하게 되는 것이다.

오늘 팀 구성을 하다 보니 우연의 일치로 나의 뒷팀은 모두 붉은 모자를 쓰고 있었다.

후반 나인에 들어서 중반쯤 지났을 때 우리 앞팀이 티샷을 하는 중이라 우리 팀은 티잉 그라운드로 가지 못하고 방금 홀 아웃 했던 그린 주변에서 우리 뒷팀의 두 번째 샷을 구경하기 위해 뒤를 보고 있었다.

생각보다 날씨가 따뜻해서 그냥 서서 있어도 춥지는 않았다.

우리 뒷팀에서 친 볼이 그린을 향해서 하나 둘 날아왔으나 온-그린

에 성공한 볼은 하나도 없었다.

무심코 방금 볼이 날아왔던 방향을 보고 있었는데 페어웨이 한가운데 지평선 너머로 세 마리의 붉은 사자가 사이좋게 앞으로 오고 있었다.

그 순간 나는 동물의 세계에서 보았던 사자 무리의 모습과 너무나 똑같다는 생각을 하게 되었다.

진짜 너무 똑같은 광경이라 순간적으로 착각한 것이다.

잠시 후 나는 이런 생각이 떠올랐다.

"맞다. 사자가 먹잇감을 구하러 목표를 향해 돌진하는 것과 우리 인간이 치열한 경쟁 속에서 살아남기 위해 몸부림치는 것이 뭐가 다른가?"

신년도에는 더 멋있는 모습을 목격해야지.

사진 찍기

언제부터인가 내가 사진을 찍히는 것보다 남을 찍어주는 게 좋아졌다.

그러다 보니 무슨 모임이나 운동, 등산이 있을 때면 사진기를 챙기는 습관이 들었다.

내가 여러 사람을 위하여 사진기사가 되면 분위기도 자연스럽게 좋아질 것이고 또 행사 후에 기념이 되도록 그 사진을 현상하여 각자에게 나누어 주면 사진을 받은 사람은 나한테 고맙게 생각할 것이고 추억을 다시 한번 떠올리도록 할 수 있어 좋은 것 같다.

작년에 미국에 갔을 때 어느 할머니 한 분이 사진기를 안 가져 오셔서 안타까워하고 계셨다.

그때 내가 "사진 한 장 찍어드릴까요?"했더니 미안해서 어쩌냐구 하시길래 그랜드캐년을 배경으로 한 커트 찍어드렸다.

우리 일행 중에는 부부가 함께 온 분도 있고 나처럼 혼자 여행하는 분도 있었다.

그래서 좋은 풍경이 나오면 서로서로 자기 사진기를 건네주며 사진 한 커트를 부탁하곤 했다.

그래서 나는 잠깐 잠깐 여유 있을 때마다 그 할머니를 위해 사진기사로 봉사했다.

중간 숙소로 오셔서 할머니는 필름을 한통 사서 건네 주셨다.

미안함의 표시와 동시에 나중에 현상한 사진을 받기 위함이었다.

물론 할머니는 주소를 적어주시면서 꼭 부탁한다고 몇 번이고 신신당부하셨다.

한국에 돌아와서 약속대로 전화를 드리고 사진을 부쳤다고 말씀드리니까 식사 한번 낼 테니 시간 좀 내라고 아우성이셨다.

식사는 같이 못했지만 항상 뿌듯함이 기억에 남아있다. 그 할머니 기대에 부응해서 약속을 지켰다는 나 자신의 행동에 행복했다.

뉴욕에 있는 친구에게도 인편으로 나와 같이 찍은 사진을 보냈다.

나이가 들어서 사진 찍는 문화가 바뀌었는지는 몰라도 내가 찍은 사진을 받는 사람들이 행복해하니 나도 행복하다.

상대방을 배려하는 마음의 소중함이다.

백일 운동

요즈음 무척이나 나빠진 경기 때문에 더욱 형편이 어려워진 우리 주변의 소외 계층이 늘어나고 있다.

그러나 다행스럽게도 많은 대기업들이 '나눔의 문화'를 확산시키려고 대대적인 봉사활동을 실천하고 있다. 특히 12월이 되면 이와 관련된 많은 뉴스거리가 신문에 보도되어 일년 내내 관심도 없던 사람들에게도 따뜻한 마음을 열도록 자극하게 된다.

평상시 TV에서 어려운 가정에서 희귀한 병에 걸려 돈이 없어 수술도 못 받고 있다는 장면을 보면서 눈물도 흘리고 자동성금 전화도 돌리곤 했지만 사회 전체에서 시스템적으로 어렵고 살기 힘든 이웃을 찾아내고 돌보아 최소한의 인간답게 살도록 해야 한다는 생각을 많이 해왔다.

오늘도 유니세프(Unicef)에서 '크리스마스 하루에만 3만 명의 어린이가 굶주림과 질병으로 죽어가고 있습니다'라고 쓰여 있는 봉투에 후원금 지로 용지를 담아 우리 집으로 보내왔다.

집사람은 종교단체에서 조그만 봉사활동을 하면서 심심치 않게 후원회 편지를 건네주며 좋은 일 하라고 내 등을 떠민다.

좋은 일을 할 기회를 준 집사람에게 감사하게 생각하며 우리 젊은 연구원들에게 '백일운동'을 제안하기로 결심했다.

내가 생각하는 '백일운동'의 내용은 우리들의 매달 급여에서 실 수령

제5장 손바닥 이론

액의 100분지 1, 즉 1%씩을 모금하여 영세 복지시설이나 우리가 소속되어 있는 지역사회의 어려운 이웃을 찾아 정기적으로 꾸준하게 단골처럼 후원하는 프로그램이다.

얼마 안 있으면 회사 임직원 모두가 제주도 한라산에 가기로 계획되어 있다.

나는 그 자리에서 나눔의 실천 운동인 '백일 운동'을 제안하여 모두의 동의를 기쁜 마음으로 받아야지.

토사구팽(兎死拘烹)

유방이 항우와 싸워 이길 때 한신은 제일 큰 공을 세워 초왕(楚王)에 봉해졌으나 이런저런 사연으로 결국은 사형 당하고 마는데 "교활한 토끼가 죽으면 좋은 개도 삶아지고…, 천하가 평정되었으니 내가 삶아 죽는 것은 당연하다"고 한탄했던 한신의 말이 '토사구팽(兎死狗烹)'이란 고사성어로 전해져 현대사회에서도 많은 교훈으로 활용되고 있다.

몇 년간 연락도 없이 지내던 사람이 불쑥 전화하여 그 간의 안부를 묻고는 본심으로 들어가 자기가 급하게 필요한 자료를 얻어 달라는 부탁을 받고 회사의 기밀사항이 아니기에 관련부서에 협조 요청하여 어렵게 자료를 얻어 그 친구에게 연락하니 곧 찾아오겠다고 해서 우리 사무실에서 차 한잔 나누며 자료를 건네주었던 것이 20년 가까이 되었다.

물론 나중에 소주 한잔 하자고 하면서 오늘은 바빠서 며칠 내로 연락하겠다며 돌아갔으나 나는 잊어버리고 있었는데 한달쯤이나 지나서 다시 전화연락이 와 다른 자료를 또 부탁하길래 알았다며 해보겠다고 하면서 전화를 끊은 적이 있었다. 그 후에도 그 친구의 독촉성 전화는 마치 채권자처럼 몇 번씩 왔었으나 내가 속이 좁아 그랬는지 마음이 동하지 않아 내버려 두면서 "그 친구 필요할 때만 나를 찾는데 내가 그렇게까지 할 필요는 없지"하는 생각이 들었다.

세상을 살아가면서 쓸모가 끝나면 버려지는 경우가 적지 않은데 정치하는 사람이 자기 필요에 따라 처신하는 것과, 동업하는 사업자가 당초의 자기 목적이 달성되었다고 판단하여 갈라서자고 할 때, 그리고 재벌 2세가 여태까지 자기 선친을 보좌하여 오늘이 있게 한 창업공신 참모를 한직으로 물러나게 하는 모습 등 우리 주변에는 처음과 끝이 다른 사람들이 많이 있다.

더군다나 늙은 부모가 재산을 빨리 상속해 주지 않는다고 존속살인 하는 사건까지 발생하니 몸과 마음 다 바쳐 자식 키운 대가는 어디 가서 찾을 수 있단 말인가.

사람이 사람을 만나는 것은 어떠한 숨겨진 목적 없이 서로 보고 싶고 같이 일하고 싶고 떡 한쪽이라도 나누어 먹고 싶고 어쩌다가 신세를 지게 되었으면 항상 고마운 마음을 저버리지 않고 처음 만났을 때 그대로 초심을 아름답게 지켜야 한다.

절대로 상대방을 이용해 먹으려는 생각은 추호도 없어야하고 상대방의 장점만 보면서 어떤 결정이 어려울 때에는 내가 상대방 입장이라면 어떻게 하겠는가 심사숙고하며 해답을 얻는 것이라고 생각된다.

'남의 마음을 아프게 만들면 반드시 나의 가슴 찢어질 일 생긴다'는 옛 어른들의 말씀을 삶의 귀감으로 다시 한번 명심하자.

시간을 잃어버린 마을을 찾아서

역사와 문화

'**유**구한 역사와 전통에 빛나는'이라는 수식어가 앞에 붙어 소개되는 학교나 기업이나 어느 단체를 보면 우리는 왠지 존경하고 부러워하는 마음을 갖게 된다.

왜냐하면 역사란 시간의 흐름 없이는 이루어질 수 없는 것으로 어떤 사물이나 인물 또는 조직이 잘 유지 관리되어 지금까지의 변천된 모습 또는 기록이나 자취가 남아 있어야 하기 때문이다.

두서없이 생각나는 내 주변의 역사를 살펴보면 군 복무시절 인사장교를 하고 있을 때 구입했던 지금 이 순간에도 내 책상에 꽂혀있는 동아 신콘사이스 국어사전은 4반세기가 흘렀고, 집사람이 시집을 때 가져온 자개장롱은 집사람이 몇 번이나 치우려했지만 나의 고집으로 23년이나 되어 아직도 안방에 좌정하고 있으며, 중학교 시절부터 지금까지 만나서 갑론을박 하고 있는 언제나 보고 싶은 친구들은 40년이 다 되어가는 우정의 역사를 간직하고 있는 모임이다.

요즈음 우리사회를 떠들썩하게 하고 있는 과거사 진실 규명 문제도 이미 삼사십년이란 세월이 지났기에 올바른 기록과 관련 인물 및 자료가 잘 보존되어 있어야 역사를 거슬러 올라가서 진위를 조명할 수 있으리라고 본다. 올바른 역사를 갖고 있다는 것은 후손에게 부끄럽지 않은 유산을 남기는 것이며 진실을 추구하기 위하여 노력했다는 흔적이기도 하다.

의식이 성숙하지 못한 신흥부자는 역사가 일천하여 부자가 갖추어야 할 덕목을 골고루 균형 있게 갖지 못해서 부모자신은 물론 자식들까지 손가락질을 받는 행동을 하게 되는 것이다.

장기근속자가 없는 기업조직은 선장 없이 표류하는 난파선처럼 작은 파도에도 이리저리 휘둘리어 중심을 잡을 수 없으며 애비 없이 자란 자식처럼 망나니가 되기 일쑤이듯 역사의 증인이 없으므로 소위 말하는 양반집이 되기는 더욱 어려워진다.

역사는 이와 같이 하루아침에 이루어질 수 없는 것이지만 문화는 끊임없이 창출될 수 있는 것으로서 그것은 어느 조직의 운명을 좌우하는 역할을 하는데 기업의 운명을 좌우하는 조직 구성원의 행동방식과 태도는 그 기업의 문화를 만들어 내는 것이기에 역사가 일천한 중소기업이나 단체 및 모임은 모든 구성원의 올바른 의식과 적극적인 참여 문화를 조성하여 절대적으로 부족한 시간의 흐름을 만회하려는 노력이 필요하다.

그러나 좋은 습관이나 훌륭한 문화도 하루아침에 이루어지기는 어렵다는 사실을 알아야한다. 우리 친구의 모임은 40년의 역사는 갖고 있으나 속 깊은 문화가 배어 있는 것 같지 않아 올해의 심부름 수장이 된 내가 역사에 걸맞은 우정의 문화를 창조하기 위해 전력투구 해야겠다.

시간을 잃어버린 마을을 찾아서

골프화와 안경

　내가 생각하기에는 신발이 선물 중에는 가장 기억에 오래 갈 거라고 생각되는데 옛날에는 손수건이나 신발을 선물로 주고받게 되면 헤어지게 된다고 하여 기피하곤 했었다.
　아들 녀석이 군대가기 전에 아르바이트하면서 번 돈으로 골프화를 애비에게 선물했는데 이상하게도 골프 치러 가서 눈에 보이면 아들이 준 선물이라는 기억이 또렷하게 살아나는데, 사실은 딸아이도 아빠 안경 사라고 현금 10만원을 건네줬지만 쇼핑센터에서 몇 번 고르다가 예산이 안 맞아 연말이 다가오는데도 구입하지 못해 꼭 죄를 지은 기분이 남아있다. 넥타이를 선물로 받는 경우는 자주 있어 그런지 얼마간 지나가면 잘 기억이 나질 않는데 신발은 이상하리만큼 잊어버리지 않는 것은 선물로써 희귀한 경우라 그런 건지 아니면 아들이 땀 흘려 번 돈으로 사주었기 때문인지 지금도 정확한 평가를 못 내리고 있다.
　우리나라 사람들은 상대방에게 줄 선물을 고를 때 자기혼자의 판단으로 결정하는 것 같아 받는 사람 입장에서도 긴요하게 활용치 못할 경우가 많다. 그러나 우리아이들처럼 당사자인 애비에게 합리적으로 물어본 뒤 선물을 사서 주게 되면 서로에게 유익한 것 같다.
　아이들한테 배운 선물문화를 나이 오십이 넘었지만 이제부터라도 수용한다면 주는 즐거움과 받는 기쁨을 두 배로 느낄 수 있다는 생각이 든다. 하기야 이 나이부터는 나눔과 베풀기에서 작은 행복을 맛보는 게 도리인 것 같다.

제5장 손바닥 이론

산상(山上)의 Live Cafe

12월이 끝나가는 마지막 일요일에 40세 전후로 보이는 두 남자가 통기타를 치며 우리 귀에 익은 노래를 부르고 있는 청계산 어느 자락의 깔딱 고개에서 잠시 발을 멈춘 우리 일행 4명은 라이브 카페에 온 기분으로 사오십 명쯤 되는 등산객들과 함께 그들의 열창하는 모습을 진지하게 감상하고 있었다.

그들은 두세 곡의 노래를 부른 뒤 손이 곱아 잠시 기타 연주와 함께 하던 듀엣을 멈춘 뒤 자기들은 '그룹, 깔딱 고개'이며 여러분이 계신 이곳은 '깔딱 카페'이고 '매주 토요일과 일요일 10시 반부터 해질 때까지' 작은 음악회가 열린다고 소개했다.

우리 일행은 막걸리 두 잔과 커피 두 잔을 육천 원 주고 사먹으면서 저 위쪽에 있는 목이 좋은 자리로 이 무대를 옮기라고 진심어린 충고도 해주고 분당부인은 두 분이 노래하는 중에 고객들의 음료주문에 무료 써빙을 해주겠다고 자청했으나 약 320명이 자기들을 위해 봉사하겠다고 신청한 바 있어 많이 기다려야 한다며 환하게 미소 지었다.

우리 4명은 이 '산상의 라이브 카페'에서 주말 음악회를 여는 통기타 가수들에게 충성고객이 되길 다짐하며 주말마다 보러오자고 반진반농의 얘기를 나누며 하산하기 시작했다.

나는 하산하면서 저 두 사람은 학창시절에 음악을 했던 적이 있으며 지금은 투-잡스로 평일에는 자기네 일을 하고 주말에는 이 산상카페에

서 자기들이 좋아했던 노래도 부르고 부수입도 올릴 거라고 우리 일행에게 나의 짐작을 전했다. 우리 두 부부팀의 세 번째 합동 산행은 계획 일정보다는 일주일 연기됐지만 멋진 산상 라이브 카페의 축복을 받았다. 그리고 내 계획대로 두 번째 합동 산행 때 망경대에서 찍은 기념사진과 추억의 글을 분당부부에게 건네주어서 무척 행복했다.

네 번째 합동산행은 어디로 갈까?

제5장 손바닥 이론

신년 덕담의 메아리

"올 한해 *많이 웃자*를 덕담으로 정했습니다. 제 생각에 뜻을 같이 하실래요? 이기수 올림"
을유년 첫 출근 날에 연하장 대신 보낸 문자 메시지 내용이다.

이에 대한 답신은 여러 가지로 어떤 선배님은 전화로 격려해 주셨고 어떤 친구는 묵묵부답이었고 나머지는 문자메시지로 화답해 왔다.

그중에서 재미있는 내용을 원문 그대로 옮겨보면,

"네, 정말 아름다운 말입니다. 동참 합니다."

"억지로 많이 웃으면 홧병 생긴답니다. 책임지실래요? 지시면 동참 하지요."

"많이 웃자. 너무 좋습니다. 웃으면 만사형통입니다. 건강하시고 조만간 한잔 합시다. 좋은."

"올해도 건강하시고 즐거운 하루하루를 보내시길 기원합니다. 항상 감사드립니다. 꾸뻑."

"그러죠. 새해 복 많이 받으세요."

"선배님 말씀에 기꺼이 동참하겠습니다. 을유년에도 더욱 번창하시길 기원하겠습니다. 김재영 올림."

"고마워이 자네도 금년엔 건강하고 좋은 일만 많이 있기를 빌께"

"고맙습니다. 새해도 즐거운 한해가 되시기를…."

"감사합니다. 올 한해도 건강하시고 골프 많이 칩시다."

시간을 잃어버린 마을을 찾아서

"새해에는 더욱 건강하시고 행복하세요. 전영준."
"좋은 새해가 되시고 건강하시길."
"알겠습니다."
"새해 아침 좋은 말씀입니다. 안종욱."
"돈 벌 짓을 합시다. 스마일+건강. 오늘도 하! 하! 하! 오후에 전화 드리겠습니다."
그리고 나보단 약간 먼저 문자메시지를 보내온 내용은
"새해가 되었어요. 2005년도는 모두가 잘 풀리는 한해가 되었으면…. 총무."
전화로 온 후배의 화답 내용은 "이렇게 아랫것들에게 인사 보내주십니까?"하길래 나는 "내가 아는 사람이 모두 잘돼야 하고 잘된 사람을 진심으로 축복해 줄줄 알아야 한다"고 응답하였다.
내가 보낸 문자메시지 한통이 이렇게 크게 메아리쳐 기분 좋게 되돌아올 줄 몰랐다.
그리고 내 문자메시지를 받은 모든 사람들에게도 기쁨을 주었으리라!

4李

닭 도리탕 요리에는 닭도 중요하지만 후춧가루를 어떻게 뿌려야 하느냐에 따라 맛이 결정된다는 이론이 제시됐다.

오늘 저녁 자리를 같이한 4명중 제일 늦게 온 사람이 동태찜 식당에서 소주 한잔 기울이면서 가족에 대한 얘기를 나누다가 자기지론을 소개한 건데 모두들 귀가 솔깃했다.

얘기인즉 닭이란 음식의 기초재료로써 닭도리탕 만드는데 없으면 말도 안 되는 것이니, 우리 남자들로 따져보면 가족에 해당되지만, 음식의 맛을 내는 후춧가루를 얼마만큼 어떻게 쳐야 되느냐, 즉 남자로서 가족에 대한 기초인식 이외에 바깥 생활을 풍요롭고 아기자기하게 하려는 노력이 매우 중요하다는 뜻이었다.

딸을 대하는 의식과 태도는 두 가지로 분류되어 고전적 성향과 현대적 성향이 교차하고 있었는데 오늘 모임의 최고 연장자는 우리네 부모님이 누나의 귀가시간을 엄하게 관리했듯이 그 당시의 스타일을 고수한다고 했고, 닭도리탕의 후춧가루 제안자는 인터넷 세대인 우리의 자녀들이 선호하는 스타일로 대화와 행동에 동참하기 위하여 딸아이의 남자친구에게 "너 술 한 잔 사라. 돈은 내가 낼께"하는 식의 문화가 필요하다는 얘기였다.

나도 후자에 조금은 가까운 생각이었지만 오늘 모인 4명의 이(李)씨는 직장생활 후 4인 4색의 길을 걸어 왔지만 때 묻지 않은 매너는 그대

로 간직하고 있었다.

  1년 후에 이 자리를 다시 하기로 약속하면서 화이트칼라로 직장생활을 시작한 초기 시절처럼 만날 때마다 우리 4이(四李)는 그 매너를 계속 간직했으면 좋겠다.

  왜냐하면 자기 환경이 자기 계획대로 안 되고 바뀌다보면 인상도 이상해지고 말투도 부정적이 되고 매사를 수동적으로 행하는 경우를 많이 보았기 때문이다.

제5장 손바닥 이론

곱게 늙는 법

길을 가다가 마주 치는 사람 중에 나이는 많아 보이지만 인상이 찌그러지지 않았고 부드러우며 혈색이 좋아 보이는 노인이 있다.
 정말 깔끔하고 멋있고 건강한 모습이어서 내 나이에도 부럽게 느껴져 다시 한번 그 분의 뒤를 바라보게 된다.
 친구들이고 선후배고 요즈음 만나면 오가는 얘기가 어떻게 사는 게 추하게 보이지 않고 건강하고 떳떳하게 노후를 대비할 수 있겠냐는 것이다.
 내가 생각하기에는 몸과 마음 그리고 경제력과 사회활동을 어떻게 관리하느냐에 달려있다고 본다.
 첫째로, 몸이 건강해야 짜증도 나지 않고, 가족에게도 짐이 되지 말아야 되니까 매일매일 운동하는 습관을 가져야 하며, 더불어 올바른 식사를 맛있게 해야 된다. 우환이 도둑이라고 병치레에 모든 걸 빼앗기면 안 된다.
 둘째로, 마음을 잘 다스려야 스트레스를 받지 않고, 스트레스를 안받아야 몸이 아프지 않으며, 진정으로 욕심을 버리고 아침에 일어나서 거울보고 미소 짓기를 3번 이상 꼭 하고, 글을 많이 읽고 자기의 생각을 글로 남겨보고, 주변 사람을 사랑하는 마음을 갖고 남을 미워하지 말며, 상대방의 장점만 보고 가족의 화목에 솔선하며 살아가는 것이다. 그리고 매사에 감사하는 마음을 잊지 않는 것이다.

셋째로, 늙어서 돈 없으면 자식들도 부모를 외면한다고 하니 지금부터라도 종합대책을 수립하여 늘어만 가는 평균수명에 대비하며, 그나마 있는 재산을 자식들에게 무리하게 주게 되면 나중에 자식들에게 경제적으로 기대어야 하니 현실적으로 자기 능력 범위 내에서 자식 결혼시키며 장기 안목적으로 손주라도 집에 오면 장난감 살 돈과 기름값 정도는 줄 수 있는 능력을 남겨 놓아야 한다.

어차피 인생은 공수래공수거이거늘 남은 재산을 잘 관리하여 죽기 전까지 집행의 효율성을 높여야 한다.

마지막으로는 주변 지인을 자주 만나고 반갑게 맞이하고 기존의 모임에는 빠지지 말고 여행 일정을 준비하여 새로운 세상을 접하고 회사일이든, 사업이든, 봉사활동이든 매일 할일이 기다리고 있도록 하고 이국만리에 사는 친구와 선후배를 만나러 가다보면 얼굴은 온화해지고 혈색은 좋아지고 깔끔하고 곱게 늙을 수 있으리라.

결국은 마음이 얼굴에 나타나는 거니까.

망년회

이곳 저곳에서 주관하는 망년회에 이틀이 멀다하고 참석하느라 바쁜 성수기에 선배들과 자리를 함께 하게 되었는데 몇 달 만에 모임에 나온 C사장이 화제의 인물이 되었다.

"제조업 인수하느라고 얼마나 고생 많이 했느냐? 돈 그렇게 많이 벌어서 뭐 할라 그러냐? 편하게 살아, 쉬엄쉬엄 일하면서!" 등등 C사장에 대한 격려와 함께 걱정을 해주는 목소리가 많이 들렸다.

C사장은 속이 아파서 오늘 위내시경 검사 받고 오는 길이라며 미소 지었다.

그랬더니 옆에 앉은 선배가 그거 다 사업하느라고 신경 많이 써서 아픈 거라고 하길래, 나는 한 해 동안 스트레스를 받은 기억이 거의 없다고 했더니 옆에서 "축하한다. 대단하다. 어떻게 하면 그렇게 되느냐?" 등등 관심들이 많았다.

나는 스트레스는 욕심에서 오는 것이기 때문에 내 욕심을 버리든지 아니면 낮추든지 하면 스트레스를 안 받거나 줄일 수 있다고 역설했다.

사실 나는 스트레스를 한번도 안 받은 게 아니라 스트레스가 올 것 같으면 의식적으로 피하려고 노력하거나 긍정적으로 생각하면 스트레스가 아니라고 내 스스로 부정해 버리는 습관을 들이려고 노력했던 것이었다.

금년에 내가 터득했던 스트레스 안 받기 전략은 양보하는 게 편해지

시간을 잃어버린 마을을 찾아서

는 것이고, 지는 게 이기는 것이고, 상대방을 이해하려고 노력하다보면 상대방이 나를 좋아하고, 약속시간보다 조금 일찍 도착하면 틀림없는 사람으로 평가 받고 나는 나대로 여유 있어 좋고, 매사를 긍정적으로 받아들이고 미운 사람 떡 하나 더 주고 항상 내 주변에 대하여 감사하는 마음으로 사는 것이었다.

내년에는 내가 아는 모든 사람들이 나의 전략을 실천해 보았으면 하는 바람이다.

아직도 나는 부족하지만.

제5장 손바닥 이론

가두리 인생

한곳에서 4반세기를 직장생활 하다가 정년퇴직을 얼마 안 남겨 놓고 있는 내 또래 어느 아빠의 고민은 직장 그만두고 나서 사업을 할래도 겁나고 또 지금 다니는 회사의 하청업체 비슷하게 사업하기도 성격상 맞지 않고 이젠 구속 받는 생활도 싫으니 어떻게 했으면 좋을지 모르겠다고 하소연 하길래 나는 아무 생각 없이,
"그렇죠. 직장생활이란 게 가두리 인생이죠. 현직 그만두시면 지금의 6, 70% 강도로 일할 수 있는 자리가 정신적으로나 육체적으로나 좋을 것이고 또한 본인이 좋아하는 일거리, 평소에 하고 싶었던 일이라면 금상첨화 아니겠습니까?" 라고 내 마음을 전했다. 이에 대해 그는 나를 대단하다고 하면서 어떻게 직장생활 과감하게 때려치우고 사업을 하게 되었으며 또 그 사업을 일순간에 정리한 거 보면 경이롭다고 했다.

사실 우리 시대는 학교 졸업해서 군대 갔다 오면 직장에 들어가 관리자 생활까지 해보고 자기 나름대로 계속 직장에 몸담을 것인지 아니면 혁명적으로 가두리를 뛰쳐나와 '도 아니면 모'로 자기사업에 새롭게 도전해 볼 것인지 크게 두 가지 방향으로 나누어지는데 직장이란 가두리에서 오랫동안 일하다 보면 매너리즘에 빠져 세월이 흐를수록 점점 더 가두리를 벗어날 용기와 도전의식이 줄어들게 된다.

요즈음 내 주변에 있는 친구들에게 "끝까지 철판 깔고 붙어 있어" 라고 충고하지만 그 대상은 공무원 하는 친구와 금융기관에 몸 담고

시간을 잃어버린 마을을 찾아서

있는 친구에게 국한될 수밖에 없다.

　왜냐하면 나머지 친구들은 벌써 이민 갔거나 직장에서 나온 지 오래되어 가두리 인생을 제대했기 때문에 그런 충고를 해 줄 대상이 아니어서 그렇다.

　직장과 사업 얘기만 해서 그렇지, 사실은 우리네 가정이야말로 정말 가두리 아닌가 생각된다. 최소한 우리 상식으로는 가정이란 미명의 가두리는 내 스스로 제거할 수도 없을뿐더러 나의 가족들도 마찬가지로 탈출하려고 꿈도 꾸지 않는 게 일반적이다. 아빠들이 아침 일찍부터 밤늦게까지 밖에서 바깥양반 구실하는 것도 이 가두리에 넣을 먹이 감을 구해서 가두리 안에 있는 식구들 입천장에 거미줄 치지 않게 하기 위함이요, 엄마들이 새벽부터 눈 비비고 일어나 식구들 잠 속에서 헤매고 있을 때 밥 앉히고 구석구석 청소하며 하루 종일 뒷바라지 하며 평생 안사람 역할만 하는 것도 가두리를 보호 유지하려 하기 때문이 아닐까 생각된다.

　친인척은 물론 친구지간, 직장동료지간, 학교동창지간까지도 가두리의 소중함을 잊지 말고 한번 인연이 되었으면 끝까지 함께 하는 평생지간이 되도록 나부터 잘하자.

제5장 손바닥 이론

작은 실천 큰 기쁨

담배를 끊은 후 TV에서 폐암 말기 환자가 나오는 금연 홍보 광고를 볼 때마다 나도 모르게 소리 없이 미소 지으며 흐뭇한 마음을 만끽할 수 있었다.

6, 7개월 전에는 정상적으로 걷지 못하고 풍 맞았던 환자처럼 종종종종 걸어 헬스클럽을 찾았던 육십 대 후반의 노인네가 빠짐없이 열심히 나오시더니 지금은 종아리에 운동 근육이 붙은 게 확연하게 느껴지고 갓 입회한 대학청년보다 5kg은 더 무겁게 역기를 연거푸 드시는 그 어른의 얼굴은 혈색이 너무 좋아 보였다. 아마도 그 노인양반은 큰 기쁨을 맛보았을 것이다.

연말에 Unicef의 편지 봉투 안에 들어있던 후원금 지로용지를 통해 작은 금액을 기부한 뒤 신문에서 우연히 '작은 정성의 힘'이라고 쓴 기사를 보았을 때 내가 했던 조그마한 행동에 가슴이 뭉클해졌다. 아무리 생각해 봐도 참을 수 없이 화가 치밀어 올랐으나 끝까지 스스로 마음을 달래고 짓누르며 입을 굳게 닫고 상대방의 행동을 이해하기로 맘먹었던 며칠 전 일을 돌이켜 보며 참 잘했구나 하는 생각을 하게 된다.

그리고 일요일마다 서너 시간씩 등산을 같이했던 집사람이 언젠가 "여보! 이제는 이 산이 너무 심심한거 같아요"라고 하는 말에 느꼈던 보람. 내 삶의 주변에는 작은 실천을 통해 느낄 수 있는 큰 기쁨이 많았다. 특히 남에게 사랑을 베풀면 나에게 행복이 되어 돌아온다는 것이.

생(生)지팡이

친구 덕분에 알게 된 서울 주재 외교관인 미스터 카블(이름이 길고 어려워서 우리 친구와 내가 짧게 정하여 그에게 호칭했던 이름)이 휴가차 고국으로 가는 3년 전 여름에 학수고대하였던 우즈베키스탄 여행을 우리 친구와 함께 할 수 있었다.

　5시간의 비행 끝에 카블의 친구와 여러 가족의 환영을 받으며 타슈겐트 공항을 빠져나온 우리 셋은 구 소련시절 동독에서 근무했다는 카블의 친동생 차에 타고 우리가 일주일 동안 기거할 카블이 별도로 준비했던 아파트로 이동하였다.

　우리는 카블이 계획한 여행일정에 따라 수도 타슈겐트와 우리의 경주에 해당하는 사마라칸트라는 지방도시를 다니며 그 지역의 문화적 특성을 속속들이 맛보게 되었는데 어느 날 오후에는 과감하게도 카블의 보호 없이 택시를 잡아타고 친구와 둘이서만 시내외출을 시도했는데 그곳은 우리나라로 보면 대학로에 해당되는 문화의 거리로 그림도 팔고 골동품, 망원경, 고물악기, 카페 등 다양한 볼거리를 제공했는데 그 중에서도 내 눈에 반짝 뜨인 것은 다름 아닌 지팡이였다.

　나는 항상 몸체가 하나로 된 지팡이를 갖고 싶어 했기에 가격불문하고 고려인 3세라는 육십 세의 아주머니로부터 우리말을 나누며 기념으로 구입했다.

　한편 우리 친구는 집에서 장식용으로 쓸 중고악기와 딸에게 줄 머리

제5장 손바닥 이론

핀을 세심하게 골랐다.

　지금도 집에서 이 지팡이를 보게 되면 그때의 거리 광경이 내 머리 속에 생생하게 사진처럼 남아있다.

　한번은 이 기념 지팡이를 갖고 청계산을 올랐는데 요즈음 유행인 가볍고 접을 수 있는 등산용 지팡이와 비교해 너무 심하게 초라해 보였는지 집사람한테서 그 투박한 걸 왜 가져왔냐고 핀잔만 들었다.

　우리 주변에는 여러 종류의 지팡이가 있는데 그중 길거리에서 흔히 볼 수 있는 것이 노인용 지팡이요, 병원에서 휠체어 다음으로 많이 보이는 것이 환자용 지팡이로 모양도 여러 가지가 있고, 스케이트가 대중적으로 보급되기 전 어렸을 때 썰매용으로 밑에 뾰족한 못이 달려있어 얼음을 찍고 나가기가 편리하도록 아버지가 만들어 주셨던 지팡이, 요즘 같이 좋은 세상에는 젊은이들이 스키 타러가서 쓰는 지팡이 그리고 시민의 발이라는 뜻으로 경찰을 흔히 민중의 지팡이라고 하지 않는가. 그런데 지난주에 두 집 부부가 청계산에 올라 정상을 향하고 있을 때 얼마 전에 왔던 눈이 추운 날씨에 얼어붙어서 흙 속에 얼음 상태로 숨어있어 발바닥에 아이젠을 했어도 바위나 나무를 잡아야 안전하게 오를 수 있었다.

　사람 심리는 다 마찬가지인지 손에 쥐어지는 크기의 나무기둥이나 가지는 무의식적으로 잡게 되어 영락없이 마치 기름칠한 것처럼 반질반질 하였다. 수많은 사람들의 손 기름이 묻어 윤이 나고 등산객에게 편리함과 안전을 제공하는 꼭 필요한 존재는 오늘도 묵묵히 생(生)지팡이로서의 그 자리를 변함없이 지키고 있었다.

　우리가 사는 세상에도 이런 진짜 도우미가 필요한 것 아닌가!

시간을 잃어버린 마을을 찾아서

동물 가족

부모의 그늘 밑에서 어려운 현실을 피하면서 독립할 엄두를 못내는 젊은층을 '캥거루족' 이라고 하는데 갈수록 고학력자의 취업도 어려운 현실이어서 '새끼 캥거루'는 적지 않게 늘어나고 있다.

항상 부모에게 의존하고 자립성이 부족하며 용돈을 받아쓰면서도 경제적 노력은 전혀 하지 않고 결혼도 기피하는 성인 자식들이 많아 또 한 가지 부모의 근심을 만든다.

국내 교육제도가 맘에 들지 않아 일찍부터 외국 유학길로 가족을 떠나보내고 자기 혼자 직장생활을 위해 남아 번민하는 한 집안의 가장을 '기러기 아빠' 라고 부른다. 극히 일부의 애 엄마는 현지생활의 고독과 허탈감으로 탈선하게 되고 공부하러 간 자식이 오랜만에 수만리 먼 고국에서 아빠가 찾아와도 어색함을 느끼는 모습을 보고 아빠는 실망하며 돌아간다.

자식 하나 잘 키워보려고 초등학교 시절부터 소위 경제 선진국이라는 곳으로 유학을 보낸다. 부모와 함께하는 생활에만 익숙해져 있는 아이는 현지 생활에 적응하지 못하고 겉돌기 시작한다. 부모님은 우리 아이 어느 어느 나라에 유학을 보냈다고 호들갑을 떨지만 현지에 있는 아이는 부모님의 당초 계획과 기대와는 동떨어지기 시작한다. 실패했다고 한국으로 다시 데려올 수도 없고 현지에 계속 남겨두어 봤자 뻔할 뻔자다. 낙동강 오리알이 아니라 펭귄족이란다. 24시 해장국집, 24

시 PC방, 24시 쇼핑점, 24시 찜질방, 24시 스포츠클럽 등 심야까지 영업을 하며 손님을 기다리는 곳이 늘어나고 있다.

얼마나 하루일과가 바쁘면 남들 다 자는 시간에 쇼핑하고 밥 먹고 목욕하고 데이트 하는지 모르겠지만 올빼미족이 늘어가고 있다. 한 직장에 안주하지 못하고 여기저기 정처 없이 옮겨 다니는 직장인을 메뚜기족 또는 파랑새라고 부른다.

상상 속에서 행복이 가득한 직장을 그리며 자신의 자리나 지위에 만족하지 못하고 남의 직장이 좋아 보이고 지체 없이 만족해야 하고 즉각 보상을 받아야 직성이 풀리는 인간들이다.

내가 살아 온 동안 스스로 터득한 것은 모든 것이 자연스럽게 돌아가야 된다는 점이다. 억지로 뭘 만들다 보면 반드시 부작용이 생기게 마련이며 이렇게 생긴 상처는 세월이 지나봐야 후회할 줄 알게 되는 법이니 상식에서 판단하고 상식적으로 행동하면 부질없는 짓에서, 아니 현대판 동물가족에서 벗어날 수 있으리라.

바쁜 세상

　　토요일 이른 아침부터 눈이 내려 모처럼 방배동에서 만나기로 한 포항 형님과의 점심을 위해 지하철을 이용하기로 맘먹고 집 앞의 역으로 갔다.

　승차를 하고보니 내 옆에는 20대 후반으로 보이는 두아가씨가 마주보고 선 자세로 쩝쩝 소리를 내며 아침 겸 점심으로 생각되는 김밥을 먹으면서 잡담을 하다가 한 아가씨는 걸려오는 핸드폰을 받아 세 정류장을 지날 때까지 통화를 하는 모습을 보니 바쁜 세상을 살아가는 우리 젊은이들의 형편을 가늠할 수 있었다.

　요즘 젊은이들을 우리 같은 기성세대가 볼 때 참 편하게 행동하며 낙천적이라고 느끼는 건 아마도 우리세대의 성장환경과는 판이해진 세상 때문이라고 판단된다.

　70년대 말부터 직장생활을 시작한 나의 경우를 보면 핸드폰이라는 신문화가 없었지만 근무시간에 친구와 통화한다는 것은 엄두도 못 내었고 조직자체가 엄격한 수직적 구조에서 윗사람 퇴근해야 비로소 내가 나갈 준비하는 문화였으나 요즘 직장 속을 들여다보면 우리시대와는 거꾸로 타임을 보는 것 같아 자기권리를 철저하게 찾고 전체보다는 나를 중요시 하는 모습을 대조적으로 느끼게 된다.

　이렇게 옛날 생각을 하다보니 어느새 내가 탄 지하철이 방배역에 도착하여 계단을 올라와 약속장소에서 포항 형님과 10년 이상 못 뵙던

제5장 손바닥 이론

보고 싶었던 얼굴을 만나 우리 셋은 가까운 식당으로 자리를 잡았다. 두 분은 군대 동기이자 친구지간이며 친척관계여서 나도 덩달아 모두 친인척이라고 생각하며 지내왔다.
　교편을 잡고 있는 포항형님은 학교와 교회 양쪽에서 제일 바쁘게 움직이며 예나 지금이나 교직을 천직으로 생각하는 사람이고 다른 형님은 기업체에서 장기근무하다 명예퇴직한 후 이일 저일 물색해 봤으나 뾰족한 수가 없는 것 같아 7년째 쉬면서 건강관리에 유념하고 있었다. 연말에 포항 형님께 연하장을 보내면서 꼭 같이 좀 얼굴 보자고 청하여 이번 자리를 마련하게 되었는데 서로 간에 그동안 어떻게 지냈는지 궁금하기는 마찬가지였다.
　교인인 포항 형님을 빼고 둘이서 잔을 주고받고 소주 두 병을 깨끗하게 비우는 동안 우리 셋은 건강관리 문제, 자녀 교육과 사회 진출 문제, 노후대비 경제문제 등 가슴속 깊이 박혀 있는 고민거리를 서로의 눈치 안 보고 시원스레 토해냈다.
　자리에서 일어나기 전에 나는 두 형님에게 죽을 때까지 몇 번이나 더 볼 줄 모르니 포항형님 올라 올 때만이라도 얼굴 좀 보고 살자고 힘주어 말했다.
　두 분을 함께 뵙고 나니 오래된 숙제 한 문제는 푼 것 같아 머리가 조금은 맑아지는 것 같았다. 아무리 바쁜 세상이지만 서로가 용기 내어 아니 시간 낸다는 생각만 있으면 얼마든지 볼 수 있지 않을까?

시간을 잃어버린 마을을 찾아서

쓴 소리-싫은 소리

마음에 안 드는 소리는 듣기 싫은 게 인간의 심리이다. 이런 내색을 하면 좋은 친구도 다시는 충언을 해주지 않게 되어 진짜로 가까운 사람을 하나 잃게 되는데 이는 우리가 역사 속에서 충신과 간신의 차이를 많이 보아왔듯이 그렇게 된다.

부모가 자식에게 귀가 닳도록 하는 잔소리도 어렸을 때는 듣기 싫은 소리지만 먼 훗날 내가 자식을 키워보고 나이 들어 보면 약이 되는 말씀이란 것을 깨닫는 것이다.

한약이 마실 때는 쓰지만 먹고 나면 몸을 보하고 아픈 곳을 치료해주는 이치와 같다.

듣기 싫은 소리나 쓴 소리가 내 마음에 와 닿을 때 나도 어느 정도 성숙해졌구나 하고 생각하면 된다.

젊은 연구원들과 함께 자리하는 경우 '이거 또 내가 잔소리하는 건 아닌가'하는 걱정이 앞서는 이유는 듣는 사람이 마음에 닿아야 보약 같은 쓴 소리가 되어 살아가는데 도움이 되는 것이지 마음을 열지도 않고 생각은 다른 곳에 있다면 소음과 다를 바 없기 때문이다.

대통령 자문위원이나 기업체의 고문은 쓴 소리 하라고 뽑아 놓은 것이지 달콤하고 듣기 좋은 소리만 하여 기분이나 맞추기 위해 만들어 놓은 자리가 아니다.

정상적인 가정에서 부모의 사랑과 관심을 받지 못하고 성장한 아이

제5장 손바닥 이론

들은 성인이 된 후에도 부모님의 정성어린 잔소리 결핍으로 안정감이 떨어지고 온유한 마음이 부족하다고 한다.

나는 지금도 양반집안, 양반기업, 양반모임 등이 존재한다고 본다.

예를 들어 부모 모두가 가정형편이 어려워 새벽부터 밤늦게까지 생업전선에서 몸부림치다 보면 아이들 키우는데 정성을 다할 수 없어 여러 가지로 중요한 영양분을 정신적으로 골고루 줄 수 없게 되어 결핍 현상이 생길 확률이 높아질 것이다.

부모님의 일상적인 잔소리는 먼 훗날 내 마음 속에 좋은 습관과 큰소리로 남아 삶의 교훈이 된다.

한 기업체나 모임단체에서도 듣기 싫은 소리나 쓴 소리를 서로가 회피하고 듣기에 좋은 소리만 한다면 한쪽 구석에서는 조직의 건전성이 썩고 있어 얼마 안 가서 불만의 화산이 폭발하고 말 것이다.

집에서나 회사에서나 쓴 소리 하는 어른이 있어야 가문이 제대로 서고 회사 규율이 잡히는 것이다.

시간을 잃어버린 마을을 찾아서

휴가의 조건

팔굽혀 펴기, 윗몸일으키기…, 체력장 시험 볼 때 듣던 종목이 작년에 군에 간 우리 아들의 휴가조건으로 채택되었단다.
정해진 시간 내에 규정된 횟수로 통과해야 집에 보내준다는 얘기인데 요즘 젊은 사람들의 의식에 딱 맞는 합리적 방법이라고 생각된다.
그래서 구정 때 첫 휴가를 나와서도 아침저녁으로 밥 먹기 전에 가족들의 관심과 격려 속에 시계를 보며 횟수를 세는 진풍경이 연출되어 집안 분위기까지 화기애애해졌으니 아들 건강도 챙기고 가화만사성(家和萬事成) 이루니 이처럼 좋은 일이 어디 또 있겠는가.
집 가까이에 있는 산에 올라서도 체력 단련장에 들러 아들과 함께 운동하게 되고 아들 발목 잡아주며 윗몸일으키기 횟수를 소리 내어 세어줄 때 옛날 군대생활 추억도 거슬러 올라가 볼 수 있고 부자간에 함께 행동하는 모습 보며 행복해 하는 집사람의 표정도 읽을 수 있으니 군에서 여러 가지로 우리 집에 소중한 선물을 준 셈이다.
나도 2년 전부터 건강에 위험을 느끼기 시작하여 헬스클럽을 다니고 있지만 아들의 휴가 조건처럼 2년간 습관이 되어 제대하고 나오면 건강한 젊은이로서 다시 태어날 것이라고 굳게 믿는다.
나는 아들에게 이렇게 좋은 제도를 좀 힘들어도 감사하게 생각하여 측정이 있든 없든 상관없이 하루 3번 식사 전에 꼭 하라고 신신당부하며 제대 후에도 평생 밥 먹듯이 하면 비만이니 당뇨니 고혈압이니 격

제5장 손바닥 이론

정도 없고 일상적인 감기 같은 질병도 강해진 근육 때문에 몸 안에 침투할 여지도 없다고 강조하였다. 군에 입대한지 얼마 되지도 않았는데 아들은 체격도 좋아졌고 체력도 향상되었음을 직접 느낄 수 있어 흐뭇했다.

누구나 가는 군대이지만 아들이 입대하는 바람에 관심을 갖게 되었고 집에 한 사람이 줄어서 그런지 텅 빈 느낌이었는데 휴가 나왔을 때는 가족의 소중함과 편함을 동시에 서로가 깨닫게 되는 참 좋은 계기가 되었다고 생각한다.

내 생각에는 직장에서도 이런 제도를 도입하여 휴가 일수를 정한다면 건강한 직원, 행복한 가정, 화목한 회사로 반드시 이어질 것이라 확신한다.

봄의 교향악

이른 아침에 집을 나서기 전에 오늘 날씨는 푹해서 등산조끼 위에 잠바를 걸치지 않아도 되겠다는 집사람의 의견에 따라 가벼운 차림으로 청계산에 오르는데 산바람이 불적마다 한기가 느껴져 얇은 잠바라도 배낭 속에 넣고 올 것을 그냥 왔다고 후회를 많이 하면서 두 집 부부는 3시간 반 가량을 남녀 각각 짝을 지어 얘기 나누다 절반은 부부지간 대화하며 3월 하순으로 진입하기 직전의 일요일에 봄의 내음을 마음껏 맡았다.

산을 다 내려와 등산로 입구에 다다르기 직전에 따듯한 햇볕으로 흠뻑 은총을 받고 있는 50평 남짓의 조그마한 습지에서 봄의 교향악이 힘차게 울려 퍼지고 있는 곳으로 우리 넷은 발걸음을 옮기게 되었다. 그 곳에서는 이제 겨울은 가고 봄이 찾아 온 것이라고 인간들에게 알리려는 개구리들의 합창이 끊임없이 계속되고 있었던 것이다.

우리 일행이 눈과 귀를 총동원하여 그 곳의 봄의 소리를 만끽하고 있을 때 등산을 시작하려는 사람과 우리처럼 하산하는 사람들이 신기하다며 구경하려고 몰려들어 아주 작은 개구리들의 찬물 속에서의 일거수일투족을 지켜보았다.

누구의 도움 없이도 저렇게 강한 생명력으로 봄이 되면 다시 나타나는 자연의 신비로움을 보면서 언젠가 방송에서 들은 "봄은 본다에서 나온 말이다" 라는 것을 이해 할 수 있었다.

제5장 손바닥 이론

어제 아들 휴가 기념으로 갔었던 지리산 자락의 하동마을에도 매화가 꽃을 피우려고 봉오리마다 힘찬 모습을 보여 주고 있었으며 아까 산 정상에서 만난 초록의 나뭇가지도 뭔가를 보여주려고 싱싱하게 준비하고 있었다.

나도 내 마음의 봄을, 동면에서 아직까지 벗어나지 못한 마음이 얼어 있는 사람들에게 보여줄 때가 온 것 같다.

지나온 길을 내려다보며...

일요일 이른 아침에 집을 나서 1시간 반가량 산을 오르다 보니 힘도 들고 목도 말라 조그마한 봉우리에 앉아 물 한잔과 사과 한 개를 먹으면서 밑에서 내가 있는 쪽을 향해 올라오는 단란한 한 가족을 보게 되었다.

엄마 아빠와 여섯 살쯤으로 보이는 아들이 연신 무슨 얘기를 하는지 웃기도 하고 힘들다고 하면 다 왔다고 조금만 더 가자고 격려하는 엄마의 모습을 보면서 내가 지나왔던 저 시절을 머리 속에 그려 보았다.

방배동의 2층짜리 주택에서 방 두 칸과 부엌으로 구성된 1층을 얻어 아이 둘을 키우며 집 사람은 연탄을 갈기 위해서 문을 열고 뒤로 돌아서 보일러실로 가야했고 나는 담배 피우려면 문을 열고 밖에 있는 화장실로 다녔으며 가족 동반 나들이는 시내버스를 타고 30분쯤 가다가 내려서 과천 갈현동 쪽으로 나와 시골 마을로 걸어 들어가서 양지 바른 곳에 앉아 집에서 만든 김밥과 과일 그리고 음료를 먹던 일이 주마등 같이 내 머릿속을 스쳐갔다.

지나온 길을 돌아본다는 것은 현재 시점에서 그 당시를 떠올리며 시대의 변천을 느껴보고 한편으로는 지금 같으면 어떻게 했을 텐데 라는 아쉬움도 가져보는 의미가 있는 것 같다. 어떤 사람들은 그때 그 시절을 생각하기도 싫을 것이고 또 다른 사람들은 그때의 젊음과 추억을 소중하게 간직하고 싶을 것이다. 등산을 하면서 느끼는 감정 중에 하나

제5장 손바닥 이론

도 고생 끝에 목표를 달성하고 나면 성취감을 맛보며 힘들었던 지나온 길을 자랑스럽게 내려다보는 것이다.

세계적인 테니스 여걸 나브라틸로바는 어느 인터뷰에서,

"지금 제가 하는 일이 좋으면 결과야 어떻든 상관없다." 라고 자기의 지나온 선수 시절에 대한 소신을 갖고 있었다.

바둑을 뒤 봐도 처음에 잘못된 것을 거기서 잊어버리고 이제부터 착실하게 두다가 기회가 오면 승기를 잡는다는 자세가 바람직하며, 골프에서도 18번의 분할된 기회가 누구에게나 똑같이 부여되며 각 홀마다 약 4번 안팎의 샷을 하게 되니 많게는 72번 이상 적게는 18번의 도전 목표가 설정되어 있는데, 18개 홀 전부를 만족스럽게 칠 수는 없는 것이며 각 홀별로는 티샷이 잘되면 세컨이나 써드샷이 안되거나, 아이언 샷은 잘 되었으나 퍼팅을 실수하게 되어 실망하는 경우와, 그린까지는 고생했지만 그린 위에서 원 퍼팅으로 마무리하여 평균을 하게 되는 경우도 많다.

담배가 건강에 그렇게 해로운지 30년 전에 미리 알았다면 지금처럼 건강관리에 절절매지는 않았을 것이다. 아마도 내가 지나온 길을 미리 알게 된다면 그건 재미없는 여행일 것이다.

열쇠

1997년 12월3일 사람들은 이날을 가르켜 일명 'IMF' 라고 칭한다. 나도 이 IMF사태 이후 구두 닦는 것과 사우나탕 가는 것을 끊고 소비등급을 전체적으로 하향조정 내지는 생략하면서 살았던 기억이 있다. 지금도 그때 이후 습관이 되어버려 절제하기는 마찬가지이지만 어쩌다가 일이 있어 사무실 열쇠를 몇 개 복사하러 구두 미화점을 찾으니 육십 전후의 부부가 집에서 준비해 온 점심을 조그만 일터 공간에서 드시고 있었다.

나는 "식사 다 끝나고 열쇠 좀 복사해주세요"하면서 옆에 차를 세워 놓고 운전석에 앉아 그쪽을 바라보았다.

'열쇠, 차키 복제, 구두수선, 도장, 상품권매매' 라고 취급품목을 써서 붙인 것을 보니 이제는 구두 닦는 것 하나만으로는 장사가 되지 않는 구나 하는 생각을 하게 되었다. 점심을 급하게 마치신 아저씨는 열쇠가 다 되었다고 나를 불러 건네주는데 예나 지금이나 손톱 밑에는 까아만 구두약이 선명하게 끼어있었다.

저 분들의 자식들은 부모의 희생적 고생에 비례해서 훌륭하게 자기의 자리를 잡았을까를 생각해보며 기다리고 있는 손님이나 대기하고 있는 구두도 없는 것을 보니 아직도 서민경제는 회복되지 않았음을 실감했다.

경제를 살리는 열쇠는 무얼까?

제5장 손바닥 이론

브리지

어릴 적에 삼각지 우리 집에서 동네 친구 몇몇이 모여 부모님 몰래 수영하러 다녔던 곳이 지금의 제1한강교인데 그 당시에는 '한강다리'라고 불렀다. 수영이 미숙해서 한강 물도 많이 먹었지만 배가 고플 때는 모래밭 속의 땅콩을 캐서 먹었던 추억이 남아있다.

중·고등학교를 다닐 때에는 버스를 타고 가게 되면 서울역에 내려서 '염천교'를 꼭 건너야 됐는데 그 다리 밑으로는 열차가 다녔고 길가에는 구두와 피혁제품을 팔던 상점이 쭉 늘어서 있었다.

얼마 전에는 친구 따라 진주에 간 적이 있었는데 저녁 때 삼천포 쪽으로 나가다 보니 섬과 섬을 계속해서 몇 개나 이어놓은 그 야경이 너무나 아름다운 '연육교'라고 부르는 다리를 보면서 우리를 안내한 분으로부터 관광 명소로 자리 잡았다는 얘길 들었다.

많은 세월이 흐르면서 다리의 역할과 모양이 다양하게 변하고 있다는 느낌을 받았다. 우리가 사회생활 하면서 많이 듣는 단어 중에 '브리지'라는 말이 있는데 중간에서 양쪽을 연결시켜 준다는 의미로 우리말로는 '징검다리 역할'이라고나 해석할 수 있을 것이다. 브리지를 잘하는 사람은 발이 넓고 많은 사람으로부터 신뢰를 받기에 "그 사람한테 브리지 해달라고 그래"라는 말을 많이 듣게 된다.

산 속이나 강가에 다리를 놓게 되면 교통수단만 바뀌는 게 아니라 그 지역의 경제지도가 변하듯이 중간에 브리지 잘하는 사람을 만나게

되면 비즈니스가 효율적으로 진행되는 것이다. 내가 살아오면서 가족 내부나 사회생활에서 많이 맡는 역할이 언제부터인가 '브리지맨'이라는 생각이 들면서 그에 따르는 책임감 또한 부담이 늘게 되었다.

아무렇게나 다리를 건설하면 모양도 우습고 기대했던 역할도 부실하듯이 사람과 사람관계를 중간에서 브리지한다는 것은 신중하고 책임 있는 행동이 절실하게 요구된다.

요즈음 노총각이나 이혼한 사람에게 중매 좀 서보라는 주변 사람들의 부탁을 많이 받는데 아마도 배우자 추천이 브리지 중에는 제일 어렵다고 생각되어서 쉽게 대답을 못한다.

좌우지간 브리지하려면 항상 바쁘고 성실하게 살아야 한다는 기존 전제는 변하지 않는 것 같다.

약속 이행

사업을 하면서 약속어음을 발행하거나 배서를 해 본 사람이라면 부도에 대한 공포로부터 자유롭지 못하다는 걸 익히 잘 알고 있을 것이다.

왜냐하면 일단 부도가 나면 본인의 잘잘못을 떠나서 자금수지와 신용 문제 등 현업에 미치는 파급효과가 예상보다 커지기 때문이다. 그래서 사업 좀 오랫동안 해 본 사람은 어음거래를 안 해야 스트레스 덜 받고 제명까지 살 수 있다고들 한다.

이와 같이 나는 물론 나와 관련된 사람이 약속을 이행하지 않을 때에는 주변의 여러 사람이 힘들어지는 것이다.

약속이란 어떤 일에 대해서 어떻게 하기로 사전에 서로 정해놓고 이를 어기지 않겠다고 다짐한 것이다.

약속에는 규모와 성격에 따라 가족과의 약속, 친구와의 약속, 임직원과의 약속, 거래처와의 약속, 행정 관청과의 약속, 소비자와의 약속, 국가간의 약속, 사회적 약속, 국민과의 약속 등 여러 종류가 있다.

나는 평생 '약속을 했으면 어떠한 종류의 약속도 철저하게 지켜라'라는 신조로 살아왔다. 예를 들어 가정에서 장난감을 사주기로 한 약속도 상대가 어린아이라도 지켜야 되며 회사에서도 회의시간, 보고기일, 납품기일, 상대회사 방문시간, 대금 결제기일, 채무 상환시기, 행사시간(집합, 기상, 자유시간 등), 회사규정 및 절차 등 모두가 약속대로 지켜

져야 한다. 왜냐하면 나 하나가 시간과 기준을 지키지 않으면 타인에게 많은 피해를 주게 되기 때문이다.

쉬운 예로 아침 이른 시간에 간부회의가 약속되어 있는데 한 사람이 지각했을 때 참석자 모두는 업무시작 전부터 불쾌해지고 아침 잠 설친 게 아까워지고 분위기가 험악해져 결국은 한 사람의 약속 불이행으로 많은 사람과 조직이 피해를 본다. 나는 내 주변의 중소기업체 CEO에게 가장 많이 자문하는 것이 직원들과의 약속은 어떠한 경우에도 지켜야한다고 강조한다.

CEO는 바빠서 잊을 수 있지만 약속을 받은 직원은 그날만을 학수고대하기 때문에 CEO의 약속이 이행되지 않으면 CEO는 물론 소속 회사까지 불신하게 되어 그 회사는 2류, 3류로 강등하게 된다고 생각한다.

우리 나이에 친구모임이나 직장 OB모임, 조그마한 동호회 등 비공식적 조직의 일원이 되어 정기적 또는 비정기적으로 약속되어 만나게 되면 꼭 빠지는 사람이 자주 불참하고, 꼭 늦는 사람이 반복적으로 지각한다는 것을 자연스럽게 인지하게 된다.

'하나를 보면 열을 알 수 있다'는 옛말이 있듯이 조그마한 약속이라도 습관적으로 못 지키는 사람과는 어떠한 거래도 하면 안 되겠다는 생각을 갖게 되는데 그 이유는 이기주의자로 판단되기 때문에 어떤 일을 같이 하는 데에는 반드시 갈등이 발생할 소지가 많다는 것이다. 약속이행을 안 하는 부류 중 또 하나는 초심을 잃고 올챙이 시절을 생각 안 하며 자기가 잘나서 현재를 이룬 것처럼 '천상천하 유아독존' 식으로 살아가는 사람들이다.

이들은 이런 생각과 행동 때문에 진정한 참모와 유용한 인재가 곁을 떠나고 예스맨들만 남아 얼마 안 가서 사회성을 잃고 고립되어 간다. 그리고는 자기의 행동을 뒤늦게 후회하지만 이미 때는 지나가 버렸다. 횡단보도를 건널 때 신호등을 준수해야 하듯 우리의 약속은 조그마한

제5장 손바닥 이론

것, 일상적인 것, 격의 없이 친한 관계라도 소중하게 지켜야 한다.
 이래야 비로소 진정한 믿음이 형성되고 선진 시민, 일류 기업으로 한 발짝 가까이 가는 것이다.

분수를 지킨다는 것

정치인 중에 자기 분수도 모르고 까불다가 정치 생명을 단축하는 경우를 종종 볼 수 있다.

옆에 있는 사람이 볼 때는 '아니올시다' 인데 본인은 무엇에 홀린 듯 주제 넘는 행동을 하다가 몇 년 가지도 못하고 망해 버리는 경우도 많이 보게 된다.

돈 욕심에 한번에 많은 짐을 초과 적재하여 달리다가 타이어 펑크로 대형 교통사고를 내고 나중에 크게 후회하는 트럭기사를 보면 진짜 무모하다는 생각이 먼저 든다.

또한 자신의 능력은 감안하지 않고 얇은 귀로 무책임한 남의 말만 듣고 사업을 확장하다가 고생고생 끝에 모은 재산을 순식간에 날려버리는 무모한 사업가도 주변에서 많이 보았다.

세상에는 개인이나 회사나 자기의 처지에 마땅한 한도를 무시하고 일을 벌이다가 큰 손해를 입게 되는 경우가 많은데 이는 다름 아니라 자기의 최대 능력만을 계산하여 계획을 세우기 때문에 조금만 초과해도 버티지 못하고 쓰러지는 것이다.

나는 자기의 능력을 표시할 때는 최대능력이 아니라 평균 능력을 기준으로 모든 계획이 수립되어야 한다고 생각하는 사람이다.

예를 들어 주말 골퍼에게 당신 실력이 얼마나 되냐고 묻는다면 평균 성적을 얘기해야지 최고성적을 말 한다면 안 된다는 뜻이다.

그래서 군대 조직을 보면 4각 편제 하에서 4분지 1은 반드시 예비조직으로 운영된다.

그 얘기는 다시 말하면 75를 나의 능력으로 생각하여 행동해야 올바른 자세가 된다.

그러나 많은 사람과 조직에서는 100을 갖고 있는 자가 75를 투자하는 것이 아니라 100 또는 그 이상을 무리하게 동원하여 진행시켜 한번 삐꺽하면 그대로 주저앉아 버리는 사태가 발생하는 것이다.

분수에 맞는 생활과 행동은 자기가 어떠한 신규 사업을 계획할 때 자기 자신에 대한 냉정한 능력 평가와 신망이 두터운 주변 사람들로부터 엄격한 자문을 받는 습관이 뒷받침되어야 가능한 것이다.

분수를 지키면 불행을 예방할 수 있다.

욕심과 수명은 반비례

집 사람은 냉장고에 너무 꽉 차게 많이 보관하여 미련한 짓 그만하라고 나한테 꾸지람을 자주 듣는다. 최대한 3분지 2까지만 넣어도 냉장효과는 훨씬 좋아질 것인데 욕심이 많아 너무 많이 넣게 되면 보관된 식품은 물론 냉장고 자체까지 신선도와 기능이 떨어지며 수명이 짧아지게 마련이다. 음식에 욕심을 내면 위도 늘어나고 배가 불룩 튀어나와 보기도 싫지만 소화능력이 떨어지고 허리도 나빠져 여러 가지 질병의 원인이 된다.

골프게임에서도 상대방보다 더 멀리 공을 보내려고 힘을 주어 샷을 하다보면 실수가 나오거나 오히려 거리가 줄어든다.

진짜로 장타를 원한다면 몸에서 힘을 빼야 된다는 걸 매번 치고 나서 후회하는 것이다.

사업을 시작하여 밤낮 안 가리고 땀 흘린 보람으로 그리고 거기에 운도 따라주어 성공한 사람이 자기 능력을 냉정하게 따져보지 않고 더 큰 열매를 목표로 이곳저곳에서 돈을 끌어 모아 무리한 투자를 했다가 면 친척 돈까지 날리며 회사의 문을 닫는 경우도 주위에서 많이 본다. 구멍가게 크기의 식당에서 손님이 넘친다고 확장했다가 손님 떨어져 나가는 낭패를 보는 식당 주인이 얼마나 많은가. 건강하게 살려고 헬스클럽에 등록하여 열심히 운동하다가 운동 중독에 걸려 욕심 부려 러닝머신에서 빠른 속도로 뛰다보니, 무릎이 안 좋아져 병원에 가서 수술

받고 의사로부터 뛰는 건커녕 등산도 삼가 하라는 경고를 받는다. 운동에 대한 과욕으로 무릎수명은 물론 운동자체를 못하게 되는 경우이다. 욕심은 많은데 계획대로 실적은 안 나오면 스트레스를 받게 되고 이것이 온갖 질환을 불러와 건강을 악화시킨다. 회사가 어려울 땐 이해 당사자간에 갈등이 노출되지 않지만 매출이 늘어나고 이익 규모가 커지면 이익배분에 대한 기대와 욕심이 교차하여 갈등의 골이 깊어만 간다. 급기야는 조직이 양분되고 둘 다 시장 경쟁력을 상실하여 망하는 길로 접어든다.

욕심을 양보로 바꾸면 "형님먼저, 아우먼저", "애프터 유(after you)"와 같은 분위기가 조성되어 서로가 기분 좋고 궁극적으로는 윈-윈 하게 되며 장수의 지름길로 진입하게 된다.

이 세상 대부분의 사람들이 더 많이 갖기를 원하지만 사회 각계각층 구석구석에 양보하는 사람이 존재하고 있어 각종 조직이 생존하는 것이다.

사랑을 받으려고 하는 것보다 주려고 하는 마음, 내가 먼저 가지려고 하는 것보다 남을 먼저 배려하는 분위기가 살아 있을 때 정신적 그리고 물질적 수명은 길어지리라 믿는다.

시간을 잃어버린 마을을 찾아서

저녁 약속

언제부턴가 저녁 약속은 술자리라고 자동으로 인식되었다. 그래서 갑자기 누가 "저녁 한 끼 같이 합시다"라고 제안하면 기본적으로 차량문제부터 해결하려 한다. 차를 가져가서 식사 후에 대리운전을 시킬 것인지 아니면 갈 때부터 대중교통수단을 이용할 것인지를 결정하게 된다.

그러나 친구나 동창이나 OB 정기모임은 날짜가 사전에 지정되어 있어 집에서 나올 때부터 차량 대책을 세울 수 있는 것이 편리하다.

사실은 점심약속으로 대체해야 술자리도 줄이고 퇴근하는 문제도 해결되어 건강도 챙기고 비용도 줄이며 자기 시간도 가질 수 있다.

그러나 점심과 저녁약속은 미팅의 중량감도 차이가 크고 시간의 투자규모도 다르며 분위기 자체가 근본적으로 다르다. 점심약속은 간단하게 식사하며 가볍게 얘기를 나눌 목적이라면 저녁 약속은 큰 비즈니스를 협의하기 위해 가슴 열고 술 한 잔 마시며 일이 잘 진행되면 2차나 3차로까지 확대되고 귀가시간은 종잡을 수 없게 된다.

그러나 퇴근직전에 걸려오는 지인들의 저녁 약속은 예측가능한 정기모임도 아니고 하루 이틀 전에 예약된 미팅도 아니지만 어떨 때는 매력 있는 그러면서도 무계획적이고 돌발적인 콜이 되기도 한다.

이렇게 별안간 연락하여 정해지는 술좌석은 저녁약속의 장단점을 함께 갖고 있다. 그래서 생각인데 직장 내 약속은 조찬 회동으로 월례

제5장 손바닥 이론

화 하여 색다른 분위기에서 미팅해 보고, 웬만한 거래처 약속은 점심으로 며칠 전에 사전 약속하여 서로 간에 큰 부담 없는 미팅으로 추진하며, 꼭 필요한 경우 또는 구성원의 사정으로 어쩔 수 없는 경우에만 저녁 약속으로 하고, 깜짝 약속은 상대방에게 고민거리를 안겨 줄 수 있으니 가급적 지양하는 것이 좋겠으며, 마음먹고 제대로 술 한잔 하려면 1박2일 계획으로 간단한 여행 스케치도 함께하는 문화가 어떨까 제안해 본다.

손바닥 이론

루소는 모든 계획에는 두 가지의 중요한 게 있는데 첫째로는 그 계획이 절대적으로 좋아야하며, 둘째로는 실행이 용이해야 된다고 하였다.

나는 계획을 짤 때 항상 유념하는 것이 있는데 다름 아닌 '손바닥 이론'이다.

나의 지론인 손바닥 이론이란 내가 살아오면서 터득한 아주 간단한 내용인데 그 실천이 그리 쉽지 않다는 것이다. 내용인즉 우선 손바닥이 하늘을 보게 한 후 다섯 손가락 전부에 온 힘을 다해서 쫙 펴보면 그때의 각도는 거의 180도 즉 평면 상태를 유지하게 된다.

반대로 손가락에서 힘을 빼고 자연스럽게 손바닥을 펴게 되면 약 120도 정도를 나타낸다. 즉 힘껏 폈을 때의 3분지2 수준이 된다.

다시 말해서 내가 최대한 발휘할 수 있는 능력이 180수준이라도 만일의 경우를 대비해서 120규모로 계획을 수립하여 집행하는 과정에서 나타날 수 있는 초과 소요에 대비하여야 좋은 계획으로써 실행이 용이하다는 얘기다.

그러나 우리 주변의 대부분은 어떤 투자를 검토할 때 자기의 평균 능력인 120 수준이 아니라 이것저것 다 동원했을 때의 최대 능력인 180을 넘는 규모로 계획을 수립하여 신규사업을 시작하는데 당초 사업계획대로 순조롭게 진척되지 않으면 자기 자신의 예비 능력이 전혀 없으

제5장 손바닥 이론

므로 무리수가 동원되고 이래서도 안 되면 과부하가 걸려 결국은 파산지경에 이르는 것이다.

주식투자에서도 사업 확장에서도 손바닥 이론을 무시하기 때문에 심각한 문제가 발생되며 우리의 삶도 과욕을 부리기 때문에 정신적 신체적 경제적 사회적으로 고달픈 인생이 되는 것이다.

벌초(伐草)

반년 만에 찾아간 조상의 묘소는 잡초와 칡넝쿨로 뒤엉켜 있어 후손으로서 볼 면목이 없었다. 이래서 마치 자식 없는 분이 말 없이 누워 세월이 지나면 무덤인지 아닌지 알아 볼 수 없는 고총(古塚: 오래된 무덤)이 되는 거구나 하는 생각이 들었다.

작은 매형과 작은누이 그리고 나에겐 하나 뿐인 사촌 동생 기주와 조카들과 함께 했던 벌초는 의미가 깊었지만 약속시간이 오전인지 오후인지 확실하게 짚고 넘어가지 않아 어처구니없이 동행하지 못했던 우리 막둥이 기명이에 대한 생각이 내 머리 한쪽 구석에 계속 남아 있어 "아주 간단한 약속이라도 서로가 세심하게 확인 해야겠구나" 하는 또 하나의 인생 교훈을 배웠다고 스스로를 위안해 버렸다.

가까운 장래에는 우리 아들을 기준으로 6촌 형제 모두가 한 자리에 모여 신길동 형님이 마련해 놓은 철판 화로에서 돼지고기와 묵은 김치로 조상의 묘소 앞에서 벌초 가든파티를 성황리에 재연해야겠다는 의지가 강하게 솟았다.

내가 생각하는 바람직한 벌초문화는 사회생활에 찌들고 바빠서 평소에는 일가친척을 가까이 할래야 할 수도 없는 환경이지만 봄과 가을 일 년에 두 번만이라도 아예 '벌초하는 날'을 지정하여 최소한 6촌 지간 까지라도 함께 모여 집안 내력도 듣고 조상님 무덤의 잡풀도 베어서 깨끗이 단장하고 준비해 온 음식으로 가든파티하면서 서로의 근황을

제5장 손바닥 이론

얘기하며 화기애애한 하루를 만드는 것이다. 나와 신길동 형님 간에는 4촌이지만 한 단계 내려가면 그 아들들 간에는 벌써 6촌지간이 되는 것이니 6촌이 얼마나 가까운 사이인지 느껴진다.

요즘 아이들 평소에 4촌 형제간에도 교류가 뜸한데 이는 전적으로 부모들 잘못이라고 느껴야 한다.

강만이, 강택이, 강덕이, 강배, 강복이 최소한 이들 다섯의 사촌지간이라도 이 자리에 모두 함께 한다면 얼마나 좋을까.

이 글을 마무리하며

　3년에 걸쳐 나의 마음과 세상을 애써 그려 보았지만 내가 알고 싶었던 결론도 얻지 못하고 그저 주변 사람들의 관심과 격려 덕분에 여기까지 떠밀려 올 수 있었다.
　이 작업을 하면서 내가 만일 그 분들에게 사전 약속을 하지 않았더라면 아마 중간에 그만두고 없었던 일로 했을지도 모르겠다는 생각이 들었다.
　그러나 여태까지 내가 살아온 스타일이 남과 약속하면 반드시 지켜야 한다는 신념이기에 이 책을 일단은 마감할 수 있었던 것이다.
　마지막 단계에 이르면서 글을 쓴다는 것이 너무 힘들고 어려운 작업이라는 것을 깨닫고, 쉬지 않고 창작해 내는 작가들의 고난을 조금은 이해할 수 있는 계기가 되었다.
　한편으론 항상 소재를 얻는데 열심이었고 그 소재를 가공하면서 완성도 못하고 폐기처분한 적도 많았지만 한 편 한 편 만들어지는 결과물이 누적되는 모습을 보면서 나는 매번 행복했었다.

이런 감정을 맛보았기에 양과 질 모두가 부족하지만 일 단계 매듭을 지을 수 있었고, 앞으로도 제2편을 북대황(北大荒)도 찾아가고 시간에 구애받지 않고 준비하겠다는 정열이 내 가슴 깊은 곳에 찐하게 남아 있는 것이다.

 이번 작업을 통해서 가족의 소중함과 주위 사람들에 대한 깊은 이해를 배우게 되어 더욱 보람을 느꼈다.